大建安
BIG BUILD

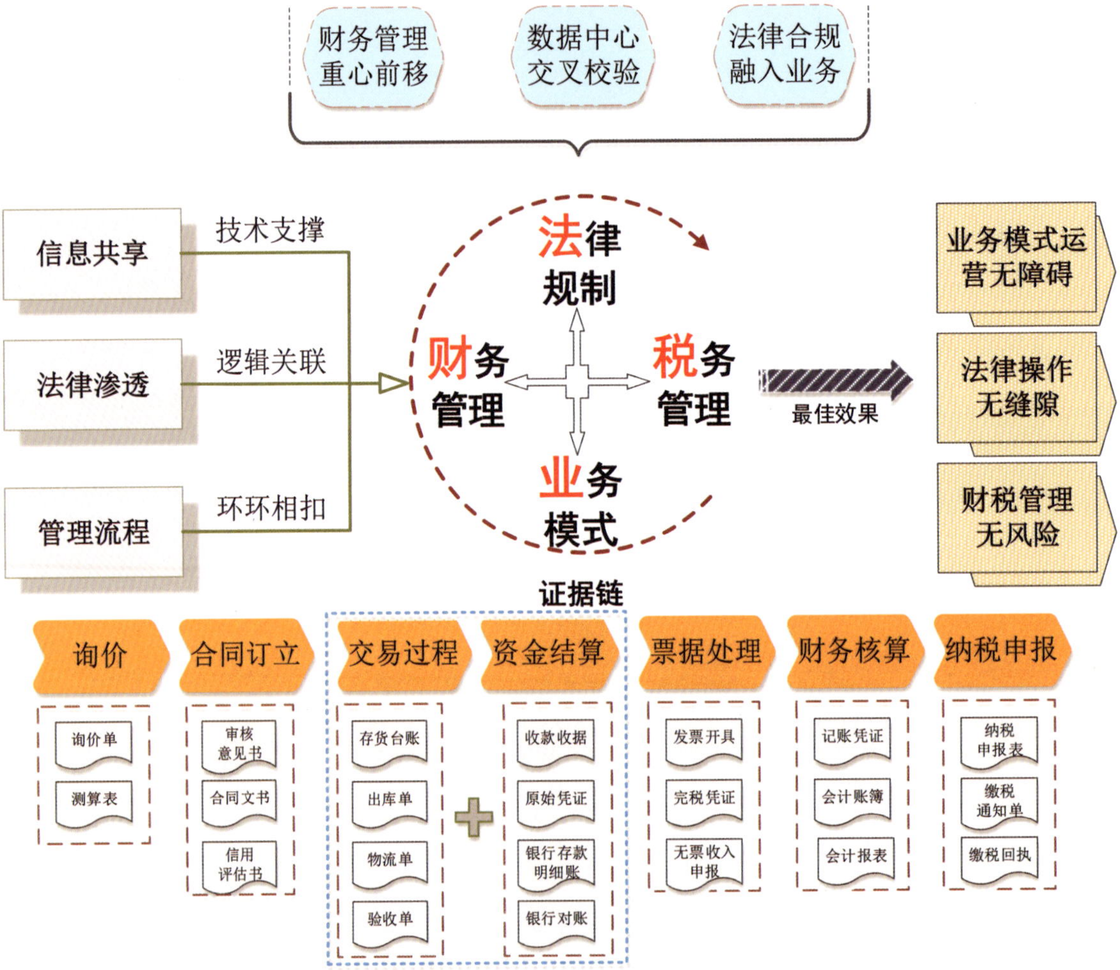

“业财法税融合”思想的逻辑框架

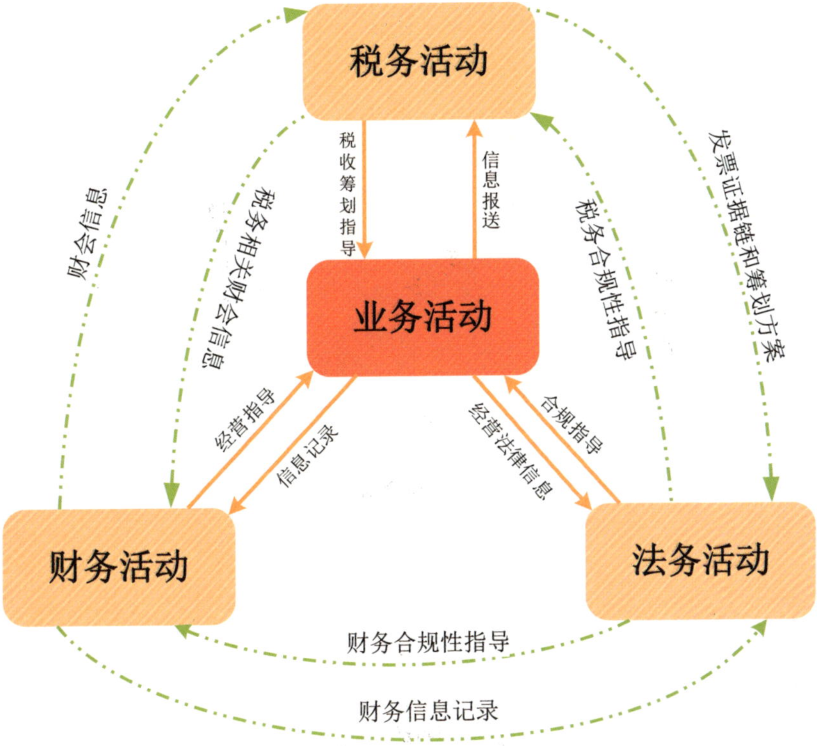

"业财法税"的融合关系图

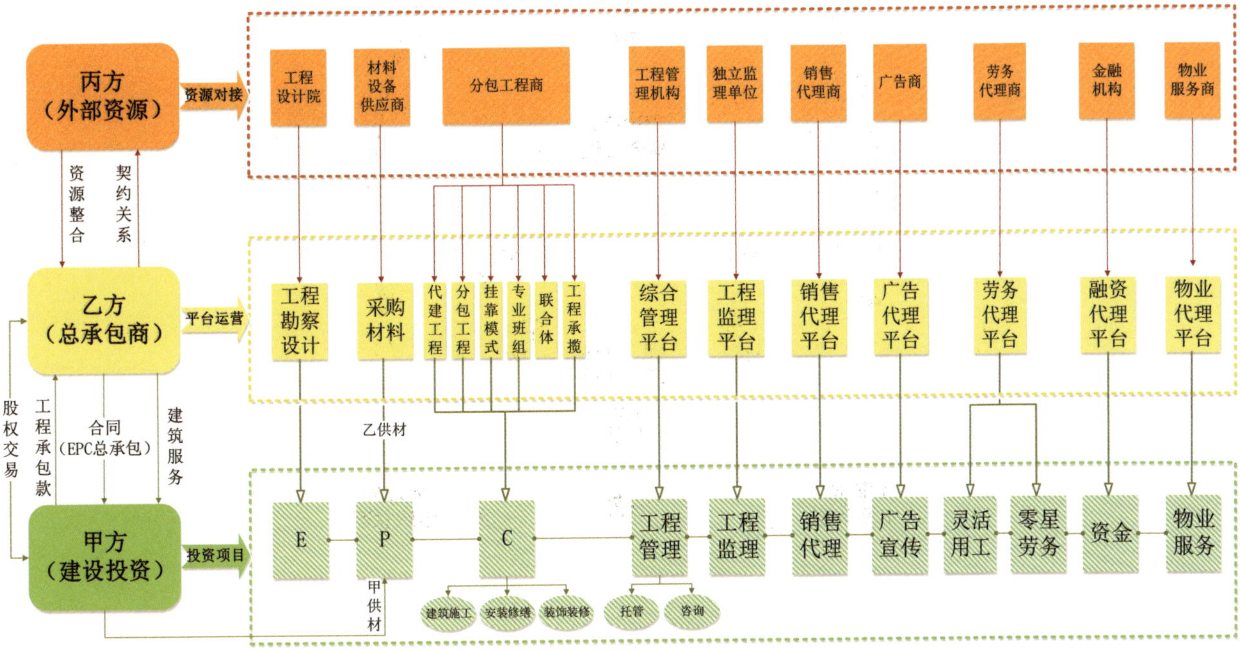

大建安EPC财税筹划平台的逻辑架构

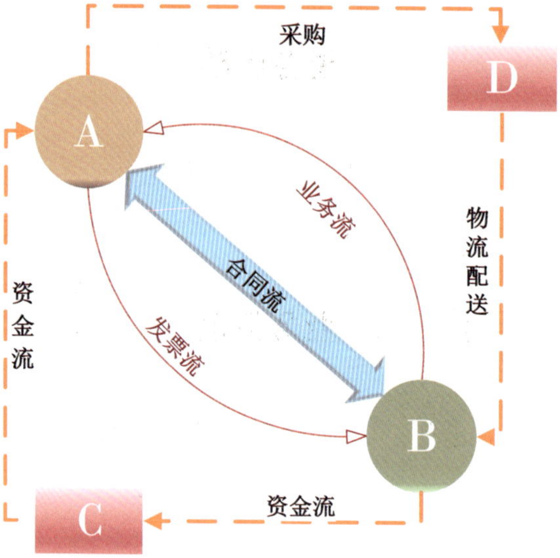

“业财法税”框架下“四流一致”规则

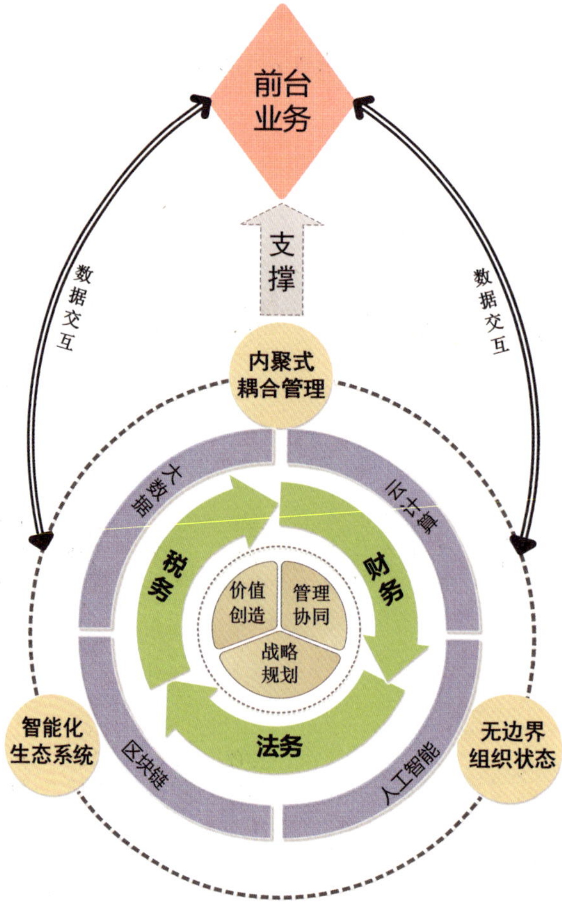

基于“业财法税融合”下“尖兵+航母群式”组织架构

业财法税融合

——大建安财税筹划平台新模式

蔡　昌/主编
余洪钢　刘　兵/副主编

中国财经出版传媒集团
中国财政经济出版社

图书在版编目（CIP）数据

业财法税融合：大建安财税筹划平台新模式／蔡昌主编．--北京：中国财政经济出版社，2020．9
ISBN 978－7－5095－9942－6

Ⅰ．①业…　Ⅱ．①蔡…　Ⅲ．①财务管理 ②税收筹划 Ⅳ．①F275 ②F810．423

中国版本图书馆 CIP 数据核字（2020）第 141332 号

责任编辑：潘　飞　　　　责任印制：党　辉
封面设计：智点创意　　　责任校对：徐艳丽

中国财政经济出版社 出版
URL：http：//www．cfeph．cn
E－mail：cfeph@cfemg．cn

社址：北京市海淀区阜成路甲 28 号　邮政编码：100142
营销中心电话：010－88191537
北京富生印刷厂印刷　各地新华书店经销
787×1092 毫米　16 开　15．5 印张　376 000 字
2020 年 9 月第 1 版　2020 年 9 月北京第 1 次印刷
定价：75．00 元
ISBN 978－7－5095－9942－6
（图书出现印装问题，本社负责调换）
本社质量投诉电话：010－88190744
打击盗版举报热线：010－88191661　QQ：2242791300

本书编委会

主　　编： 蔡　昌

副 主 编： 余洪钢　刘　兵

编委成员（排名不分先后）：

曾井观　王强英　李为人　徐　旻　林晓君

章卫东　胡国强　黄洁瑾　周　锐　钱晓丽

郭艺超　吴恩振　田　茵　杨卓翰　凌　玲

代如海　潘重百　胡文泼　和志远　何　颖

王道庆　徐长拓　马刘丁　王永琦　刘万敏

王　荔　马燕妮　林　淼　宋　玉　何春燕

陶其华　王爱清　陈　丹　吴　青　袁玉美

陈思帆　李艳红　陈　英

作者简介

蔡昌，会计学博士，经济学博士后，国际注册高级会计师（ICSPA）。现任中央财经大学教授、博士生导师，税收筹划与法律研究中心主任，海南华宜财经研究院副院长兼首席经济学家，闽江学者讲座教授，中国注册税务师协会理事，北京海淀区知联会副会长，中信改革发展研究基金会研究员，并担任多家上市公司独立董事，在业界具有广泛深远的影响。主要研究领域为财税理论与政策、税收筹划与产权税收学，建安房地产业财税运营与管理等，出版《房地产企业全程会计核算与税务处理》《国际税收筹划》《虚开增值税发票防控：操作实务·经典税案·司法判例》《中国特色公有制产权税收论》等畅销著作。

余洪钢，知名企业家，高级工程师。现任江西太平洋宇洪建设有限公司董事长、中国税务律师联盟江西分会会长。江西省靖安县第十届政协委员，当选为 2017 年度“和美靖安人”。毕业于河海大学工程管理专业，江西财经大学 EMBA 硕士，先后加盟北京大学“资本运营与商业模式创新总裁高级研修班”“北京大学新商业领袖计划班”和“清华大学建设企业创新发展高级研修班”学习。一直从事水电开发 EPC 总承包和政府城市基础设施建设，拥有 20 多年的建筑、房地产行业从业经验，对工程、法务、税务具有独到的研究与实操经验，是国内工程、法律、财税领域复合型实战专家。

刘兵，中国财税法学研究会理事、全国律师协会财税法专业委员会委员、中国税务律师联盟副理事长、中央财经大学研究员、吉林财经大学研究员、国家税务总局党校兼职教授、最高人民检察院民行案件咨询专家、甘肃省人民政府法律顾问、中国社会科学院研究生院税务硕士导师。现任北京大成（兰州）律师事务所高级合伙人、法务会计师、税务律师、多家税务机关税法顾问、税收制度建设专家组成员和上市公司税法顾问。主要研究方向为税务机关税收执法的风险控制策略、税务干部职务犯罪预防、企业税收风险控制策略，增值税发票风险防控实务等。

前　言

1. “业财法税融合”：思维与行动的创新

近年来，实务界创立“业财融合”观点，后被理论界接受而广为流传。“业财融合”的本质在于业务与财务的配合，基于资源有限的前提假设，管理者应如何基于业务流程及运营策略，应用财务技术手段帮助企业实现有效率的资源配置和价值创造。简言之，未来的财务部应该拥有更多懂财税的业务经营者，使财务部成为名副其实的业务经营方案提供商和财税问题解决商。

“业财融合”之后，业界又出现了“业财税一体化”的概念，其内涵与外延有所拓展，提升了会计管理、税务管理在企业运营中的地位、作用和价值。“业财税一体化”是企业3大流程——业务流程、财务流程、税务管理流程的有机结合，其实是互联网、大数据技术环境下的财务共享、财税融合模式。“业财税一体化”思想不仅涵盖“业财税融合”理念，更凸显管理协同的重要性和必要性。

基于“业财融合”与“业财税一体化”思想，笔者认为法律融入“业财税”已经成为一种必然，“业财法税融合”成为一种新趋势。“业财法税融合”思想的形成与脱颖而出，是系统论应用于财税管理的一次创新，也是理论界与实务界对合规性认知的又一次飞跃。“业财法税融合”思想凸显业务、财务、法务、税务四位一体的重要性，体现的是一种管理创新思维，强调的是一种基于风险控制导向的场景融合与管理融合。“业财法税融合”旨在形成一种能够涵盖运营模式、财务管理、法律规制、税务管理的系统化风险管控模式，使经营业务及其管理流程得到来自财务、法律、税收的全方位管控，达到业务运营无障碍、法律操作无缝隙、财税管理无风险的最佳效果。

概言之，“业财法税融合”思想为企业的交易结构设计、财税合规界定与价值创造提供了稳固的奠基石，将成为新时代企业变革、财税创新与技术进步的新引擎。

2. 大建安财税筹划平台：EPC模式遇上平台经济

平台经济是互联网时代一种重要的新兴经济业态，能够有效整合资源、创造价值。平台作为产业链的中枢联结点，有效联结多方供需关系和交易行为，围绕产业生态圈实现需求方与供给方的高效匹配。

大建安财税筹划平台是EPC模式与平台经济的无缝对接，符合“业财法税融合”的逻辑框架，体现“业务、财务、法务、税务”四位一体，相互关联、相互协调、相互印证。大建安财税筹划平台突破了传统EPC模式的局限性，具有开放性、包容性特征，以一种开放的胸怀承接各种综合性工程建设项目，为业主（发包方）提供勘察、设计、设备采购、建筑施工、项目融资、工程咨询、项目托管、工程监理、灵活用工、零星劳务、物业管理、销售代理、广告宣传、土地开发一二级联动等一站式服务的工程总承包模式。

当今世界，人类社会呈现加速发展、综合发展的强劲态势，供需关系模式发生根本性变化，综合性需求不断增强，一站式服务深受社会各界欢迎。EPC模式遇上了平台经济，就诞生了大建安财税筹划平台。有目共睹，大建安财税筹划平台适应了人类社会发展的这一基本规律，在工程总承包中涵盖各种建安工程及综合性服务并使之融为一体，是EPC工程总承包模式演化中一次质的飞跃。

3. 聚变效应：平台与技术变革催生税收经济生态

平台经济＋交易结构设计＋大数据技术＝税收经济生态圈

这是互联网时代构造税收经济生态圈的崭新公式，揭示出平台经济、交易结构设计与大数据技术结合后产生的聚变效应，就如奇妙的物质转化、能量释放的化学反应一样。

自然界的生态圈是指生物群落及其生存环境之间基于依存与共生关系，共同融合形成的一种动态平衡系统。税收经济生态圈与自然界的生态圈有着极为相似的特征与运行规律，体现着人类经济活动创造财富和税权分配的一种动态平衡机制。税收经济生态圈的形成意味着在税收经济环境中萌生了一种新的机制，即在互联网时代以数字经济、大数据技术等作为环境背景和技术工具，使税收经济生态圈的各参与主体与环境背景、技术工具融合为一体，形成一种新的税收经济平衡关系。

简言之，借助大数据技术优势，平台经济与交易结构设计相结合，产生了聚变效应，催生出新的税收经济生态圈。毋庸置疑，一种新的税收经济生态圈的形成，必然会形成新的交易结构与业务流程，改变原有的利益格局与生态环境，构筑税收经济生态圈一种新的利益均衡机制。

4. 时代洞见：“业财法税融合”的一种实践应用

洞见注定要成为新经济时代的本质特征。透过大数据技术变革与数字经济的加速发展，我们隐约察觉到未来的社会应该是数字变革的社会，未来的世界必然是信息融合的世界。

基于上述关于“业财法税融合”“大建安财税筹划平台”“税收经济生态”等观点的阐述，必然引出本书的核心思想观点。本书是对“业财法税融合”实践应用范例的阐释，或者说是关于交易结构设计与价值创造模式具有时代洞见的论证。从大数据技术视角重新审视平台经济的功能定位与运行模式，聚焦大建安 EPC 框架下的“业财法税融合”规则，构建“大建安财税筹划平台”是本书的主旨思想。本书主要包括“业财法税融合”、税收洼地与平台经济模式、大建安财税筹划平台及 8 种操作模式、大建安财税筹划平台典型案例等核心内容。

本书由蔡昌教授任主编，余洪钢工程师、刘兵律师任副主编。参加编撰工作的人员还有王道庆、徐长拓、马刘丁、王永琦、刘万敏、王强英、曾井观等，为编撰工作付出辛勤劳动的人员有黄洁瑾、田茵、杨卓翰、林晓君、凌玲等。本书将参考文献悉数列出，但来源于网络的文献资料可能未能一一注明作者或出处，敬请谅解。在本书出版之际，感谢为本书倾情推荐的京东副总裁蔡磊先生，全国政协委员、中国注册税务师协会副会长蓝逢辉先生，国务院发展研究中心倪红日研究员，深圳金光华实业集团有限公司副总裁郭艺超先生。本书重点探讨的“业财法税融合”“大建安财税筹划平台”等均属于业界崭露头角的新理念、新模式、新方法，其理论框架与实践运作还很不成熟，有待在实践中进一步发展，因此，书中的一些疏漏与不足在所难免，恳请读者朋友们理解、包容与谅解，并不吝赐教，以便我们再版修订。

编者

2020 年 8 月 12 日

目　录

第1篇　业财法税融合

第2篇　大建安财税筹划平台新模式

第3篇 建筑、房地产业财税操作与风险防控

第1篇

业财法税融合

第1章

"业财法税融合"思想

1.1 思维创新的时代

1.1.1 追根溯源思维

1995年，在全国政协小组会上，政协主席李瑞环讲了一个发人深省的故事：一个穷老太太去市场卖有着200多年历史的祖传紫砂小茶壶，一个人看中壶中长出茶山（即陈年茶垢），就是不加茶叶，倒入白水后也会有茶香，愿以三两银子的高价购买，稍后来取。等候过程中，老太太觉得茶壶太旧，殷勤地清洗起来，谁知买主回来见茶山全没了，连声叹息这壶连五钱银子也不值了。

在现代社会，我们要懂得什么东西最有价值。我们每个人都要学会在纷繁芜杂的世界中观察社会现象、深入分析问题，掌握一种追根溯源的思维方式。

1.1.2 与时俱进思维

一只乌鸦口渴了，到处找水喝。乌鸦看见一个瓶子，瓶子里有水，可是瓶子很高，瓶口很小，里边的水又少，它喝不着水。怎么办呢？乌鸦看见地上的小石子，想了想，便把小石子一个一个地衔起来，放到瓶子里，瓶子里的水慢慢地升高了，乌鸦终于喝到水了。

这是小学语文课本上的一个寓言故事，用来启迪孩子们的心智，让孩子们明白，生活中有很多困难，只要有了思考的心智便迎刃而解了。乌鸦经过思考和探索，终于琢磨出了往窄口瓶里丢石子的方法，最终它顺利地喝到了水。

若干年下来，这只乌鸦一直采用这样衔石子抬高水位再从瓶里喝水的办法。但它却没有料到，突然有一天，飞来了另一群乌鸦。这群乌鸦根本不会往窄口瓶里丢石子，因为人家嘴里都叼着一根吸管！

这种与时俱进的思维模式在经济社会转型的当下尤为重要。顺应时代潮流，做出应对之策，掌握与时俱进的思维模式，就能够找到解决问题的思路，最终取得成功。正如达尔文所说："在丛林里，最终能存活下来的，往往不是最高大、最强壮的，而是对变化能做出最快反应的物种。"

1.2 从“业财融合”到“业财税一体化”

1.2.1 聚合：“业财融合”

近年来，会计界、财税圈流行着“业财融合”这一概念。“业财融合”强调的是业务与财务的配合，或者说如何使两者更好地结合在一起。“业财融合”是新时代财务工作转型的方向，即由传统的会计核算向和谐的业务发展转变。财务要融入业务，由事后监督向事前预测、事中控制、事后考核转变；业务要协调财务，以怎样的业务规划与运行可实现利润最大化。总之，财务要全程参与业务发展，并成为“驾驶舱”的“智能仪表盘”。“业财融合”的目的在于告诉“驾驶者”“汽车”怎样运行才是经济的，怎样运行才能顺利、安全到达目的地。

【知识链接1-1】

“业财融合”溯源

2014年10月，财政部发布的《关于全面推进管理会计体系建设的指导意见》指出：“管理会计是会计的重要分支，主要服务于单位内部管理需要，是通过利用相关信息，有机融合财务与业务活动，在单位规划、决策、控制和评价等方面发挥重要作用的管理活动。”2016年6月22日，财政部发布的《管理会计基本指引》进一步明确“单位应用管理会计，应遵循融合性原则。管理会计应嵌入单位相关领域、层次、环节，以业务流程为基础，利用管理会计工具方法，将财务和业务等有机融合”。两份文件中的“融合”便是当今学术界和实操界提及的“业财融合”，或称之为“业务财务一体化”。

对“业财融合”这一概念的探讨兴趣，更多出现在实务界，学术界研究较少。张瑞君等（2004）较早地从价值链管理的角度出发试图解释企业财务业务一体化，核心观点认为，根据价值链管理理论，优化企业业务和财务部门之间的信息交流，实现多部门协同，可以实现企业价值增值。杨允栋（2011）探讨我国企业财务管理与业务管理融合的情况，认为财务管理和业务管理的融合关系是局部和总体、主动和被动管理、原则和灵活性平衡的关系。郭永清（2017）明确“业财融合”是指业务部门与财务部门通过信息化技术和手段实现业务流、资金流、信息流等数据源的及时共享，基于价值目标共同作出规划、决策、控制和评价等管理活动，以保证企业价值创造过程的实现。

“业财融合”的深刻含义是，基于资源有限的前提假设，管理者应如何基于业务流程及运营策略，运用财务技术手段帮助企业实现有效率的资源配置和价值创造的战略目标。因此，未来的财务部应该拥有更多懂财税的业务经营者，财务部成为业务经营方案的提供商和财税问题的解决商。未来企业的发展动力，拼的不仅是业务经营能力的高低，而是管理者的业务、财务的融合能力以及价值创造的综合能力。

“业财融合”的本质是将财务人员的角色前置，充分发挥财务信息对业务的预测、管控和评价作用。学术界对于“业财融合”的本质属性有以下4类典型的观点：（1）要求财务角色从“记录员”“监督员”“分析员”转换为“业务伙伴”；（2）要求财务为业务提供决策支持、对业务进行监督评价；（3）主张财务向业务前端延伸，同时利用信息化和智能化消除会计核算流程的不增值部分；（4）主张在IT环境下将企业经营中的业务流程、资金运动和数据流程有机结合，使财务数据和业务信息融为一体。

1.2.2　拓展：“业财税一体化”

“业财融合”之后，业界又出现了“业财税一体化”的概念，其内涵与外延有所拓展，提升了会计管理、税务管理在企业运营中的地位和价值。“业财税一体化”也从管理协同角度提出思维融合的重要性和必要性。

【知识链接1-2】

“业财税一体化”的源头

随着我国财税体制不断改革，企业遇到的财税实操问题越来越多，税务工作愈发受到重视，大有盖过传统财务的趋势。学术界和业界开始将税务单独从财务中分离出来，提出“业财税一体化”观念。

郑桂芳（2018）认为，企业要将涉税管理从企业内部向外部价值链延伸，税收等行政监管工作也变得尤为重要，必须注重企业的业财税融合。杨淑洁（2020）认为，业财税融合是业务、财务、税务互相推动发展，组织运行中的业务、财税的“双轮驱动”机制，这种机制打破了业务、财税固有的职能壁垒，增加组织内外协调、协作和共生性而管理的能力，共同创造组织价值。“业财税一体化”思想源自于“业财税融合”理念，但一定程度上超越了“业财税”三者“融合”的内涵，即强调“业财税”的“合三为一”，形成一个有机整体，深化了“业财税融合”理念，为企业在实践中实现税务、财务、业务的贯通提供了理论指引。

“业财税一体化”提升了企业运营及财税风险的价值认知，体现着一种拓展性的思维导向：所谓的“业”，就是企业的运营流程与核心业务，不同的企业当然有其不同的业务模式，不同的企业归之于不同的行业范畴，当然有其不同的运营流程和业务特征。但是，运营流程与核心业务无非是生产、贸易、服务、技术等具体业态，最多兼顾数字化、智能化特征。所谓的“财”，自然就是指企业的财务，理财思维首当其冲。然后强调“会计是一种商业语言”，会计信息是一家企业经营情况的实际反映，会计报表的质量体现着企业配置资源的能力与经营管理的成效。所谓的“税”，其实就是企业的税款计算、纳税申报与缴纳，体现着税务风险管理能力与财税筹划能力。

“业财税一体化”是企业的3大流程——业务流程、财务流程、税务管理流程的有机结合，使企业的财务数据、税务处理和业务运营融为一体。“业财税一体化”其实是互联网、大数据技术环境下财务共享、财税融合的高级模式。比如，在传统财务模式下，受限于技术和业务模式，大多数企业的财务与业务活动割裂，以事后报销、算账为主线的财务处理是当下的主流财务模式。会计工作存在大量的人工审核合同、订单、发票的简单重复劳动，不仅效率低，而且也很容易出错。图 1 - 1 展示了一个建立在数据管理一体化基础上的商城平台[①]，它实现了数据集成和场景管理的结合，具有“业财税一体化”的完整雏形。因此，建立在“业财税一体化”思维下的财务共享、财税融合模式就很容易实现数字化、智能化财税管理。

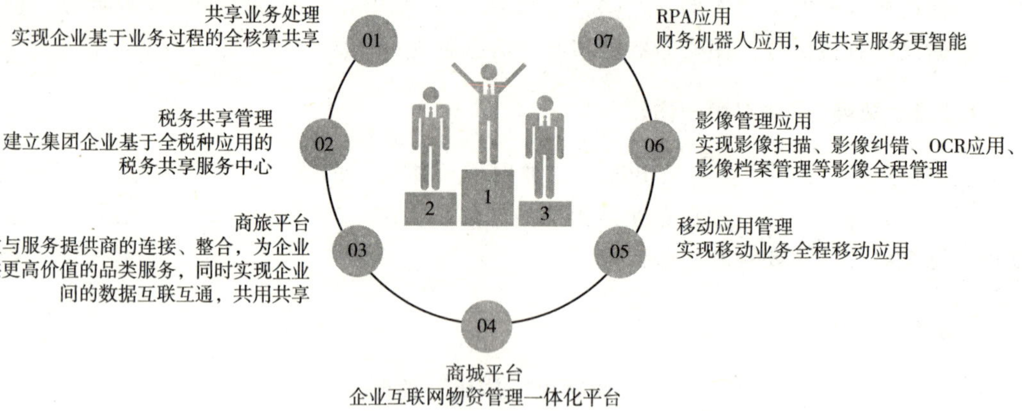

图 1 - 1 互联网商城平台：“业财税一体化”智能模式

“业财税一体化”智能平台是现代企业财税管理拥抱“互联网 +”和大数据技术的全新理念与运营模式。互联网商业平台是以消费侧为主导、以共享模式为核心的数字化、智能化财税管理模式之一。

如今越来越多的企业已经把销售端搬上互联网，实现了网上订单快速奔跑。但在企业消费侧和采购侧的管理模式上，仍然是与业务活动分离的，以事后报账、算账为主线，以管控风险为目标的财税管理体系。在这种体系下，流程复杂、效率低下，难以适应互联网时代快速决策、快速响应、快速行动的企业管理运营需要。

互联网的核心思想是连接，现代企业运营要进行“数字化”转型，即企业运营全过程的“互联网 +”和大数据追踪是未来企业的运营管理与业务流程变革的必然趋势。利用互联网思维打通与外部供应商、批发商、零售商及终端顾客以及政府部门、税务机构的连接，变事后报账为对事前交易和数据管控，变“以管控为核心”为“以服务为核心”，变手工会计处理为在线自动实时处理，完成“业财税一体化”背景下的数字化转型，形成数字化、智能化财税管理平台。图 1 - 2 展示的就是企业商城平台的运营模式，形成了基于财务共享、财税融合模式的“业财税一体化”智能平台，能够实现业务运营、数据采集与财税管理的统一。

在“业财税一体化”智能平台下，业务人员把精力完全放在交易的申请、收货方面，消除了烦琐不增值的报销、报账流程；财务人员实现了账务和税务处理自动化，从烦琐的重复劳动中解脱出来，更聚焦于业务分析、风险监控识别等有价值的工作上。“业财税一体化”智能平台通过智能连接和数字化改造，重构了传统财务处理流程，回归以交易管理为核心的企业运营本质，实现了经营活动的高效率和自动化。

“业财税一体化”智能平台在互联网思维的基础上，应用大数据和人工智能技术，从本质上优化了财务流程。在企业商城平台模式下，企业员工日常消费以及大宗原材料采购实现

① 业财税一体化智能共享服务平台白皮书．元年科技．https：//www. yuanian. com/gz/bps/585. html.

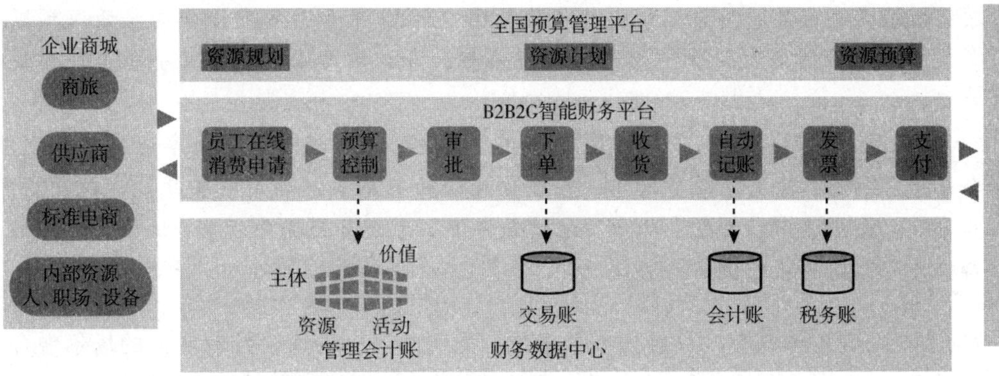

图1-2　财务共享、财税融合模式下的“业财税一体化”智能平台

了在线下单、支付，企业统一对账结算。利用互联网思维以及人工智能、电子发票等技术手段，对传统销售、采购和财务流程进行业务再造，颠覆了传统市场交易方式。“业财税一体化”智能平台不仅打造一个全新的财税体系，还从数据上和对外的供应商以及电商平台打通，将管理流程和客户、供应商等一并纳入市场交易的生态系统。

1.3　聚变：“业财法税融合”

1.3.1　“业财法税融合”的逻辑结构

“业财法税融合”思想的提出，是企业对运营管理的合规性、合理性认知的又一次飞跃，也是系统论思想应用于财税管理的又一次创新。“业财法税融合”思想旨在阐明业务、财务、法务和税务四者融为一体的重要性，即只有实现“业财法税”的融合，才能为企业的交易结构、财税合规与价值创造提供稳固的奠基石。

【知识链接1-3】

“业财法税”思想的起源

“业财融合”“业财税一体化”这两个概念均是基于管理会计框架提出来的，而未将“企业法务”这一重要活动引入。进入21世纪以来，我国法律制度不断修订和增补，社会经济领域的各种法律规定越来越多，企业由于不能将业务、财务、税务与法律有机结合起来而造成额外损失的情况屡见不鲜，这从一个侧面证明了宏观层面法律制度的重要性以及微观层面实现业务、财务、法务、税务融合的迫切性。

国内有影响力的财税专家、中央财经大学蔡昌教授从管理协同视角，将法务、税务元素同时引入“业财融合”这一概念，提出“业财法税融合”的创新理念。蔡昌教授曾在云账房“中国财税服务行业发展趋势研讨会”（2019年8月北京、9月深圳、9月上海等地），金碟“企业数字化转型”高峰论坛（2019年10月深圳金碟总部、2019年12月云南腾冲）等多个场合提到“业财法税融合”思想，并系统阐释其丰富的管理协同性内涵与财税合规性要求；蔡昌教授受华为集团高管邀请，赴华为集团（2020年6月8日，华为集团深圳坂田园区）系统阐释“业财法税融合”思想与操作流程，并就华为海外投资及全球治理合规性进行专业交流。

“业财法税融合”即根据企业财税管理需要，通过信息传播、信息共享的高科技手段，有机融合业务、财务、法务、税务活动，在合法经营的基础上，利用财务政策、税收制度、法律工具等，从企业规划、决策、组织、控制和评价等方面全面提升效率、降低成本，从而实现企业价值最大化的管理协同行为。

“业财法税融合”体现着一种管理创新思维，强调的是一种风险控制导向的场景融合与管理融合思想。“业财法税融合”旨在对企业经营业务、管理流程形成一种能够涵盖业务模式、财务管理、法律规制、税务管理的系统化风险管控模式，使经营业务及其管理流程得到来自财务、法律、税务的全方位管控，达到业务运营无障碍、法律操作无缝隙、财税管理无风险的最佳效果。

从我国社会经济实践出发，“业财法税融合”模式之所以能够脱颖而出，源自以下三大突破：一是信息共享，突破信息不对称的局限性。以大数据、人工智能、云计算、区块链等为代表的新一代信息技术为“业财法税融合”提供了技术条件。二是法律渗透，商业模型、票据开具、抵税与记账必须完全符合法律规范，具有内在的逻辑关联性。三是管理流程，流程观念使得业务秩序环环相扣，价值链、税收链为业务交易提供完整的证据链，“业财法税融合”实现业务活动的内在贯通，从而形成全流程管理控制的闭环之妙。

【知识链接1－4】

“业财法税”融合面临的两大机遇

1. 技术机遇：数字化转型的技术环境

“业财法税”融合的关键媒介是信息流，企业以往的信息系统不能有效支持企业的各项活动，很大程度上是因为技术手段不能跟上即时信息需求，导致总是“事后报告”“结果反馈”，决策支持的信息时效性差。

在信息技术日新月异的今天，人工智能、大数据、云计算、区块链等现代信息技术发展迅速，越来越多的企业开始走向自动化、智能化。信息技术的发展完全能够支撑企业搭建一个以“业财法税融合”为导向的信息共享平台，促进企业“业财法税”活动实现及时、准确、高效的信息交换。因此，企业已经具备进行“业财法税”融合的绝佳技术环境。

2. 环境机遇：新经济形势下的新要求

除了技术机遇，企业面临的另一个机遇则是全球化，人类社会的供应链、资金链、产业链已经形成全球范围的紧密联结。2020年席卷全球的新冠肺炎疫情，虽然给全球经济带来重创，微观市场主体乃至个人也遭受极大损失，但全球化的供应链、资金链因为人类命运共同体而联结在一起。

当今新冠肺炎疫情导致的全球危机，既是挑战也是机遇。企业在这种关键时刻应该抓住机遇，结合自身情况不断变革，通过“业财法税融合”实现企业数字化转型，培养综合竞争力，迎来一个更高效率、更低成本、更低风险的未来发展机遇。

基于以上认知，“业财法税融合”思想的逻辑框架可以概括为图1－3。

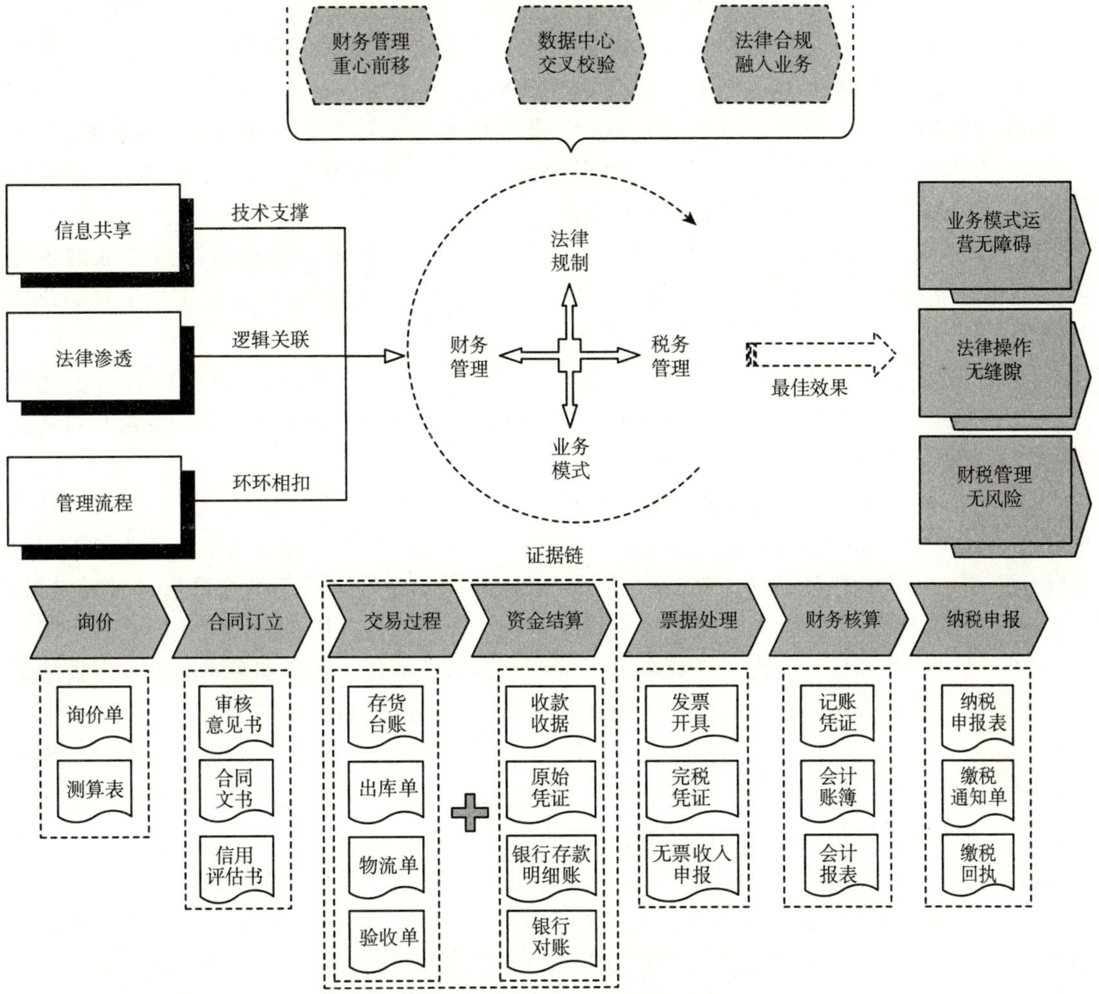

图1－3　“业财法税融合”思想的逻辑框架

“业财法税融合”是一种商业模型、财税管理创新与法律规制的融合思想，使企业具有以下方面的管理运营优势：

（1）利用互联网、大数据技术将财务管理重心前移到交易（业务）环节，使理财融入交易结构底层及业务活动内部。

（2）在交易管理过程中建立数据集成中心，收集管理会计、财务会计、交易和税务的全量数据。摆脱传统模式下财务会计数据在前、管理会计数据在后的弊端，管理会计信息不再依赖财务会计数据，两者同时产生、互相校验，保证了管理会计数据的实时性；因企业数据集成中心的形成，进一步验证交易结构的真实性与合理性，实现交易、财务、税务的内在逻辑一致性。

（3）在交易发生前和交易进程中发挥法律的规制作用，不仅实现财税管控的有效性，而且实现法律管制的合规性，将法律规范融入业务活动、财务管理、税务管理的每一环节和全部过程，开启交易控制、财税管理、法律校验的全新模式。

1.3.2 “业财法税”融合的内涵特征

（1）“业财法税融合”不仅仅是一个管理会计议题。对以往“业财融合”理论研究文献的分析发现，“业财融合”多被财会实践和咨询从业人士所关注，“业财融合”也更多偏重于财会问题的探讨。汤谷良（2018）认为，基于现有学科的概念、属性等方面来看，“业财融合”的主旨与管理会计关注组织的经营活动，通过改善组织的经营绩效为组织创造价值的主旨一致，“业财融合”应该是一个管理会计议题。

此后出现的“业财税融合”虽然丰富了“业财融合”思想，但普遍认为“业财税融合”是将“业财融合”中的“财”进一步细化，因此也并未脱离管理会计这一学科的议题范畴。

“业财法税融合”思想更多地弱化了会计要素，放眼于企业由内而外的综合价值链管理，使企业的业务、财务、法务、税务四方面有机结合，跳出了以往紧盯会计要素和财务报表的“业财融合”。

（2）“业财法税融合”的媒介是信息传递及共享。业务、财务、法务、税务，从专业角度来看，分属于不同的领域，四者的职能、思维方式、表达形式等都有所不同：业务部门更关注生产作业和业务绩效；财务部门注重的是增加利润、提供高质量的会计信息披露结果；法务部门则从权利和义务的角度出发，确保企业合法合规经营；税务部门关注的是利用国家税收政策进行税收筹划，实现税务风险最低、税收成本最小化。企业四种不同思维方式的活动类型进行融合就需要信息传递畅通、便捷，企业不同部门之间要相互了解，学会其他部门的思维方式，最终达到理念、思维模式、行为准则的多维统一，企业实现决策结果、最优方案在组织内部进行高效率传递，各部门每项活动能充分得到其他部门的信息反馈，并最终为企业规划、组织、控制、评价等活动提供决策依据与底层信息支持。

目前许多企业内部已有自身的信息系统，但这种系统仍然存在许多问题。一是现有企业多以 ERP 系统等作为财会信息系统，但这种充满财会术语、以财会信息为主导的信息系统不能满足其他部门（比如法务部门）的信息需求。二是这种信息系统多进行事后报告，往往不够及时，难以动态支持企业的决策行为。三是信息系统的信息传递不够精细，不能给予管理层精细化的决策证据。基于以上三种原因，未来构建以“业财法税融合”为主旨，更趋精细、更为迅速、更加畅通的信息决策系统是企业数字化发展的基本方向。

（3）“业财法税融合”的操作主体是管理层。要想实现“业财法税”融合，必须明确其操作主体。从“业财法税融合”的目的来看，其直接目标为使企业在规划、决策、控制和评价等方面提质增效，最终达到企业价值最大化。而规划、决策、控制和评价这类企业管理活动主要由企业管理层操控，因此，“业财法税融合”的操作主体应该是企业的管理层。

（4）“业财法税融合”的目标是实现企业价值最大化。“业财法税”融合，即在合法经营的基础上，利用财务手段、税收政策、法律工具等，在规划、决策、控制和评价等工作方面提升效率、降低成本，实现企业价值最大化。尽管业务、财务、法务、税务职能不同，但它们都有共同的目标，即实现企业价值最大化。

在实现企业价值最大化的过程中，企业的业务、财务、法务、税务四方面需要不断进行交流、协商、权衡并得出四方制衡下的最优方案，而这种交流、协商、权衡得出最优方案的过程，就是实现“业财法税”融合的过程。

【知识链接 1－5】

“业财法税”融合面临的四大挑战

1. 专业职能部门之间彼此割裂

传统管理模式下，企业各部门权责职能上相互独立，业务管理、财务管理、法务管理、税务管理通常由不同的部门负责，工作内容关联较少。在“业财法税”融合背景下，若将四个部门进行密切关联，还面临各种困难。首先，“业财法税”融合意味着业务、财务、法务、税务四个方面的工作需要由各专业人员共同沟通协调完成，但由于不同专业领域的工作理念差异较大，因此在沟通中各方很容易出现矛盾和冲突，短期内将“业财法税”融合的效率优势发挥出来，还不是一件容易的事情。其次，在“业财法税”融合背景下，需要实现业务、财务、法务、税务等管理工作在专业层面的对接，这也是需要一定程度的组织协作和专业融合。最后，由于很多企业已经在信息化建设方面取得了一定的成果，并为各部门建立了专门的信息管理系统，因此，不同部门信息系统在信息技术标准上的差异也同样会加大“业财法税”融合的难度。“业财法税”融合也需要依赖统领全局和各个专业部门的系统化信息系统，对信息传递、数据挖掘、信息共享的要求较高。

2. “业财法税融合”思想未被管理层高度重视

“业财法税”融合对各部门管理层以及工作人员的协作有着较高的要求，但从目前来看，很多企业的不同部门管理层工作协同性问题却未能得到有效解决，这也给“业财法税”融合造成一定的限制。在实际工作中，由于管理层对“业财法税”融合思想缺乏深入的认识，因此，常常将“业财法税”融合简单视为对“一体化管理平台、管理软件”的应用，而缺乏部门之间在业务、财务、法务、税务等领域进行数据交换、信息共享的认知，各部门很难发挥数据汇聚优势，开展综合分析。另外，由于不同专业部门的管理目标不同，管理层在进行管理决策时，业务、财务、法务、税务各部门很难达成一致，这对于管理协同性的影响同样非常明显。业务部门通常会重点关注业务指标的完成情况，而财务部门关注财务报告披露的规范性，税务人员则是将税务风险管理、税收筹划作为其工作的主要目标。很显然，这些不同部门之间的目标会出现矛盾和冲突，部门之间的管理协同就很难真正实现。

3. “业财法税”融合的标准亟须规范

“业财法税”融合模式需要各部门、各方面协调配合、信息共享、互联互通，以“业财法税”融合机制与流程设计、标准再造为核心，打造集“流程改造、流程再造、标准确立、标准统一”四项程序为一体的运作模式。企业普遍呈现差异化、多元化的生长态势，推行统一的标准和流程可能会遇到障碍。

4. “业财法税”复合型人才极度匮乏

“业财法税”融合机制已是国家战略选择，精通“业财法税”的复合型人才可谓“一将难求”。“业财法税”融合模式不仅打破了企业不同部门之间的数据壁垒，也对各部门之间的管理协同提出更高的要求。对于“业财法税”融合模式下的业务、财务、法务、税务的协同合作来说，最重要的是培养一批具备良好的工作能力与学识素养、通晓多专业领域前沿知识的复合型人才。

1.3.3 “业财法税”融合的典型模式

“业财法税”融合的典型模式如图 1－4、图 1－5 所示。

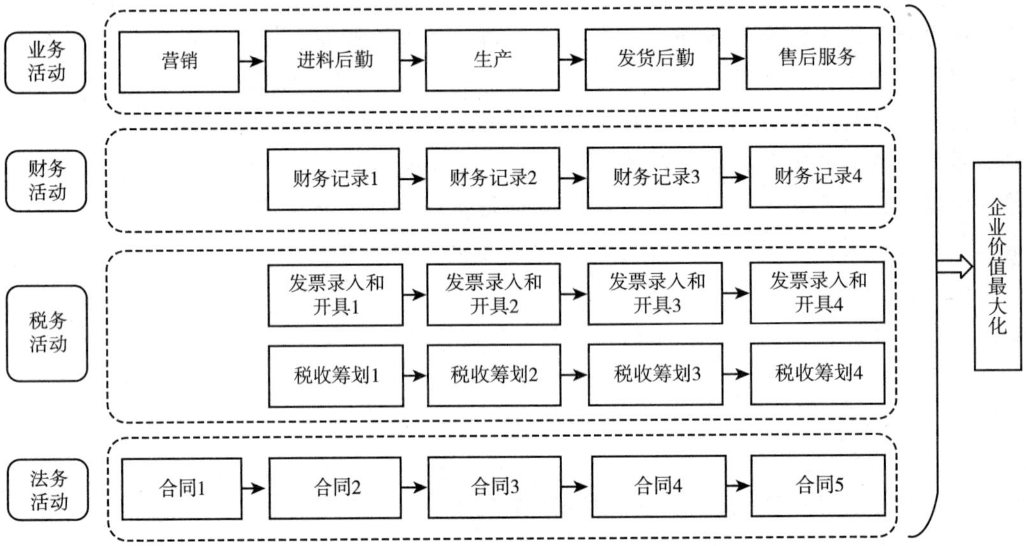

图 1－4 “业财法税”融合过程示意图

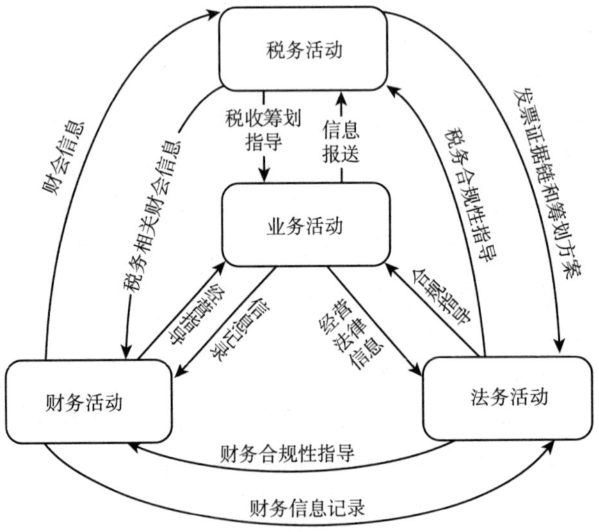

图 1－5 “业财法税”融合关系图

根据图 1－4、图 1－5，业务、财务、法务和税务四项活动的融合可以借鉴波特的价值链模型进行深入分析。企业的业务活动通常划分为采购、研发、生产、销售等不同的环节，而这些不同的业务活动必然要经过财务会计的记录形成会计信息，也必然经过税务系统完成纳税，进而形成经营利润、税收支出、营业成本等财税信息供管理层分析，管理层通过甄别、判断会计信息进行经营决策，进而调整经营方向与业务模式，实现业务、财务的统筹规划，此乃“业财融合”的本质。

从税务方面分析，企业的各项业务活动形成的会计信息给企业税收筹划决策提供依据，反过来税收筹划策略为业务活动提供财税支持，调整业务部门的经营活动使企业综合税负最小化、税后利润最大化；除此之外，企业的采购、生产、研发、销售、物流、发货等对外活动需要进行发票的录入和开具，录入和开具发票形成比企业自身财会记录效力更强的业务操作证据，形成的证据链可为法务部门提升业务的合规性提供支持。

再从法务方面分析，除税务活动来源的发票证据链作为企业法务活动的支持外，较为重要的还有企业的业务经营形成的合同信息。合同信息传递到法务部门，法务部门除了直接指导业务活动外，还能通过指导财务信息、税收筹划方案间接指导业务活动；此外，财务信息、税收筹划方案也已成为佐证企业经营合规的决策结果和信息流。

总而言之，企业的四项经营活动依靠各自产生的信息流在四个职能部门之间顺畅流动，并实现相互印证、相互支持，不断平衡直至达成企业经营方案的最优解，实现企业价值最大化。

1.3.4　证据链：“业财法税融合”的路径依赖

“业财法税融合”，既涉及企业涉税事项的处理，又与交易结构、节点控制、合同签订、凭证获取、财务处理、税务管理等密不可分。“业财法税融合”的实现过程，不仅需要交易结构的科学设计，还要考虑财务处理、税务管理与合同签订、节点控制、凭证获取等环节的有机衔接，构建包括合同文本、财务资料、完税凭证等在内的完整的“证据链”。即使未来面对外部审计、税务调查等事项，也能够提供证明其合理商业目的以及合规性要求的证据材料①。从这一角度出发，“证据链”为实现“业财法税融合”开辟出一条赖以运行的路径，能够深度阐释企业经营活动在“业财法税融合”视角所形成的一体化行为与一致性结果。

合同是商业活动、交易结构的主要载体，合同锁定了交易结构，同时也成为影响财务结果和税务风险管理的重要证据。理想状态下的税务安排应该从合同开始，因为合同是商业活动、交易行为的先导，没有合同就没有交易活动，合同约定条款的不同表述，会对财务核算和税收结果带来不同的影响。企业在进行税务安排时，往往是以合同文本为依据的，合同自然成为税收安排的“证据链”的首要一环。

完备的会计核算及真实的账簿资料与备查簿，是企业开展税务安排、适用税收优惠政策的法律证据。财税理论与实践表明，纳税申报与财务核算密切相关。财务报表以及相关的原始凭证、记账凭证和账簿记录，是记载企业交易活动的重要资料，也是实现正确纳税申报的重要依据。因此，企业如何开展财务核算，是否有效管理原始凭证、记账凭证和账簿记录，将对其税务处理产生直接影响，进而影响企业的税务结果。

法律对于“业财法税融合”有着特殊的贡献，没有法律规制与事实甄别过程，就没有稳固的税务安排与税务风险控制策略。税收筹划是一项专业性很高的工作，主要是在依法合

---

①　证据链的构成至少包括以下三个要求：一是有适格的证据；二是证据能够证明案件的证明对象；三是证据之间能够相互印证，对案件事实排除了合理怀疑。《刑事诉讼法》第 53 条除了规定“证据确实、充分”证明标准以外，同时明确了证据确实、充分的三项条件，其中第三项条件是“综合全案证据，对所认定事实已排除合理怀疑”，这也就意味着全案证据之间必须形成一个不相矛盾、能够相互印证且能够证明案件事实的证据链。（刘天永．税务安排：完善的“证据链”是关键．中国税务报，2019－07－12）

规的前提下，借助于商业、合同等安排，从而有效降低企业的税收成本。财务造假、阴阳合同等违法行为，并不属于税收筹划的范畴，从根本上也无法实现内在逻辑的一致性。

因此，真正的“业财法税融合”，要满足如下几个要素：一是必须做到准确理解税收契约精神，把握税收筹划的法律界限；二是必须保证税收筹划具有完整的“证据链”，且“证据”材料之间具备一致性，能够为“业财法税融合”提供有力的支撑。

1.3.5 “业财法税融合”下的“四流一致”

所谓的“四流一致”是指业务流（货物流或服务流）、合同流、资金流、发票流相互统一。具体而言，“四流一致”不仅要求收款方、开票方和货物销售方或服务提供方必须是同一个经济主体，而且付款方、货物采购方或服务接受方也必须是同一个经济主体。“四流一致”的基本假设是：真实发生交易，有买卖双方并签署交易合同。卖家须向买家转移货物，即物流；买家向卖家支付款项，即资金流；卖家向买家开票，买家凭票入账并抵扣进项税，即发票流。如果在经济交易过程中，不能保证资金流、发票流和物流相互统一，则会出现票款不一致，涉嫌虚开增值税发票，如果一经查实，不仅需要补缴税款及滞纳金，还须承担一定的行政处罚甚至承担刑事责任的法律风险。

从企业经济运行实践出发，如图 1－6 所示，A、B、C、D 为 4 家公司，A 销售商品给 B；A、B 之间签订合规的交易合同，且 A 收取款项后为 B 开具发票；由于 B 是 C 的债权人，B 要求 C 代为支付 A 公司的货款；A 销售给 B 的商品，是从 D 处采购的。

“业财法税融合”下的“四流一致”，要求满足以下运行规则（见图 1－6）：

规则一：以合同流为中心，发票流、业务流并行一致；

规则二：资金流通过委托收付款方式保持间接一致；

规则三：销售方向第三方采购的货物再销售给购买方，可委托第三方直接通过物流配送给购买方。

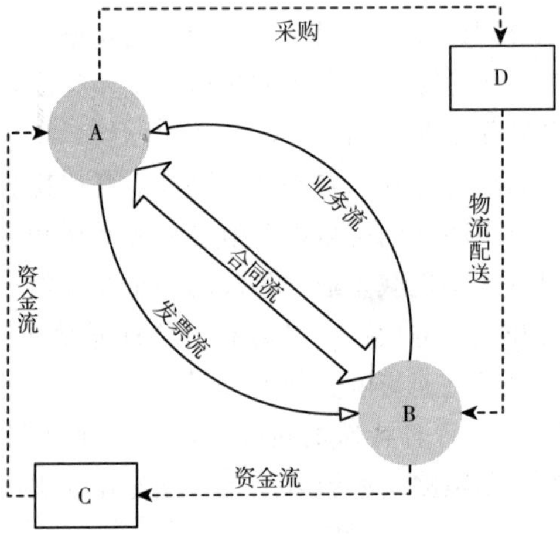

图 1－6 “四流一致”的运行规则

上述规则一比较容易理解，业务流、合同流、发票流应该保持一致。下面进一步分析当三者出现不一致情形时应如何处理：（1）当业务流与合同流不一致时，通常需要根据真实的业务流，对合同流进行补充调整，最后达到合同流与业务流一致。即当业务完成后，不允许出现业务流与合同流不一致的现象。（2）当业务流与发票流不一致时，需要对发票做相应处理。如果发票内容与业务内容不符，或者发票内容与业务内容相符，但发票金额大于业务金额的，则开票方需要收回原发票并作废，然后再开具与业务内容和金额吻合的发票。如果发票内容与业务内容相符，且发票金额小于业务金额的，则可由开票方以差额补开发票。即最终也必须满足发票内容、金额与真实业务相符，实现发票流与业务流完全一致。（3）当合同流与发票流不一致时，可能其中一者有误，也可能两者均有误，不论属于哪种情况，都需要根据真实业务情况对合同或发票进行处理，且都必须与业务流保持一致，即最终两者也必然会因为和业务流相符而必然保持一致。

上述规则二的本质要求，其实并不必然要求资金流与业务流、合同流、票据流保持严格意义上的完全一致。这里指的是收款方或付款方可以与开票方或受票方不一致，但并不是允许资金流的数额不一致。关于资金流不必然要求与业务流、票据流、合同流保持一致问题，可以参考国家税务总局的一次视频会政策问题解答。2016年5月26日，国家税务总局在视频会政策问题解答中对一个住宿费发票进项税额抵扣的“三流一致”问题的答复如下：

纳税人提问：“纳税人取得服务品名为住宿费的增值税专用发票，但住宿费是以个人账户支付的，这种情况能否允许抵扣进项税？是不是需要以单位对公账户转账付款才允许抵扣？”

总局答复：“其实，现行政策在住宿费的进项抵扣方面，从未作出过类似的限制性规定，纳税人无论通过私人账户还是对公账户支付住宿费，只要其购买的住宿服务符合现行规定，都可以抵扣进项税。而且，需要补充说明的是，不仅是住宿费，对纳税人购进的其他任何货物、服务，都没有规定因付款账户不同就不可以抵扣进项税额。[①]”

举一实例说明：甲公司从乙公司购进一批原材料，由于资金周转问题，甲公司找到商业合作伙伴丙公司，甲公司、丙公司之间达成借款协议，丙公司直接替甲公司支付乙公司的货款，即丙公司直接将款项打到乙公司账户。如此一来，就出现资金流不一致的情况，这种情况也是允许的，因为甲公司和丙公司之间能够说清楚之间的债权债务关系。除此之外，在集中资金支付、委托付款、债权债务抵销、三角债清偿等模式下，都会发生购货方与付款方不一致的情形。所以，资金流与业务流、合同流、票据流在现实中很难保证完全一致。需要提醒大家的是，虽然资金流与业务流在特殊情况下不要求必然一致，但一般要求在资金流方面不能出现非法集资或套现等违规问题。

上述规则三的内涵是指，在互联网时代平台经济、电子商务蓬勃发展，经济交往的广度和深度均系前所未有，交易活动越来越趋向复杂化，实现点对点的物流配送基本上愈加难以实现。例如，上海贸易公司接到来自成都客户的采购订单，收款并开具发票；货物不由上海贸易公司发出，而是由上海贸易公司委托广州的生产商直接发货给成都客户，上海贸易公司不负责运输，货物也不会从上海发出。这种现象在大宗商品贸易中较为普遍，由于运输、仓储环节往往需要耗费大量的成本费用，因此，企业或市场主体之间进行货物转卖时往往会约定货物暂时不发生现实上的实际交付，而是通过“指示交付”或“占有改定”的方式完成货物所有权转让与交付过程。虽然货物本身没有发生空间上的转移，但已经发生法律意义上的“交付”，即货物所有权已经发生转移，交易行为合理有效。这种物流与资金流、票据流不一致的情况也是

---

① 见 https：//www. bjeye. com/shui/17101. html。

符合常理的，即不能因为物流配送问题而被认定为“四流不一致”。总之，四流不一致并不必然存在问题，除发票流不一致外，其余三流不一致皆须结合交易的实际情况进行专业判断。

1.3.6 “业财法税融合”的行动指南

（1）完善企业决策的数据基础。企业面对“业财法税”融合问题，需要在内部建立全新的信息集成系统与管理协同模式，将业务、财务、法务、税务部门的信息管理系统有效连接起来，建立统一的信息集成管理平台，并要求各部门工作人员在平台上完成各项工作任务，为部门间的有效融合奠定基础条件。同时在管理决策方面，企业利用大数据、人工智能、云计算、区块链等现代信息技术，对业务、财务、法务、税务等各方面的数据信息进行深入挖掘与整合管理，并存储到专门的数据库之中，使不同类型的数据能够有效关联起来。在管理决策时，可以直接提取相关数据信息开展综合分析，并将分析结果作为决策依据。

（2）依赖企业管理层的实践应用。企业管理层要树立“业财法税”融合思想，认识到该思想的重要性，并积极动员各部门付诸行动，鼓励不同部门深入交流、共享信息。以财务部门为例，财务人员可以通过参与项目管理、经营分析、预算编制、绩效考核等方面不断融入业务活动，同时从财务视角做经营流程与业绩分析，实现“业财法税”融合的最基本目标。业务、法务、税务等其他部门也是如此，应为这些部门的人员创造更多的机会去理解和实践“业财法税”融合业务，让他们能够从容面对一个相对复杂的管理场景去完成合规性的业务操作过程。

【实战经验1-1】

三轴管控法：“业财法税融合”的范例

EPC模式是Engineering（设计）、Procurement（采购）和Construction（施工）首字母的缩写。EPC总承包项目即由一家承包商负责整个工程的设计、设备采购、现场施工以及运输、保险、安装、调试、试运行等全流程管理，在工程完工之后，可以直接将工程移交给业主（发包方），被形象地称为“交钥匙工程”。

“三轴管控法”是指通过工程预算轴线、资金收付轴线、税务发票轴线来系统控制EPC的项目运行与财税管理。

1. 第一轴：工程预算轴线

工程预算是企业财务制度的重要组成部分，其主要包括预算费用编制、项目费用开支规定、项目费用考虑、项目结算等，公司的预算管理体系，预算费用编制、审批、下达和变更都是建立在工程预算基础之上的。

在项目预算完成之后，就需要根据预算项目的规定，结合会计的各种准则规范，进一步发现预算业务和会计准则之间的差异，将项目预算调整为符合会计准则要求的EPC财务预算。财务预算的范围主要包括工程预计收入，工程项目支出，现场施工、设计、第三方服务、安全管理费用等，需要根据工程进度情况开展相关的核算工作，保证项目的进度要求。

由于工程项目实施的各种影响因素非常多，这会直接导致业务预算和财务预算之间存在一定的差异，这需要预算执行的过程中，应该根据实际情况进行一定的调整，其中一个重要部分是人工成本的控制。在费用编制的过程中，应该以标准人工作为标准，其包括了企业各种岗位员工的用工成本，在传统的财务核算项目中人工成本的计算通常只包括和项目直接相关的人工成本，对公司各管理部门的人工费用成本往往不计算在内，需要在项目人工成本当中剔除。对预算变更工作应引起足够的重视。经过批准的项目预算，如果没有特殊的情况，是不允许进行变更的。在预算实际执行过程中，由于外部环境经常会发生各种变化，预算变更出现的概率相对较高，这需要我们引起足够的重视。在现实的施工中，经常会由于业主的原因发生变更，需要对变更的原因及时进行总结，在后期与业主协商的过程中，应该将由于变更导致的费用支出加上。

在对项目预算变更进行审核的过程中，应该对变更申请程序的完整性进行关注，掌握预算变更可能对项目税收和利润造成的影响，尽量避免额外预算变更的情况发生。

工程预算轴线有以下管理重点：

(1) 构建工程预算体系。公司应颁布相关的项目财务管理制度，如项目费用预算编制规定、项目费用开支规定、项目部绩效考核实施细则、项目结算及经济效益评价管理等制度，以此建立并完善公司全面预算管理体系，规范项目费用预算的编制、审批、下达和变更程序，确保项目预算下达的及时性和执行的严肃性。公司费用控制部和项目管理部负责项目预算的具体执行，财务部参与项目收付款、资金、财税相关方面的筹划。

项目预算审批完成后，财务部根据项目业务预算报告，结合会计准则规范，找出业务预算与会计准则间的差异，将项目业务预算调整为符合会计准则要求的EPC财务预算。

EPC财务预算覆盖项目的预计总收入、各分项支出（含工程物资采购、现场施工、设计、第三方服务、现场支出、安全管理等各项费用）及预计工程毛利，以此作为本项目工程会计核算的基础，再按照工程完工进度开展会计核算，确认项目进度及相应的收入、成本与合同执行毛利。

(2) 完成预算差异调整。项目业务预算与项目财务核算间存在一定的差异，编制财务预算时须进行适度调整，其中比较主要的是人工成本。费用控制部编制的人工成本预算使用的是标准人工成本单价，此标准下人工定额包含公司所有人员的人工成本（含管理部室人工），而财务核算中的项目人工成本通常只选取与项目相关的直接人工成本，公司各管理部门的人工费用则直接分配入管理费用且不纳入项目核算，因此须对项目标准人工成本中的管理人员成本予以剔除。

(3) 充分关注预算变更。经过批准的项目费用预算，没有特殊情况不允许变更。但实际执行时，由于内外部客观环境的变化，以及项目本身较为复杂，预算变更在实际项目执行过程中经常出现，对此须格外关注。现实中，既有应业主要求进行的变更，也有现场执行过程中出现的其他原因。须及时记录各项变更并注意后期与业主谈判时提出相应合同增补条件，以此覆盖公司因业务变更所新增的相关支出。

财务在审核预算变更时，需要特别关注预算变更申请及审批等程序是否完善；预算变更对项目税收及利润的影响。变更新增的付款审核也需要格外谨慎，杜绝预算外缺少变更审批的支出。同时，根据经批准的项目业务预算调整财务预算，并以此确认后期的会计收入、成本及合同毛利。

2. 第二轴：资金收付轴线

资金是企业运行的“血液”，EPC项目运行的过程也是项目管理的价值链与资金链不断转化的过程，资金收付的情况直接关系到项目运营的质量与效益。一般情况下，项目资金执行应遵循“收大于支”“项目不垫资”的原则，即在项目执行的全过程，都需要将资金收付情况纳入总体筹划，保证项目执行过程中优先向业主收取项目款，再考虑对项目的支出进行合理的安排。

落实项目经理负责制。项目经理是项目资金管理的第一人，应做好总体的项目资金收付计划，确保项目收账如期进账，避免提前预支项目款。从合同签订起就将资金支付情况纳入考虑，如与业主签订的主合同收款条款应与施工分包、物资采购等合同的付款条款基本保持一致，最好做到先收后支，收款进度先于付款进度，以合理避免项目垫资。

财务做好资金总体把控的措施具体如下：(1) 及时核实资金收款计划的落实情况，争取按计划定期收取项目工程款；充分利用集团授信提前申请银行保函，按要求及时开具收款收据和发票，避免因支付票据等要件不足影响收款。(2) 综合审批各项付款条件是否完善，结合付款形式和合同付款条件等审查付款单据是否齐全，对不符合要求的请款应及时拒付，直至实质与形式要件均补充完善后方可付款；审核供应商提供的银行保函，确保其足够保障公司资金支付安全；按要求开具信用证等支付工具，仔细审核合同各细项条款，保障资金支付安全；充分利用银行汇票，认真审核收到的银行汇票并注意及时对外背书，优先使用票据付款。(3) 密切关注项目总体财务收支，一旦发现有项目垫资情况，及时反馈给项目经理和公司主管领导，杜绝项目垫资。(4) 构建项目清欠与催收管理机制，定期提供项目清欠报表，提出有针对性的清欠管理举措，及时清理项目应收款，避免出现长期应收款。

3. 第三轴：税务发票轴线

EPC 项目将设计、采购、施工业务有机地整合在一起，共同打包给项目方进行施工。EPC 项目通常可按照业务内容划分为设计、采购与施工 3 个部分。设计服务按照 6% 税率开具现代服务业增值税发票；物资采购，通常开具 13% 税率的增值税发票；工程施工开具 9% 税率的增值税发票。同时需要注意的是：总承包项目的流转税最少在机构所在地、施工地 2 个税务局进行预缴或申报缴纳。

构建工程项目财税筹划的总体思路如下：一是合理厘清 EPC 的各组成部分。工程方首先应该弄清设计、采购和施工部分之间的关系，掌握各个部分不同合同签订模式及其归属范围。如果 EPC 3 个部分按照一份合同签约可能会引起不同税务监管当局的理解差异，后期可能会被要求重复征税，因此最好与业主事前协商，签约时就 EPC 每一部分签单份合同，以避免业务混合。二是分开核算、分项管理。现行税法对混合销售、兼营行为进行了单独规定，明确要求分别核算，否则主管税务机关有权予以核定征收。EPC 3 个部分应分开核算、分项管理，分别适用不同的税目税率。三是做好对供货商的税务管理，尽量扩大抵税范围和增加可抵税款。凡是符合增值税进项抵税管理要求的项目都应充分抵税。在大型 EPC 工程项目的施工中，供货商以及分包商的数量甚至多达上百家，因此，合理做好供货商及分包商的税务管理，保证充分的抵税收益就显得十分重要。四是做好重要环节的实务管理：(1) 争取业主对项目税收管理方案的支持。业主通常要求尽可能多地获取进项税额，但不少项目可能并不符合国家进项抵税规定，因而总包方须提前向业主做好国家建筑工程行业的税收政策解读，避免业主提出不合理的进项发票要求。(2) 吃透项目所在地税务局的政策。建筑业纳税实行属地管理原则，各个地方税务局实际操作略有不同，总包方须提前到项目所在地税务局做好税收政策咨询，了解施工分包抵税模式及工程物资采购管理认定规定，避免后期无法分包抵税的情况出现，以合理避免重复缴税的问题。(3) 做好分包商税务告知义务。EPC 项目施工分包商数量众多，为做好总体财税筹划管理，总包方可在了解当地税务政策后制作统一的税务告知书，书面通知各分包商按告知书要求统一开票缴税。(4) 做好增值税进项发票管理。采购业务的增值税管理方面则需要及时取得增值税发票，凡符合增值税开票要求的均应收取增值税专用发票，充分做好进项税额抵扣工作。（5）提前做好项目清算筹划。应熟悉项目当地税务局的清算要求，提前筹划，避免清算时被当地税务局要求重复缴税。

资料来源：《刘小龙："三轴管控法"在总承包项目财务管理中的应用》，《财会月刊》，2016（13）。

（3）推动组织变革与数字化转型。在当今大数据背景下，精细化管理是衡量管理模式优劣以及应用信息化技术的广度和深度的标准。一个企业信息系统的建设、管理与应用是企业高效发展、管理纬度精细化的大前提。企业需要进行数字化转型，建立基于"业财法税"融合的财务共享中心，充分利用大数据、人工智能、区块链等现代信息技术给财务共享服务带来创新，促进其不断迈向自动化、数字化、云端化、智能化方向。基于"业财法税"融合的财务共享逻辑框架如图 1－7 所示。

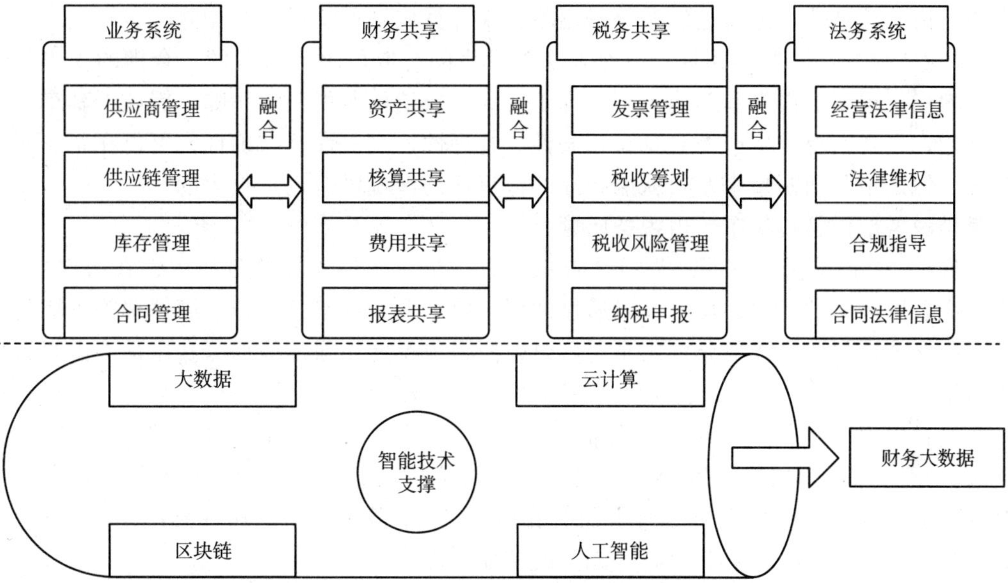

图 1－7　基于"业财法税"融合的财务共享逻辑框架

1.4　实战案例："私车公用"涉税操作[①]

【案例解析】税务机关在对某公司进行纳税检查时，发现该公司固定资产账上只有房屋和办公家具，但管理费用中却列支了很多交通费。企业财务人员解释，企业车辆有限，公司大多数活动都用员工私车解决，公司采取实报实销或定额补贴的方式，承担员工车辆的相关费用（汽油费、过路费等），为此发生了较多交通费用。对于私车公用发生的费用能否在税前扣除？税务机关的意见如何？

税务机关的两类处理意见

（1）可以扣除。《河北省地方税务局关于企业所得税若干业务问题的公告》（河北省地

① 税务部门答复：私车公用具体的涉税处理，你肯定能用上．https：//www.sohu.com/a/386164354_706358.

方税务局公告2014年第4号）规定，企业因业务需要，可以租用租车公司或个人的车辆，但必须签订6个月以上的租赁协议，租赁协议中规定的汽油费、修车费和过路过桥费等支出允许在税前扣除。

《江苏省地方税务局关于发布〈企业所得税税前扣除凭证管理办法〉的公告》（苏地税规〔2011〕13号）第二十四条规定，企业员工将私人车辆提供给企业使用，企业应按照独立交易原则支付租赁费，以发票作为税前扣除凭证。应由个人承担的车辆购置税、车辆保险费等不得在税前扣除。

（2）不能扣除。《青岛市地方税务局关于印发〈2009年度企业所得税业务问题解答〉的通知》（青地税函〔2010〕2号）规定，企业可在计算应纳税所得额时扣除的成本、费用、税金、损失和其他支出应当是企业本身发生的，而非企业投资者发生的，因此，私车公用发生的诸如汽油费、过路过桥费等费用不得在计算应纳税所得额时扣除。

《企业所得税法》第八条规定，企业实际发生的与取得收入有关的、合理的支出，包括成本、费用、税金、损失和其他支出，准予在计算应纳税所得额时扣除。因此，私车公用发生的费用，只要与企业生产经营具有相关性、合理性、真实性、准确性，可以在企业所得税前列支。但是不是随便拿来发票就能扣除的，里面的涉税风险也是很大的。

某地税务部门答疑私车公用税务问题

问题1：公司车辆比较少，公司是否租用公司员工车辆，并签订协议，在协议中注明，对于私车公用产生的费用，员工可以通过油费、停车费、过路过桥费、维修费等车辆的有效合法票据在公司报销，该部分费用是否可以在所得税税前扣除，该部分费用是否需要为员工申报缴纳个税？

答复：根据《中华人民共和国企业所得税法》（中华人民共和国主席令第63号）第八条规定："企业实际发生的与取得收入有关的、合理的支出，包括成本、费用、税金、损失和其他支出，准予在计算应纳税所得额时扣除。"第十条规定："在计算应纳税所得额时，下列支出不得扣除：……与取得收入无关的其他支出。"

问题2：私车公用，如存在车辆租赁（签租赁合同），且取得租赁发票，租赁车辆在租赁期间实际发生的与生产经营有关的费用（过路过桥费、汽油费、停车费、维修费等），凭合法有效凭据能否税前扣除？

答复：企业在与员工签订车辆租赁合同，且取得车辆租赁发票的前提下，才可以讨论私车公用涉税问题。若车辆租赁合同约定，过路过桥费、汽油费、停车费、维修费属于车辆租金收入的一部分，该部分收入应并入租金收入，按"财产租赁所得"缴纳个人所得税。若该部分不属于租金收入，是公司在生产经营活动中发生的，由员工先垫付再报销的费用，则不作为个人应税所得，且可凭合法有效凭证允许在企业所得税前扣除。

"私车公用"涉税风险分析

就以上面案例来说：私车公用看似简单，却涉及个人所得税、企业所得税和印花税等多个税种，处理不好就容易出现涉税风险问题。

（1）个人所得税方面：该公司以实报实销方式支付车辆的所有支出，没有视同个人补贴收入缴纳个人所得税。根据《国家税务总局关于个人因公务用车制度改革取得补贴收入征收个人所得税问题的通知》（国税函〔2006〕245号）第一条规定，因公务用车制度改革而以现金、报销等形式向职工个人支付的收入，均视为个人取得公务用车补贴收入，按照

“工资薪金”项目计征个人所得税。

（2）企业所得税方面：该企业私车公用，由于没有任何合同或协议证明其真实性和合理性，所有费用只能被认定为“与取得收入无关支出”，需要进行纳税调整。被查企业得知相关规定后作了纳税调整。

上述案例具有典型性，其中的涉税风险是可以避免的，需要企业采取正确的做法，即按照“业财法税融合”操作原理，形成一个完整的证据链（包括车辆租赁合同、发票、完税凭证、账务记录等）。

针对上述案例，如果企业和员工有车辆租赁协议，而且协议里有明确的条款规定车辆发生的相关费用由企业承担，这样，这些费用就可以认定为与取得收入有关的支出，在这些支出取得符合规定的发票后，就可以在企业进行所得税税前扣除。

同时还要注意，企业使用员工车辆，支付费用的方式不同，个人所得税的计算方式也不同，最终企业可能会面临不同的税务结果：（1）不签订租赁合同，费用实报实销。这种方式就是案例采取的方式，企业应根据个人所得税法的相关规定，按照“工资薪金”税目计算并代扣代缴个人所得税；（2）签订租赁合同，向员工支付租赁费。在这种方式下，员工收到租赁费用，应到税务机关就租赁行为代开发票，按照“有形动产租赁”税目缴纳增值税后，方能到企业报销相关运营费用。有了合同和缴税凭证，租赁行为才能被认定为具有真实性。此时，企业支出的交通运营费用才能被认定为“与取得收入有关的支出”，允许在企业所得税税前列支。同时，企业向员工支付的租赁费用应按照个人所得税法中的“财产租赁”税目，适用20%税率代扣代缴个人所得税。

还有就是企业和员工签订的车辆租赁协议，属于印花税规定的应税凭证，要按租赁金额的千分之一贴花。

【实战总结】私车公用发生的费用扣除一般应满足以下条件：一是企业与员工签订租赁合同，约定使用员工个人车辆发生的相关费用由企业承担，若无偿使用但费用在企业列支将会产生税收风险；二是企业租赁员工车辆的租金支出和承担的费用，应取得发票（员工车辆租金可以申请代开动产租赁发票）；三是费用支出属于企业使用汽车发生的费用，如果该由员工个人负担的费用不能在企业所得税前列支。

一般来说，可在所得税前列支的费用，包括与车辆使用相关的汽油费、过路过桥费和停车费等，不能在所得税前列支的费用包括与车辆本身相关的车辆保险费、维修费、车辆购置税和折旧费等。

就目前而言，私车公用支出能否税前扣除，主要取决于两方面：一方面，取决于当地政策规定；另一方面，与企业准备相关资料备查，以证明费用发生的真实、合理息息相关。最后有三个提醒：一是要签订协议。公司应与私车公用的员工签订用车书面协议，约定的条款必须明确车辆的使用情况及其费用分摊方式。二是要建立制度。企业必须建立公务用车制度，做好车辆使用记录，分清个人消费还是企业费用，同时，员工应向公司提供汽车租赁发票。三是要规范核算。对于私车公用费用税前扣除范围，企业应规范财务核算，相关费用不能相互混淆，不得将应由员工个人负担的费用改由公司承担，并在税前扣除。

【思考】“私车公用”模式如何体现“业财法税融合”的操作要求，请根据“业财法税融合”的逻辑框架进行分析。

第2章

税收洼地与平台经济模式

2.1 税收洼地及其社会经济效应

2.1.1 税收洼地的概念

"税收洼地"是一个比税收竞争、区域税收优惠更为宽泛的概念。一个国家内因区域间税收政策造成的税负偏低，且与其他地区形成明显税收竞争关系的地方可称为"税收洼地"。"税收洼地"主要体现着区域间的税收竞争。

"税收洼地"源自中央与地方之间的分税制。地方政府为实现招商引资、振兴地方经济等目的，通过使用财政返还、区域性税收优惠政策、简化征管方式等措施降低辖区内注册企业的税负，进而导致辖区内平均税负大大低于其他区域。

"税收洼地"产生的原因有以下两点：

（1）区域性政策及地方政府引导。长期以来，民族地区的经济发展相对于其他地区比较落后。民族地区大多地处西部地区，由于自然环境恶劣、交通不便、人才缺乏等原因导致经济落后。民族地区政府根据区域性发展要求，制定倾斜的税收优惠政策吸引更多的投资者前来投资建设，从而有助于拉动民族地区经济发展。

（2）地方政府享有一定的税收立法权。我国实行的分税制，赋予了地方一定的税收立法权。一些地方政府为了提高GDP增长率，在辖区内有意制定相对优惠的税收政策吸引企业入驻，或者在实际征税环节通过核定征收等方式降低企业税负，使得该地区平均税负低于周边地区，从而逐渐形成"税收洼地"。

2.1.2 "税收洼地"的类型

（1）区域税收优惠政策。区域税收优惠政策是指针对当地特定范围的纳税人给予的税收优惠政策，该政策由地方政府制定并实施。区域税收优惠主要针对持续性税源采取税率优惠，地方政府也会动用自己的财政资金分成部分对企业采取减免税措施。区域税收优惠政策也可能采取优惠税率、降低税基等方式。

西部大开发战略是国家为发展西部经济，实现东西部地区经济平衡发展而颁布的政策，比如对西藏、青海、宁夏、陕西、甘肃等地的鼓励类企业减按15%的税率征收企业所得税，这些优惠政策为促进西部地区经济发展起到了重要作用。

典型的区域税收优惠政策有以下两类：

A. 西部地区税收优惠政策。对设在西部地区[①]的鼓励类产业企业减按 15% 的税率征收企业所得税[②]，此外享受 15% 企业优惠所得税还可以同时享受别的优惠条件[③]。在满足相关条件之后，企业可以按照 25% 的税率减半征收。其中，西藏地区符合条件的企业可以在 15% 的税收优惠政策条件之上再进行减免，主要是地方分享部分的减免，企业实际税负降为 9%。

B. 广东横琴、福建平潭、深圳前海、海南自贸港的优惠政策。对于符合相关条件的企业[④]实施 15% 企业所得税的税收优惠政策。对于企业在优惠区域范围内外都设有机构的，只针对在优惠范围内的机构执行税收优惠政策[⑤]。

（2）简化税收征管方式。“核定征收”是“税收洼地”常用的税收优惠政策。主要通过在税收管理中简化税收征管方式、核定利润率等方法来计算企业所得税，这种方法比较适用于毛利率高或成本费用无票的企业。核定征收的条件有以下 3 条：A. 能正确核算（查实）收入总额，但不能正确核算（查实）成本费用总额的；B. 能正确核算（查实）成本费用总额，但不能正确核算（查实）收入总额的；C. 通过合理方法能计算和推定纳税人收入总额或成本费用总额的[⑥]。“核定征收”一般适用于企业财务制度不健全、财务水平较低、企业账簿设置不完整等情况。

地方政府为招商引资，在指定的区域内设置工业园区实行优惠税率来吸引企业落户，甚至形成了一种聚集性产业。如无锡设置的国际级数字电影产业园，一些影视界明星通过在无锡开办的公司采用核定征收的方式降低税负。

典型的简化税收征管方式的优惠政策有以下代表性政策：

A. 重庆黔江正阳工业园区扶持政策。重庆为发展当地经济、发展少数民族自治区、推进脱贫工作完成，推出了相关的招商引资政策[⑦]。

---

① 按照西部大开发的标准，西部地区包括重庆市、四川省、贵州省、云南省、西藏自治区、陕西省、甘肃省、宁夏回族自治区、青海省、新疆维吾尔自治区、新疆生产建设兵团、内蒙古自治区和广西壮族自治区。湖南省湘西土家族苗族自治州、湖北省恩施土家族苗族自治州、吉林省延边朝鲜族自治州，可以比照西部地区的税收政策执行。

② 《财政部 国家税务总局关于深入实施西部大开发战略有关税收政策问题的通知》（财税〔2011〕58 号）第二条规定：自 2011 年 1 月 1 日至 2020 年 12 月 31 日，对设在西部地区的鼓励类产业企业减按 15% 的税率征收企业所得税。上述鼓励类产业企业是指以《西部地区鼓励类产业目录》中规定的产业项目为主营业务，且其主营业务收入占企业收入总额 70% 以上的企业。《财政部 税务总局 国家发展改革委关于延续西部大开发企业所得税政策的公告》（财政部公告 2020 年第 23 号）第一条规定：自 2021 年 1 月 1 日至 2030 年 12 月 31 日，对设在西部地区的鼓励类产业企业减按 15% 的税率征收企业所得税。本条所称鼓励类产业企业是指以《西部地区鼓励类产业目录》中规定的产业项目为主营业务，且其主营业务收入占企业收入总额 60% 以上的企业。

③ 《财政部 国家税务总局关于执行企业所得税优惠政策若干问题的通知》（财税〔2009〕69 号）第一条规定：“企业同时符合西部大开发 15% 优惠税率条件，又符合《企业所得税法》及其实施条例和国务院规定的各项税收优惠条件的，可以同时享受。在减免税期内，符合条件的企业可以按照 25% 的税率计算的应纳税额减半征税。”

④ 2014 年 1 月 1 日至 2020 年 12 月 31 日，对设在广东横琴新区、福建平潭综合试验区、深圳前海深港现代服务业合作区地区的鼓励类企业。

⑤ 2014 年 3 月 25 日，财政部、国家税务总局颁布《关于广东横琴新区、福建平潭综合试验区、深圳前海深港现代服务业合作区企业所得税优惠政策及优惠目录的通知》（财税〔2014〕26 号）。

⑥ 《国家税务总局关于印发〈企业所得税核定征收办法〉（试行）的通知》。

⑦ 《关于重庆市黔江正阳工业园区总部经济招商优惠政策的通知》（黔江府发〔2010〕36 号）。

【知识链接 2-1】

重庆黔江正阳工业园区扶持政策

1. 对注册企业的增值税以地方留存的30%—50%扶持，实行梯度奖励[①]。

2. 对于企业所得税的优惠按照地方留存部分30%进行补贴。

3. 对于个人独资企业（“营改增”）小规模的可以申请核定征收，享受0.5%—3.1%的个税税率。

4. 企业可同时享受国家优惠政策和重庆黔江正阳工业园的扶持政策。

5. 不受地域的限制，外省市的也能享受扶持政策。个人独资企业核定征收是按照五级累进制核定，服务行业核定企业开票额的10%作为企业的利润，再按照五级累进制计算5%—35%。

B. 上海崇明区税收优惠政策[②]。上海崇明区对于符合政策入驻的个人独资企业实行核定征收，具体按照10%的利润率来征收。可以将个人所得税的“工资薪金”“劳务报酬”等税务转换为个人独资企业的经营所得。企业可以通过多个个人独资企业实现公转私，即按0.5%—3.5%征收个人所得税。

如果个人独资企业的年收入在500万元以内的，还需要再缴纳3%的增值税及0.3%的附加，这3%的增值税可以开发票抵扣。如果超过了500万元，则需要转为一般纳税人，要按照3.5%核定征收个人所得税，还须缴纳6%的增值税及0.6%的附加，该增值税可以抵扣。

（3）财政返还或财政补贴。为了发展当地经济、招商引资，地方各级政府推出了财政奖励政策。我国实行的是分税制，增值税是中央与地方共享税，国家和省级地方实行五五分成，所得税实行六四分成。此外，对于省级以下地方也有不同的分配比例用来调节省内各地贫富差距，所以每个地方具体能分到的资金是低于省级财政的。为了吸引投资者，地方政府利用留成资金得来的财政收入进行税收返还。

典型的财政返还或财政补贴政策有以下代表性政策：

A. 江苏无锡影视文化产业园的税收优惠政策。江苏无锡为了发展当地的文化产业园、形成影视文化产业聚集，当地政府对于入驻无锡国家数字电影产业园的企业进行税收奖励。具体政策规定：对于入园的影视、传媒公司等文化影视相关企业，增值税、企业所得税市级留成部分按照前三年80%的比例奖励，后两年按照50%的比例奖励[③]。

B. 粤港澳大湾区个人所得税优惠政策。明确15%的税负差额补贴标准。对在大湾区工作的境外高端人才和紧缺人才，其在珠三角九市缴纳的个人所得税已缴税额超过其按应纳税

---

① 奖励梯度标准：年纳税额50万元以下（含50万元），按30%奖励；年纳税额50万—150万元（含150万元），按35%奖励；年纳税额150—300万元（含300万元），按40%奖励；年纳税额300万—500万元（含500万元），按45%奖励；年纳税额500万元以上，按50%奖励。

② 根据《财政部 国家税务总局关于印发〈关于个人独资企业和合伙企业投资者征收个人所得税的规定〉的通知》（财税〔2000〕91号）制定具体税收优惠政策。

③ 无锡市政府于2017年1月24日制定了《关于支持无锡国家数字电影产业园建设发展若干意见（2016—2020年）》（锡政发〔2017〕12号）。

所得额的 15% 计算的税额部分，由珠三角九市人民政府给予财政补贴，该补贴免征个人所得税[①]。

补贴根据个人所得项目，按照分项计算（综合所得进行综合计算）、合并补贴的方式进行，每年补贴一次。其中，“综合所得”和“经营所得”等工作性所得纳入补贴范围。

【综合政策 2 - 1】

总部经济扶持政策

根据中部地区某区县总部经济扶持政策，合理合法利用税收洼地政策，以平台经济为依托，以总部经济基地构建为契机，搭建大建安 EPC 财税平台。

1. 总部经济（企业）的贡献扶持政策

根据某区县政府文件：为了鼓励企业做大做强，县政府经研究，同意对总部经济（企业）及其所辖子公司、分公司（包括关联公司、下游业务）执行以下扶持政策：将其经县总部经济办备案审定的总部经济部分所上缴税收的地方可用财力 90%（不含教育费附加和地方教育附加）纳入民营企业发展基金，用于鼓励企业扩大再生产。

在本政策执行期限内已签订合同的建安工程如未竣工，在竣工前可继续享受以上扶持政策，执行过程中如遇上级政策调整则相应调整。

2. 总部经济（企业）的服务与扶持政策

（1）经济政策兑现资金原则上做到即征即返。

（2）对大项目的资金安全背书。配合企业做好相关的三方或四方合作，即政府方、合作方、总部经济（企业）、第三方，确保项目合作方资金安全（为资本安全背书，具体方式以三方或四方协商为准），监督总部经济（企业）和项目合作方的良性合作。

（3）市场服务支持。为支持总部经济（企业）及相关公司做大做强总部经济，将提供高效、便捷政务服务环境。

（4）其他相关扶持政策。在法律法规允许范围内，给予总部经济（企业）及相关产业链公司和小规模供应商等参照总部经济优惠政策执行，给予最大力度的扶持和信用信誉背书。

3. 政府奖励政策

（1）增值税分成比例：中央 50%，地方 50%（其中省 5%，市 2%，县 43%）

县分成比例（43%）的 90% 奖返总部经济（企业），即：43% ×90% =38.7%；

（2）所得税（企业和个人）分成比例：中央 60%，地方 40%（其中省 8%，市 2%，县 30%）

县分成比例（30%）的 90% 奖总部经济（企业），即：30% ×90% =27%。

4. 总部经济政策的合规性

（1）国家税务总局公告 2017 年 11 号文第二条规定：建筑企业与发包方签订合同后，以内部授权或者三方协议等方式，授权集团内其他纳税人（以下称“第三方”）为发包方提供建筑服务，并由第三方直接与发包方结算工程款的，由第三方缴纳增值税并向发包方开具增

① 《财政部 税务总局关于粤港澳大湾区个人所得税优惠政策的通知》（财税〔2019〕31 号）。

值税发票，与发包方签订建筑合同的建筑企业不缴纳增值税。发包方可凭实际提供建筑服务的纳税人开具的增值税专用发票抵扣进项税额。

(2) 国家税务总局公告2016年17号文第十二条规定：纳税人跨县（市、区）提供建筑服务，按照本办法应向建筑服务发生地主管国税机关预缴税款而自应当预缴之月起超过6个月没有预缴税款的，由机构所在地主管国税机关按照《中华人民共和国税收征收管理法》及相关规定进行处理。

(3) 某地方税务局文件规定：加强建筑企业……对属于……规定应当核定征收企业所得税六种情形之一的，应实行核定征收。

对视同独立纳税人管理的项目部和二级分支机构，原则上实行核定征收。实行核定征收的建筑企业，其核定应税所得率不得低于10%。

(4)《建筑安装业个人所得税征收管理暂行办法》(2018年修正) 第六条规定：……对未设立会计账簿，或者不能准确、完整地进行会计核算的单位和个人，主管税务机关可根据其工程规模、工程承包合同（协议）价款和工程完工进度等情况，核定其应纳税所得额或应纳税额，据以征税。具体核定办法由县以上（含县级）税务机关制定。

2.1.3 “税收洼地”的社会经济效应

(1)“税收洼地”的正面效应。

A. 提高地方政府的行政效率。一直以来，纳税人处于相对弱势地位，纳税人对于地方政府推出的各项政策服务几乎没有选择空间。“税收洼地”的存在带给纳税人更多的政策选择，纳税人在地方政府间可以选择更低的税率、更好的纳税服务，而且可以享受实在的税收利益。地方政府为吸引税源推出更多优惠措施，大大激发了地方政府提供优质纳税服务的动力。

B. 促进地方经济增长。地方政府推出的税收优惠政策降低了企业的税负，也使得企业的成本降低，让企业拥有更多的现金流投入产业发展，让企业拥有更多的资金雇用劳动力，创造更多的就业机会优化资源配置。各地政府积极吸引企业投资和资金流入，提高了市场中资源的流动性，这有助于促进地方经济的发展。

C. 助力企业减税降费。我国幅员辽阔，不同地区间文化、社会、经济都有很大差异，给予地方一定的税收优惠政策制定权，使地方政府有权力因地适宜地制定税收优惠政策，发挥市场配置资源的作用，促进当地就业，为地方企业减税降费，引导区域经济快速发展。因此，赋予地方适度的税收优惠权对于治理地方经济有重要的作用。

D. 实现区域经济协调发展。地方制定税收优惠政策的目的就是招商引资。地方政府为了发展当地经济，制定特殊的税收优惠政策吸引外来投资，增加地方财政收入，这样就能对地方经济起到一定的拉动作用。税收优惠政策可以刺激经济，地方政府结合当地资源优势、产业优势，因地制宜制定税收优惠政策，更有利于推动地方经济发展，实现区域经济协调发展。

(2)“税收洼地”的负面效应。

A. 虽然“税收洼地”开启了招商引资的新模式，但同时也给当地带来了一些负面效应，比如，空壳公司的存在造成地方一定程度的税收流失。新疆霍尔果斯实施的“五免五减半”税收政策，较大的优惠政策吸引了大量企业来注册，但是给当地带来的收益甚微，甚至出现了一址多照、空壳公司聚集的现象。虽然注册的企业数量增加了，但是真正拉动当地经济发展的公司却很少。

西藏地区原来对于医药行业有大幅度的税收优惠，部分药品经销商为减少纳税把企业注册在西藏，却不在西藏进行生产经营，从而形成很多空壳公司。2017 年 2 月，国家税务总局稽查局印发《2017 年税务稽查重点工作安排》的通知中，明确要求以西藏等地为重点地区开展医药医疗行业专项整治。2017 年西藏紧急发布《关于清理规范财税政策的通知》，拉萨地区大量的空壳公司在此次整顿中被清除，这不仅维护了市场环境公平，落实了国家宏观调控政策，还对深化财税体制改革具有重要作用。

B. “税收洼地”引入的很多项目并没有达到原本的目的，这些项目多是没有技术、不创造就业的项目。“税收洼地”所带来的收益远没有达到预期目标，但造成的负面影响却越来越明显，一定程度上破坏了税制的公平性，造成了地方税收流失，不利于纳税人纳税意识的提升，也增加了税收征管的复杂性；同时，“税收洼地”也会影响地方税收的持续平稳增长。

2.1.4　对待“税收洼地”的正确态度

“税收洼地”主要涉及区域税收优惠政策，它对于我国的经济发展、政治稳定都有重要的意义，即使“税收洼地”在实施过程中可能会带来一定的负面影响，但不能因此就取消区域税收优惠政策，治理“税收洼地”需要因地制宜。

（1）已经存在的“税收洼地”，不能盲目取消。如果完全取消已经存在的“税收洼地”，则会对地方经济产生不良影响。地方税收优惠政策的减少，会影响地方招商引资的力度。如果区域税收优惠政策大幅度减少，“税收洼地”将慢慢消失。如果地方之前通过税收优惠政策招商引资的方法不再可行，地方又缺少相应的投资优势，投资者可能会逐渐流失到其他地区，地方也可能因此造成税源短缺的现象。

如果完全取消已经存在的“税收洼地”，则会使地方政府的公信力受到伤害。投资者与地方政府签订合同，合同中一般会对税收优惠政策加以解释说明，这也是吸引投资者前往投资的重要原因。特别是在一些产业园区有特殊的优惠税率、税收减免、厂房免费使用、财政返还等政策。如果完全取消这些税收优惠政策和财政扶持措施，地方政府的诚信度将受到考验，可能会对政府的公信力形成挑战。

如果完全取消已经存在的“税收洼地”，则会导致落户企业亏损，甚至因资金链断裂而破产。税收优惠政策是地方政府吸引企业前往落户的重要条件，因“税收洼地”政策取消而增加的税负支出对于企业是一个巨大的考验。由于税收优惠政策的长期存在，落户企业的生存压力不大，一旦取消税收优惠政策可能会直接导致该企业的破产消亡。

总之，若将已经存在的“税收洼地”完全取消，则会造成当地在招商引资、政府公信力、落户企业生存发展 3 个方面的巨大伤害。因此，在治理“税收洼地”问题时，应该对地方性税收优惠政策按照规定进行整顿，但不应该全部取消。

（2）谨慎设立“税收洼地”，科学治理“税收洼地”。国家出台区域税收优惠政策的初衷是促进落后地区经济发展、实现区域间经济协调发展的必由之路。由于现有征管体制不够完善以及各地政府为了发展经济出台多样化的税收优惠政策等原因，造成了“税收洼地”

存在的必然性。因此，对设立“税收洼地”应该持有必要的谨慎态度，尤其是对划定一个区域新设定一个“税收洼地”应该持有更为谨慎的态度。

治理“税收洼地”，应优化调整“税收洼地”政策，达到国家设计区域税收优惠政策的初衷，凸显出税收优惠政策的正面效应，削弱其负面影响。但治理“税收洼地”不应该一刀切，应该因地制宜，从征管、立法和规范注册企业的实质性问题等方面采取有效措施来治理。

【知识链接2-2】

“税收洼地”存在的主要问题

1. 政府过度干预，造成资源配置不合理

政府在对经济调控时要注意力度，如果力度较大形成政府主导市场的情况会造成资源的浪费。而由于区域间税收竞争，各地方也很难合作协调，地方政府推出了一系列税收优惠措施促使企业加大资金投入，大量上马的项目造成了市场竞争激烈。区域间的过度税收竞争会阻碍市场发挥应有的效果，资源无法合理流动、配置。适当的税收优惠政策会促进经济发展，但政府过度干预、地方加剧税收竞争会扭曲区域资源配置以及产业结构。大量吸引来的企业拥挤在当地盲目开展建设，导致资源无法合理分配至有效的区域。

2. 洼地政策引起税负不公，破坏税收的公平性

地方制定税收优惠政策具有针对性，只对部分纳税人有税收优惠，特别是对流动性强的纳税人税收优惠力度更大，这样会造成本地区内纳税人之间的税负不公平。当税收资源的扩张速度低于所需的税收增长速度时，地方政府为保持财政收入的持续增长会提高部分纳税人的税负，这就容易造成税负在不同纳税人之间的不合理转移，违背了税收的公平性。

3. 地区间不公平竞争影响财政收入

目前来讲，最吸引纳税人的还是通过税收优惠措施来降低企业实际税负。可是，这造成了地方财政收入的流失。对于税源丰富的经济发达地区，其财政收入较多，政府可通过税收优惠来减轻企业税负。但是，对于经济落后的地区，税源缺乏财政收入本就入不敷出，很难再给纳税人大幅度的税收优惠，这在面对税源竞争时就不具有优势，甚至造成本地区的税源有可能会流失到经济发达地区。

地方政府为了招商引资，会和吸引来的企业、项目签订有针对性的税收优惠的合同，这不利于公平竞争。政府招商引资不仅仅是为了税收，税收的损失可以用产业的品牌效应去代替，但是关键在于其能否真正落地实施，能否带动当地经济发展。事实证明，在当地注册的影视公司大多是为了利用当地税收优惠政策而成为空壳公司。一些地方政府利用税收优惠使得当地税负过低形成了“税收洼地”，有时会通过超权限财政补贴方式来吸引企业，这也会对国家政策及区域间的平衡关系造成破坏。

4. “税收洼地”政策的持续性问题

“税收洼地”政策存在持续性问题，主要体现在两个方面：一是当地政府领导的更替可能会导致政策执行期限及执行力度的变化。如果当地领导班子换届，新上任的领导可能会为了自己的政绩，或者是之前的政策与自己的治理理念不同而停止，或者改变之前出台的“洼地政策”。被吸引来的企业也会因此受到很大的影响，甚至出现亏损、破产等局面。

二是当年财政的变化也会影响"洼地政策"。政府可能会采取财政补贴、财政返还的方式来吸引企业入驻。但可能受当年财政影响，当地政府在财政收入、地方财政留存缩水，无法给予企业之前承诺的财政补贴，这对于企业来讲，可能会导致成本上升、出现经营危机，或者也有可能由于当年财政收入的不足，地方政府会拖延返还企业的税款。

5. 利用"洼地政策"的路径不合理、不合法

在我国的一些"税收洼地"，出现落户企业利用"税收洼地"政策的路径不合理、不合法问题。政府一般委托招商局来给企业补贴，但由于这些补贴是征税的，一些落户企业通过签订假合同来避税，这种行为是违法的。此外，还有一些落户企业为了避税而签订各种合同套取地方优惠政策等行为，都是在"税收洼地"政策执行过程中出现的违规问题。

比如，某企业为了实现避税目的，取得了财政补贴，园区管委会将该财政补贴返给个人账户，或者其他地区的个人账户或关联账户。企业通过一系列的操作规避税收，公然对抗税制，这样的路径是不合理、不合法的。

2.1.5　借鉴美国税制经验，有效治理中国的"税收洼地"

（1）美国解决州际税收竞争的经验借鉴①。美国州际也有税收竞争的情况，研究美国解决洲际税收竞争的税制立法经验，为我国有效治理"税收洼地"提供了借鉴和参考。

美国的体制是竞争性联邦制，全国各地方有高度的税收自主权，美国各州主要通过采取鼓励措施来促进当地经济发展。但是，由于各州拥有独立的税收自主权，其可以凭此确定本州税收措施，这也导致了美国州际激烈的税收竞争。但就算出现这样的情况，美国政府也没有对此给予明确的限制。治理的有效途径是，通过美国联邦最高法院的判例确立的一些规则对州际税收竞争予以规制。这些限制主要是基于美国宪法中"贸易条款"的否定性意义衍生出"潜伏贸易条款"。

A. 制度化。美国各州拥有自己独立的税权，所以一般各州的税收优惠措施主要表现为各州的立法条款。税收优惠政策应该是规范透明的，这是美国进行司法规制的保障。我国目前实行的是中央和地方财政分权，地方政府考虑保护自己的利益。为了阻止"税收洼地"向错误的方向发展，我国需要提高"税收洼地"相关政策的透明度和规范性。中央应该给地方一定的立法权，在税收措施的制定和实行方面给予一些空间，这样才能因地制宜地发挥地方的积极性和资源优势。应该说，好的税收政策不应该是一刀切的，好的税收政策必然是独具特色的，但也必须具有透明度和规范性。

B. 司法化。美国各州拥有独立的税收自主权，有权确定本州的税收政策；并且在地方税收政策执行期间，强化司法的作用，使纳税人享受税收优惠政策的行为走向司法化程序。纳税人可以地方政府颁布的税收政策措施损害其利益为理由而向法院起诉，即美国通过司法化的方式实现地方政府与纳税人之间的政策博弈和法律救济。因此，"税收洼地"司法化对于促进地方税收政策公平合理有着重要意义。

C. 非税收歧视。美国各州不仅拥有独立的税收立法权，而且各州在其辖区范围内采取

---

① 毕金平. 美国州际税收竞争的司法规制及其启示——以美国宪法"潜伏贸易条款"为中心. 法商研究，2018，35（6）：156－166.

的措施是得到联邦政府认可的。美国是市场经济国家，追求资源的高度自由流动和市场配置，地方经济保护是不被允许的。但是各州为了实现本州利益最大化，会采取税收措施来促进本州经济发展，这样容易形成地方保护主义。为此，美国法院采取了实质效果审查法即“康普雷标准”来审查州税收立法，而“康普雷标准”中最为重要的规则就是非税收歧视原则。根据这个原则，地方保护性税收措施是被禁止的。从目前来看，不当的税收优惠措施会导致地方保护主义的形成，不利于市场经济的发展。在美国，这个原则在实施过程中是需要联邦最高法院判定的。

美国在制度方面给予地方一定的税收立法权，这也适当地改善了美国税收竞争的问题。我国目前层出不穷地出现突破地方权限的税收政策，其根本原因还是地方为了发展当地的经济，促进财政收入的快速增长。所以，比起一刀切的禁止地方税收优惠政策，给予地方明确的税收立法权和具体范围会更加适合。如果我们给地方适当的立法权，则地方在制定相关税收政策时会认证考察调研形成相关法律政策，地方不会随便出台税收优惠政策。立法程序可以规范这些措施，所采用的立法形式也会使得过程公开透明，便于公众的监督。

美国非税收歧视原则带来的启示是，中央政府应该明确禁止地方制定对跨地区贸易造成歧视性效果的税收立法。对于这样的歧视可以认定为差别待遇，从而进行相应的处罚。歧视性的税收立法对于与本地有竞争关系的商品、企业是不公平的。因此，我国应出台政策避免非税收歧视情况的出现，防止地方保护性税收措施形成地方保护主义。因此，地方性“税收洼地”的设立及税收优惠政策的制定，必须远离地方保护主义，避免非税收歧视情况的出现。

（2）有效治理“税收洼地”的政策建议。

A. 给予地方税收立法权，提高资源配置效率。中央适当下放相关权力，赋予地方各级政府税收立法权。各地因地制宜地推出相关税收政策，使得市场中的资源配置更加合理。地方政府应该尝试自己调控和筹集地方税收，中央应该考虑给地方一定的税收立法权和空间。

首先，中央应该掌控主要税种，控制住中央税、共享税以及与国家经济发展关系密切的税种；其次，中央掌控立法权，但适度分给地方一些小税种的立法权，特别是具有地域性的税种。这样不但可以保证中央的税收权力，也给地方一些发展空间，提高资源配置效率。

B. 建立多层次的税收优惠体系，激发经济活力。目前我国的税收优惠体系对于不同经济发展水平的区域有着不同的影响。建立多层次的税收优惠体系，各省市因地制宜地适用不同的优惠措施，不但可以充分发挥税收优惠政策的优势，减少区域间的恶性竞争，推动区域间的竞争更加公平。此外，有利于实施减税降费政策、降低企业实际税负、激发地方经济活力。

C. 完善税收执法制度，减少区域间的竞争。改进税收执法制度，规范税收自由裁量权的行使，是改善“税收洼地”状况的重要措施。首先，应该通过立法明确自由裁量权适用条件及实施范围。其次，要求纳税人增强纳税意识，政府主动自检自查。建立独立的税收执法稽查体系，增强对政府的监督。最后，对于税收计划给予一定的弹性，避免政府为完成计划而滥用税收优惠政策来吸引税源。通过建立健全税收制度，规范执法程序，推动我国税收法制走向完善。

D. 正确引导区域优惠政策的实施，减轻政府财政负担。我国各级政府应该严格遵守税法，在执行中不应该擅自出台其他越权的税收政策。中央应加强对地方政府的监督，促进其优化服务质量、改善营商环境等多途径提高落户企业积极性，不应该仅仅依靠税收优惠政策。针对地方财政返还的乱象出台相关政策，避免为吸引企业入驻而利用大量财政资金返还造成地方政府负担过重。

E. 出台法律政策，避免地方保护主义。我国在治理“税收洼地”的过程中，应该明确禁止地方制定对跨地区贸易造成歧视性效果的税法。同时，国家应出台相关政策禁止地方保护性税收措施的出现，防止地方保护主义扰乱市场经济。对于跨地区的贸易不应该遭到歧视，应规定对于差别待遇歧视进行处罚，减少税收歧视给市场经济带来负面影响。

F. 规范洼地空壳公司实质。落户企业利用“税收洼地”政策给自己带来税收减免，但一些企业在“税收洼地”设立空壳公司违背了制定税收优惠政策的初衷。规范空壳公司行为需要从以下方面着手：对办公场所、办公人员有明确规定，定期实地考察进行监督。比如，可以通过调研规定固定的办公场所，根据主营业务性质的不同，分行业划分营业额匹配相关办公人员不得低于相应人数，定期查看相关人员的社保缴纳情况。可以调查办公地点电费消耗情况，若明显偏低或甚至接近零，则可将该公司作为重点检查对象。

【知识链接2－3】

何为空壳公司

空壳公司是一个被广泛传播但没有通用标准的概念，一般多口头流传于实务界。空壳公司（Shell Corporation）起源于社会需求。空壳公司又名空头公司或纸上公司，是一种已经开设了公司法人，有公司名字，但是还未经营业务的公司。因为公司注册成立需要时间，但部分人士可能急须注册成立公司，然后以公司名义签订合同或办理其他业务。因此，一些专业的咨询服务机构，通常预先注册成立大量公司，以供急需人士购买或租借使用。此类公司即属于空壳公司。

空壳公司并不是一个法律概念，在案件审理中，法官一般是根据有无资本资产、有无实际经营获得、有无人员、有无经营场所、有无经营资质等方面对空壳公司作出判断。

空壳公司通常具备以下特点：（1）从来没有委任董事；（2）已经做好公章、税务登记等手续和所要求的文件；（3）从来没有开展经营业务。空壳公司一般具有以下证件：公司注册证书（Certificate of Incorporation）；商业登记证书（Business Registration Certificate）；税务登记；公司章程；公司钢印（一枚）；公司签名印（一枚）；公司小圆章（一枚）等。购买者只须提供所需文件，便可以即时使用。

在国际领域，空壳公司多与国际避税地相联系。在一国范围内，空壳公司多与“税收洼地”相联系。国际上，设在中国香港、新加坡、英国、美国和开曼群岛等地的空壳公司都极为普遍。但近年来，一些国家和地区开始对注册成立的公司开展经济资质调查。在国内，许多空壳公司注册成立在“税收洼地”，以供未来操作相关交易活动、规避税收。

避税是设立空壳公司的主要目的，小规模纳税人可以享受国家推出的税收优惠政策，大型公司通过设立空壳公司分流销售收入，实现避税目的。

G. 设定核定征收率的具体措施。为达到财政返还目的，通过招商局签订合同，没有以原路径返还。首先，对于财政返还应该规定返还到企业账户，而不能为了避税返还至个人账户。这样有利于提高税收征管的透明度，方便监督管理。

其次，凡是核定征收率，在制定政策时需要制定相应风险防范措施，若不符合则一律不得执行。具体风险防范措施应包括：第一，考察该项目真实性，是否真的合理存在，该公司是否拥有相关资质；第二，考察企业的信用等级，实施动态跟踪，重点核查；第三，加强制度建设，对于能够进行核定征收率的企业设立门槛，提高相关门槛的标准，相关部门对核定征收的企业跟踪调整财政返还资金的去向；第四，建立惩罚机制，对违规的企业以后不再实行税收优惠。

H. 保证洼地税收政策的持续性。对于地方政府出台的相关税收优惠政策，在文件生效期间企业如果符合税收优惠政策的标准，政府应当按照规定对其执行税收优惠，不应该因财政或地方政府换届等问题造成企业无法享受合理的税收优惠政策。

首先，应出台相关文件，让企业合理税收权利得到保障，规定地方政府应按时返还企业合理的税收优惠。其次，中央对于地方政府在处理税收优惠政策时言而无信的行为应该予以处罚，保证落户企业应得的利益，同时也是维护地方政府的公信力。最后，广泛吸收纳税人的意见，加强对政府行为的监督。

【案例2-1】 某智能科技公司入驻“税收洼地”获得双赢局面

某智能科技公司2013年7月在浦东新区市场监管局登记成立，注册资本1亿元。该公司主要经营网络科技、计算机科技、智能科技领域内的技术开发等。2016年，该公司被南方某海滨城市的税收优惠政策吸引，来到该海滨城市注册落户，享受相关税收优惠政策。该智能科技公司通过金融科技与实体经济相结合，用金融科技带动了相关特色产业发展；还利用大数据升级产业服务，加速推动当地经济平稳快速发展，实现了产业数字化升级。此外，该智能科技公司还在当地吸引人才、创造就业、为优化城市产业布局以及当地GDP稳步增长作出了贡献。

该智能科技公司自从2016年落户“税收洼地”后，享受当地的税收优惠政策，降低了企业的实际税负率，同时也给当地带来了就业和税收。2016年当年应税收入约2亿元，上缴税收约0.3亿元；2017年应税收入约30亿元，上缴税收3亿元；2018年应税收入约40亿元，上缴税收3.68亿元，图2-1展示了该智能科技公司2016—2018年的税负率变化趋势。该公司不但实现收入的快速上涨，也给地方政府带来了财政收入和资源流入。正是利用“税收洼地”，开创了政府与企业的“双赢”局面。

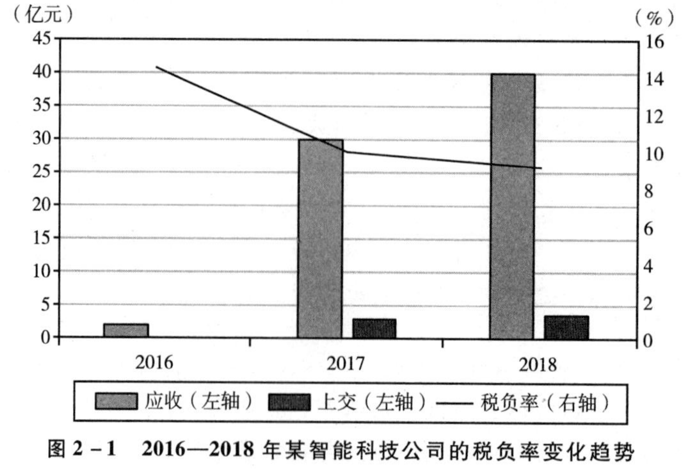

图2-1 2016—2018年某智能科技公司的税负率变化趋势

2.2　平台经济与税收管理模式

2.2.1　世界信息化发展趋势

2012 年 12 月 7 日，习近平总书记在考察腾讯公司时指出："现在人类已经进入互联网时代这样一个历史阶段，这是一个世界潮流，而且这个互联网时代对人类的生活、生产、生产力的发展都具有很大的推动作用。"2016 年 9 月，二十国集团（G20）领导人杭州峰会上首次提出全球性的《二十国集团数字经济发展与合作倡议》，表明发展数字经济已成为全球共识。在推动产业结构转型和发展双创产业上，数字经济具有其独特价值与优势，数字经济资源可以无限衍生，不仅能够缓解我国资源短缺的压力，同时数字经济为大众创业提供了良好环境和条件，不断促进国民经济发展。

图 2－2 展示了世界信息化发展史。2008 年，IBM 提出"智慧地球"，其中包含三要素：物联化、互联化、智能化。通过运用新一代的互联网技术，将各行各业联结贯通形成物联网，并且将物联网、云计算以及大数据等新兴技术应用到信息化建设领域。2010 年之后，美国、欧洲各国、日本等纷纷推出本国的物联网、云计算等相关发展战略（如德国工业 4.0、GE"互联网工业"等互联网发展计划），都试图引领信息化发展的时代潮流。

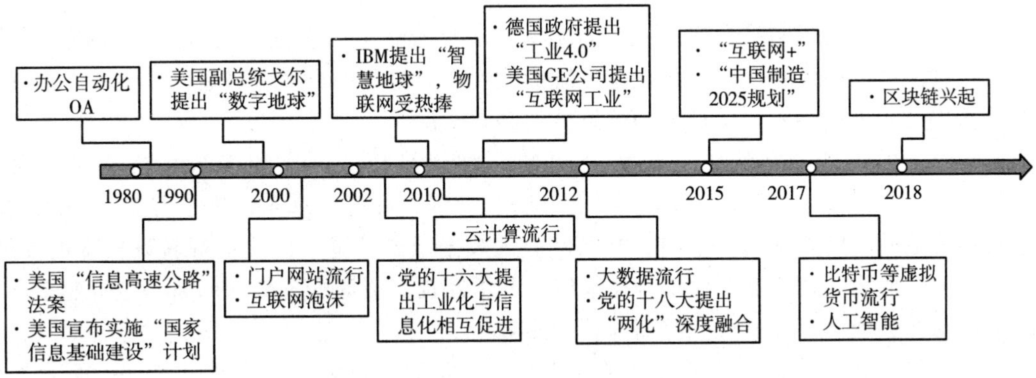

图 2－2　世界信息化发展史

这些国际上的互联网发展计划对中国互联网发展战略与路径带来警示和挑战。在新一代信息技术的作用下，各国多个领域的建设与技术创新如信息化建设与技术创新、业务系统建设与技术创新、基础设施建设等方面都发生了极大的变化，信息化作用的范围与形式也得到扩展。互联网大变革之际，中国 GDP 增速放缓，经济下行压力加大、产业升级阻力尚存，需要以新思路寻找新动力、开拓新空间。在此宏观形势下，我国出台"中国制造 2025 规划""互联网＋"行动计划，以促进中国制造向中国智造的转变；2017 年人工智能得到国家的高度重视，掀起人工智能技术开发热潮；2018 年 9 月习近平总书记倡议将区块链技术广泛应用于我国社会经济实践；2019 年数字经济蓬勃发展，为中国经济发展注入新的活力；2020 年新冠肺炎疫情虽然给中国经济乃至全球经济带来重创，但却倒逼着数字经济加速发展。未来谁能引领数字经济发展潮流，谁就能攀登科技高峰，从而轻松掌控世界于股掌之间。

2.2.2 平台经济的概念与特征

（1）平台经济的概念。“平台经济”（Platform Economics）概念最早在 2011 年由 David S. Evans 首次提出，他将平台经济定义为具有双边市场的类传统市场。平台经济是以现代信息技术为支撑，基于虚拟或真实的交易场所，由平台作为中间组织或资源提供商，挖掘社会潜在需求，促成双边或多边供求之间信息分享并达成交易的一种数字经济模式。

近年来，以“互联网 + 物流”“互联网 + 用工”“互联网 + 交通”等电子商务以及其他“互联网 +”业态为代表的全球互联网平台经济蓬勃发展，无论是从其规模、数量还是成长速度看，平台经济崛起的大势已然形成。平台本身不进行产品生产，但通过搭建新的价值链和产业链，促进市场流通与价值创造功能的实现。我国已经出现的平台如医疗、出行、金融、电商、社交等已成经济行为发生的场所，未来平台终将取代公司而成为主流的组织形式。

平台经济能够整合和凝聚资源，通过构建一个围绕平台的环形链条，来取代传统经济形式下的上中下游组织。B 端用户依靠平台的环形链条，直接接触 C 端用户，简化了交易流程，提高了产业效率。平台经济目前正致力于促进产业结构升级和变革，未来大多数企业的战略转型和功能拓展都将依赖于移动互联网和平台模式。不同于传统的线性渠道价值链模型，平台经济设法创造一个循环、迭代、反馈驱动的过程，使得商业生态系统实现其整体价值最大化。

平台经济依靠互联网平台实现资源的凝聚。平台能够连接多方的供需关系和交易行为，可以看作供需之间的核心枢纽，相比于传统的线性产业链，平台经济打造的围绕平台的环形产业价值生态圈就能够实现需求方与供给方的高效匹配。

平台经济模式是数字经济中较为重要的一种经济模式，比如 Face - book（脸书）、Google（谷歌）、Amazon（亚马逊）、阿里巴巴、腾讯、百度、京东、携程等知名机构均属于平台经济范畴。随着移动互联网、物联网、大数据、云计算、区块链等新兴技术的发展，平台经济已经成为一种能够全面整合产业链，并不断提高资源配置效率的新兴经济业态和商业模式，对社会经济环境有着广泛而深刻的影响。

在“互联网 +”背景下，平台经济成为数字经济时代的重要商业模式之一。平台经济的盈利模式大致分为以下 3 种类型：

A. 中介服务盈利模式。平台类似于媒介或中间组织，通过将不同主体、不同要素连接起来，促成供需双方交易的达成，此种情形下的平台主要赚取服务费，如滴滴出行和无车承运等平台公司便属于此种类型。

B. 参与经营盈利模式。平台运营方兼具商品销售方或服务提供者身份，并从交易中获利，诸如共享单车一类的运营商就属于此种类型。

C. 混合经营盈利模式。是指上述两种模式的结合，京东是比较典型的例子，京东既为商家提供交易平台，也作为经营商拥有部分自营业务。

（2）平台经济的内涵特征。平台经济不是基于传统的网络外部性，而是基于交叉网络外部性。Armstrong（2006）认为，平台经济中的交易各方都需要通过平台来完成交易，其中平台中一方的收益取决于平台中其他各方的数量。平台经济市场的用户分为两类，各用户通过平台与另一用户进行交易，从而获得价值，网络外部性是平台经济市场形成的重要理论基础。麻省理工学院社会与科技研究项目主任徐晋是我国最早提出平台经济学概念的学者，其核心观点是：平台是一种交易空间或场所，可以存在于现实世界，也可以存在于虚拟网络空间，该空间引导或促成双方或多方客户之间的交易，并且通过收取恰当的费用而努力吸引交易各方使用该空间或场所，最终追求收益最大化。其实，平台（Platform）是网络时代市场资源整合和商业模式创新而成的具化形态，是传统自在市场自觉意识觉醒和自主品格升华的经济结果[①]。贺宏朝（2004）认为，平台经济是通过各参与方共同组成的一个竞争系统，参与方能够通过平台这个系统获得相应利益，如图 2 - 3 所示。陈威如、余卓轩（2013）认为，目前国内对于平台经济的研究多集中于平台商业模式的研究，平台经济是指连接两个或者多个特定群体并提供互动机制，满足所有群体需求，从中赢利的商业模式[②]。平台经济具有以下 4 大典型特征：

A. 信息连接性。平台经济以“平台”为中心，将跨地区、跨领域的资源、服务与需求等要素联结起来，通过低成本、高效率的运营方式实现双边或多边市场的交易互动，形成上下游产业强关联的平台经济体。平台的本质在于连接，其连接主体可以是自然人，也可以是法人机构，连接的最终目的在于促进供需对接、差异化服务和信息共享。

B. 共赢增值性。互联网的无边界性和低成本性打破了时间和空间的界限，消除了交易壁垒，为平台连接各方需求提供了更广阔的空间。在此过程中，平台赚取差价或者收取服务费，连接的各方实现交易过程，从而促进价值创造，在共赢基础上实现各自的利益。

C. 网络外部性。平台是各方达成交易的枢纽，其利用信息撮合机制聚集大量用户，且交易各方任何一方数量的增多都会带来其他利益相关者的增加，凸显网络的外部性，平台经济呈现出规模收益递增的现象。

D. 多元开放性。平台经济作为拉动经济发展的新兴经济业态，其准入门槛较低，且无需较大成本投入，能够吸引众多个体及中小型企业参与其中，获得与大机构竞争的机会和优势。平台经济不再受到实体经济的封闭性限制，依托区域性或全球性交易平台产生大量的物流、资金流和贸易流，激活多元主体的主观能动性。

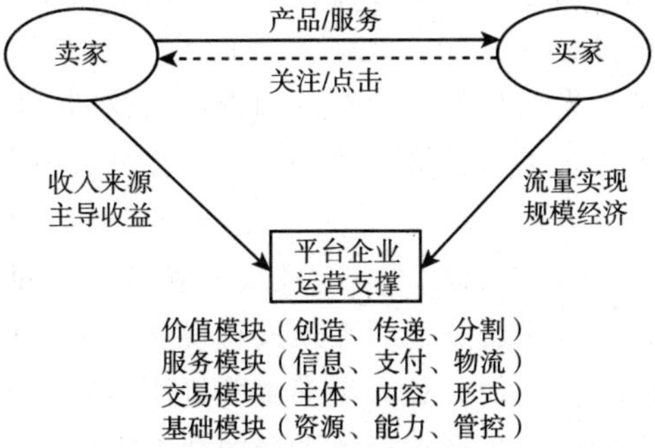

图 2 - 3　平台经济模式的微观结构和价值模块

① 徐晋．何为平台经济学．阿里研究院《阿里商业评论》之平台经济，2016. https：//www. fromgeek. com/alibaba/216905. html.

② 陈威如，余卓轩．平台战略——正在席卷全球的商业模式革命．中信出版社，2013：7.

2.2.3　平台经济的商业模式

基于平台连接主体的不同，将平台经济的商业运营模式划分为C2C模式、B2B模式、B2C模式和O2O模式等类型，不同商业运营模式下的合同流、信息流和资金流既有相同之处，也存在一定的差异性。

（1）C2C模式。C2C模式下，平台连接的多边主体都是个人。比较典型的有直播平台、淘宝网、滴滴出行中的快车和顺风车等。以滴滴出行为例，由于其中的快车和顺风车多由个人主体提供，因此属于C2C模式。此模式可简化为双边交易，其业务流程如图2-4所示。

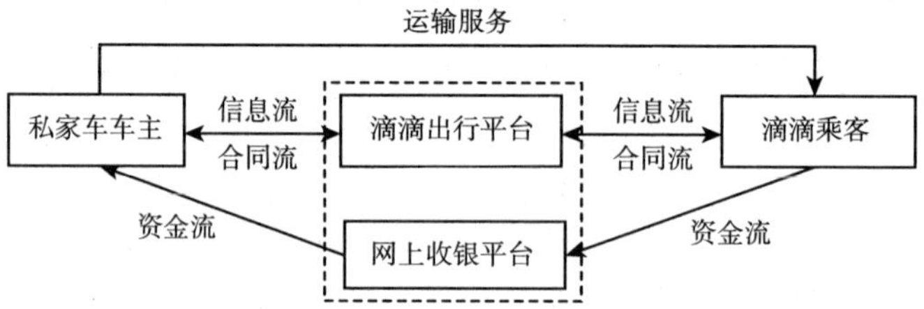

图2-4　C2C模式的业务流程

在滴滴出行平台建立的业务流程中，首先是私家车车主向滴滴平台提供个人的真实信息，如姓名、身份证号、车牌号、车型、驾驶信息以及银行卡账号等，待滴滴审核无误且认定其符合平台准入资质后，作为供给方的私家车车主就获得在平台运营的机会，可获取平台提供的信息和资源。如果供给方只提供运输服务而不拥有自己的车辆，也可以通过向平台租赁车辆加入平台，同样需要提供个人的相关信息来审核，这和专门的无车承运平台的运作模式是类似的。乘客作为需求方，一般需要在APP或者小程序中填写个人信息方可约车，每一笔交易结束后，乘客通过微信、支付宝等第三方支付平台将车费付给滴滴的网上收银平台，滴滴公司在一定时间后将收取的报酬与供给方分成，支付到私家车车主的账户中。

这一过程实现了合同流、信息流和资金流在3方之间的流动，滴滴平台作为中间方，掌握着供需双方的信息，并通过分成获得收入。其他的C2C模式也有类似的流程，比如直播平台，需要主播向平台提供个人信息，获得在平台直播的权利，网友在观看直播的过程中可以打赏主播，这部分收入先进入平台，最后由平台和主播分成或者平台向主播每月支付特定的报酬。

在C2C模式下，供给方因为是个人，这给税收征管带来了难题：一是作为资源或服务供给者的个人通常只需要在平台注册登记而无须进行税务登记，其收入零星分散，税源监管困难。二是存在收入定性问题，例如，私家车车主既可能与滴滴平台签订劳动合同，获得工资薪金，也可能获得劳务报酬；而主播在直播平台的视频投稿还会涉及特许权使用费等多种性质的收入。三是税收预扣预缴问题，网络的虚拟性导致税收流失严重，很多平台没有履行代扣代缴义务。四是税收管辖权问题，由于税收管辖权的错位，可能导致税基侵蚀。比如，一些平台公司利用经济开发区或“税收洼地”的优惠政策，导致了不同程度的税收与税源背离问题。

（2）B2C模式。B2C模式下，平台连接的供给方是企业，需求方是个人。滴滴出行中的专车和出租车，天猫、京东等属于 B2C 的运营模式。以天猫和京东为例，同样可以简化为双边交易，其业务流程如图 2－5 所示。

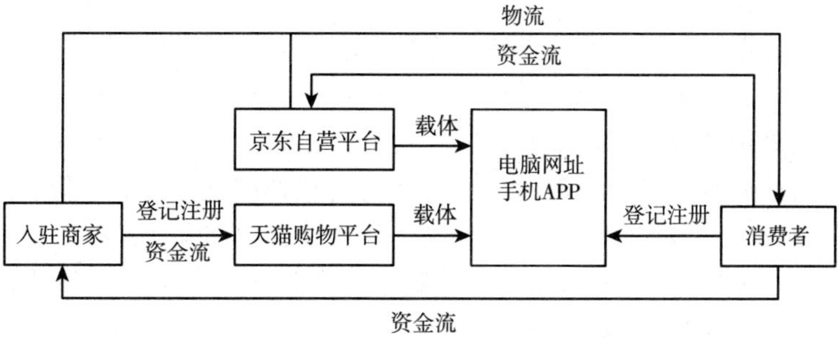

图 2－5　B2C 模式的业务流程

天猫平台的盈利模式属于中间服务型，即主要通过收取入驻商家的服务费获利。其要求供给方必须是企业，才能连接企业与个人之间的交易。业务流程主要是入驻商家在平台注册登记，需要提供一般纳税人资质证明、店铺主要负责人身份证明、银行开户许可证和组织机构代码等信息。相较于 C2C 模式，此种情况对入驻商家的身份要求更严格，更利于有效监管纳税人。提交的信息待天猫平台审核通过后，入驻商家才可以在平台上销售商品，一般是通过电脑网址或者手机 APP 的形式将店铺商品呈现给消费者。当消费者有购物需求时，同样是登录电脑网址或手机 APP，登记基本信息后即可在平台购物，实现资金流和物流的互动。京东是混合盈利模式，除了同天猫一样的盈利方法外，还兼有自营业务，此种情形只是资金流和物流的指向有所改变，其业务实质同天猫一样。

在 B2C 的商业模式下，除了上述 C2C 所述的收入性质认定、税源监管和税收管辖权等问题外，还存在业务逻辑架构问题，因为商家和消费者的交易是在虚拟的网络环境中实现的，其底层的业务逻辑架构必须满足合规性、合理性的要求。

（3）B2B 模式。B2B 模式下，平台连接的供给方是企业，需求方也是企业。阿里巴巴、环球贸易网、天猫和淘宝的部分业务都涉及此种模式。B2B 模式在跨境税收中的问题较为突出，这里以阿里巴巴的跨境交易为例，其业务流程如图 2－6 所示。

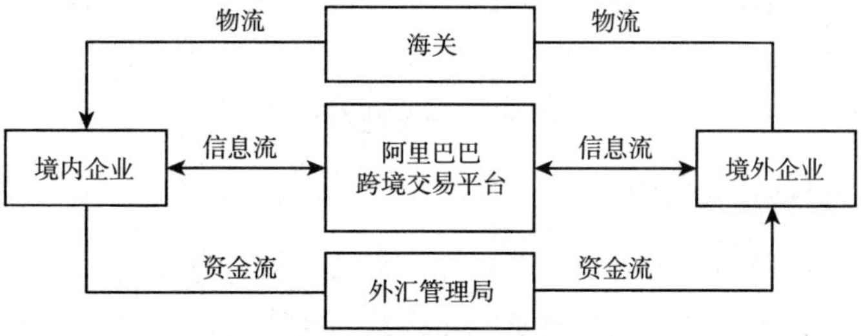

图 2－6　B2B 模式的进口货物交易流程

在以阿里巴巴为平台的货物交易中，海关负责进口税款的征收。境外企业通过物流将商品邮寄至海关，按规定缴纳关税、增值税和消费税后，运达境内；而境内企业通过外汇管理局将资金汇给境外企业。阿里巴巴在这一过程中主要充当中介，为交易双方提供信息交换和资源匹配平台，撮合双方货物交易的顺利进行。而在数字经济背景下，跨境交易不仅限定在有形货物之间，无形资产也越来越多地成为各方的交易客体，只需要通过互联网就能够完成整个事项。

因此，B2B 模式下的跨境交易对税收征管提出了三大挑战：一是我国目前的征管水平难以应对范围广、频次高、主体多的交易形式；二是常设机构问题，无形资产的平台交易无须在来源国设立常设机构就可以实现贸易的完整过程，但利润归属问题有待解决，而且网址和服务器的位置对当前的常设机构判定形成新的冲击；三是涉及无形资产交易的很多税制要素和征管规定都不成熟，牵涉到来源国和居民国之间的管辖权和利益问题。

（4）O2O 模式。O2O 模式实际为 B2C 模式的一个分支，上述 B2C 模式侧重线上主体之间的交易，而 O2O 模式更强调线上与线下主体之间的交易。美团、饿了么等都是 O2O 模式的典型交易平台。这里以美团为例，其业务流程如图 2－7 所示。

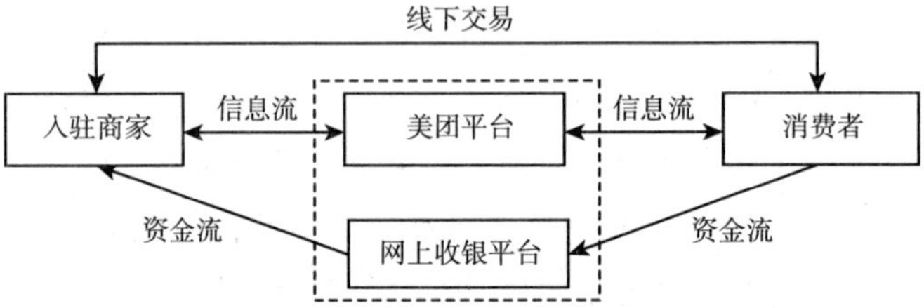

图 2－7　O2O 模式的业务流程

O2O 业务流程与 B2C 业务流程一样，入驻商家需要提交真实完整的负责人信息和店铺信息，美团平台予以信息发布的权利，在平台注册后的消费者可以浏览商品信息，选择满足自身需求的商品。美团平台在此过程中的角色是线上信息流的交互与提供者，并根据消费者的消费习惯、所处城市以及年龄特征等推送个性化广告，因而其盈利点在于商家入驻的服务费、广告费，还可能涉及一定的分成费用。消费者可以选择线上付款，再到线下实体店体验，或者采取货到付款的方式消费。消费者一般通过第三方支付平台将款项付给美团的网上收银平台，美团扣除一定的服务费、广告费和抽成后支付给商家。在此模式下，涉及的税收问题主要集中在业务的真实性、平台是否代扣代缴税款、税务稽查等方面。在这个交易体系中，由于税务机关难以获取相应的数据信息，每一次交易的金额、时间、地点、交易双方的主体都具有不确定性，这为税收征管带来了难度。事实上，美团平台所掌握的信息是较为全面的，但其是否愿意公开分享这些信息配合征税机关，还须进一步探讨相关路径。

2.2.4　平台经济的社会影响

平台经济作为以平台企业为支撑的新兴经济形态，具有强大的内在增长动力，对市场经济的发展产生了重大影响。平台经济对于强化供给与需求互动、促进产业模式融合、盘活社会资源起到了积极作用，推动了经济创新和消费增长。但平台经济也产生了恶性竞争、行业垄断、数据泄露等问题，对市场经济和实体经济健康发展产生了一定的影响。

（1）积极影响。平台经济具有规模效应和网络效应，能够促进商品和劳务的流通，便于信息传递和社会交往。平台经济依托互联网信息技术，使各方经济主体在交易中的信息沟通更为便捷，有利于推进各行业融合发展，提高资源配置效率。

A. 平台经济实现了供给侧与需求侧的联动。平台能够精准对接供求双方，有助于提振消费需求。大部分平台的业务是满足消费者衣食住行等基本需求。通过大数据与人工智能等技术，平台可以实现产品、服务供需精准对接，高效配置各类生活资料。在几类重要平台中，电子商务平台已成为我国商品零售销售的重要渠道。以外卖送餐为代表的本地生活服务平台促进了生活服务业数字化。平台经济加强了供给侧与需求侧的互动，实现了供给侧与需求侧的联动，使供给侧和需求侧信息沟通更为畅通，增强了商品和服务供给的精准性，提高了社会资源的配置效率。

B. 平台经济实现制造业与服务业的融合。平台经济以平台为交易核心，形成所有参与成员互相连接的多边生态价值网络，平台上各类参与者构成大规模网络化、生态化体系。随着资源共享范围越来越广、程度越来越深，产业内部的行业边界越来越模糊，产业通过平台实现的跨界融合现象也愈加显著。传统工业经济以行业分工为主要特征，行业之间边界清晰、泾渭分明。新经济格局下，产业的界限越来越模糊，打破了原有的产业边界，产业之间跨界现象显著。平台经济并不排斥传统产业的进入，甚至还可以通过平台助力传统企业的发展。传统企业接入平台，利用平台的资源整合能力，能够创造更大的价值，进一步促进制造业与服务业的融合。

C. 平台经济激活闲置资源、推进可持续发展。平台经济催生出更多新产业和新业态。平台经济共享信息、资产、服务资源，促进行业间共享程度加深，打破了传统行业中的信息不对称、竞争过度等弊端，大大提升了资产的利用效率，并促进了协同创新。平台经济能够对接众多群体，整合多方资源，满足多样需求，在整合资源上更加快捷和公平。平台经济很好地发挥了激活闲置资源的作用，提高了社会资源的使用效率，有利于推动经济的可持续发展。

D. 平台经济发挥了稳就业的作用。平台经济对我国经济增长贡献巨大，同时发挥了稳定就业的作用。平台经济带动新兴经济业态发展，创造了大量就业岗位，发挥着稳就业的作用。网约车平台滴滴出行提供了司机、代驾两种职业的就业机会 1194. 3 万个，还间接带动提供了汽车生产、销售、加油及维保等就业机会 631. 7 万个。

在 2020 年年初的新型冠状病毒肺炎疫情中，平台经济的作用更加凸显，在稳定就业、提高生活质量、支持疫情防控等方面作出了重要贡献。平台经济可以在助力复工复产复业，恢复社会生活秩序，特别是“稳就业”方面发挥积极作用。

E. 平台经济推动经济形态、商业模式的彻底改变。平台经济带动产业升级，推动经济形态、商业模式的彻底改变。平台能够实现产业的跨界融合，尤其是互联网、新技术（人工智能、大数据等）与传统产业的融合，极大地推动了业态创新，涌现出大量的新业态。随着平台经济的发展，生活服务业数字化程度必将越来越高，平台带动线上线下商户就业的作用也将越来越大。平台经济未来的发展，关系到人民群众的消费需求是否能够得到满足，也关系到我国劳动力市场的稳定发展。平台经济是数字化时代技术普惠的结果，这种技术为社会资本进入医疗健康、教育培训、咨询、养老家政、文化、旅游、体育等服务领域奠定了基础条件，使得社会资本得以更大程度、更广范围地参与经济发展，未来经济形态、商业模式或将迎来彻底变革。

（2）消极影响。平台经济在产业组织形态、市场边界、竞争博弈与商业生态等方面均表现出与实体经济的差异性，在平台经济快速发展的背后存在很多问题，例如，平台企业恶性竞争、数据泄露，造成了行业垄断等问题。此外，平台经济发展形成的虚拟经济繁荣对实体经济也造成了影响，如实体产业空心化、经济结构失衡、实体经济融资难等问题。平台经济衍生了很多新兴业态，税法对有些领域还没有明确规定，导致对平台经济的征税对象、税目、税率等不明确；平台经济交易活动主要在线上进行，交易双方点对点联结，对实体机构依赖性弱，税源监管存在一定难度。

2.2.5 平台经济发展与税制变革

平台经济的数字化和多元化特征衍生出很多新兴业态，其实现了跨时间、跨空间、跨领域的业态融合，我国现行税制还未完全适应平台经济的发展要求，需要进一步优化平台经济的税收制度与征管模式。

（1）平台经济发展的基本导向。我国政府对平台经济的发展和成就持肯定态度，积极鼓励引导平台经济的发展。2017 年党的十九大报告提出建设"数字中国"，发展数字经济等新兴产业。自 2018 年起平台经济两次被写入政府工作报告，李克强总理提出：发展平台经济、共享经济，形成线上线下结合、产学研用协同、大中小企业融合的创新创业格局。2019 年 7 月召开的国务院常务会议指出，"互联网平台经济是生产力新的组织方式，是经济发展的新动能，对优化资源配置、促进跨界融通发展和双创、推动产业升级、拓展消费市场尤其是增加就业，都有重要作用。国务院办公厅 2019 年 8 月发布《关于促进平台经济规范健康发展的指导意见》（以下简称《意见》），指出互联网平台经济是经济发展的新动能，对于优化资源配置、促进创业创新、推动产业升级、拓展消费市场、增加就业等具有重要作用。《意见》聚焦平台经济发展面临的突出问题，加大政策引导、支持和保障力度，推动平台经济的发展。随后，商务部等 12 个部门联合发布《关于推进商品交易市场发展平台经济的指导意见》。2020 年 3 月 18 日，国务院常务会议指出，要对"互联网 +"、平台经济等加大支持力度，发展数字经济新业态，催生新岗位新职业。我国政府积极鼓励发展平台经济，未来平台经济将更加繁荣发展。受 2020 年年初的新冠肺炎疫情影响，我国实体经济遭受打击的同时，平台经济获得了进一步的发展和增长，线上交易量较实体经济增长更多更快，成为此阶段经济增长的主要方面。

平台经济在推动经济发展、稳定就业等方面起到了很多积极作用，但同时平台经济带来的问题也不可忽视，平台恶性竞争、行业垄断、数据泄露、挤出实体经济、税收流失等方面的问题越来越严重。在这种情况下，对于平台经济发展的鼓励应当持包容审慎的态度。一方面，积极引导平台经济在我国的发展，认识到平台经济对经济环境向好的促进作用。另一方面，正视平台经济发展中存在的问题，审慎处理平台经济相关的问题。包容与审慎的态度相结合，促进平台经济在我国的健康规范和可持续发展。

（2）平台经济发展的税制变革方向。

A. 平台经济涉及的税制要素需要明确。平台经济的实际运营至少涉及供给方、平台企业、需求方和第三方支付平台等，供给方获得交易收入、平台企业赚取差价或者服务费、第三方支付平台扣除的手续费，每一环节都有账款往来、资金流转与纳税问题。在 C2C 模式中，个人供给方一般不会进行税务登记，只是在平台上注册登记，这给税务监管带来了难题。计税依据方面，由于交易手段和支付方式的不断进步，加之数字化交易存在隐身与遁形的可能，为计税依据的确定带来一定的困难。

B. 平台经济的所得性质难以清晰界定。平台经济具有业务的融合性，打破了行业界限，所得来源广泛，存在收入性质划分难题。现行税制并未对此类融合业态的收入性质给出明确的税收政策。如无车承运平台，在以承运人身份与托运人签订运输合同的同时，又以道路货运经营者的身份委托实际承运人完成运输任务，既充当代理中介又提供传统货物运输服务，具体按运输服务还是现代服务税目征税存在争议。再如 C2C 模式下的网络直播中，就主播而言，获得打赏收入，目前存在关于该项所得是归属于劳务报酬、偶然所得还是不属于征税范围的争议。通常主播的所得是各项业务的混合，多种形式的收入来源在核定性质时容易出现厘定不清的情况。再如滴滴出行平台，其提供的服务属于交通运输服务还是现代服务，目前尚存争议。

C. 平台经济的税收管辖权存在争议。税收管辖权无论是对境内平台还是跨境平台来说，都是一个极为突出的问题。就境内平台而言，如滴滴出行的商业模式，其连接的供需双方分布在我国境内的多个城市，但滴滴总部设在天津经济开发区，有大量税收优惠政策，企业在所得税汇总纳税时，其全部利润都可享受税收优惠待遇。但事实上，这些所得是来源于各个城市的，造成税收与税源的背离问题。再如当前的人力资源派遣平台，也有很多直接注册在“税收洼地”，但所派遣的人力资源遍布全国，也会对税收管辖权提出挑战。

下面举例说明。假定供给方企业在 A 地运营，在 B 地仓储货物，需求方在 C 地下单，在 D 地收货，最终在 E 地开具发票，如图 2－8 所示。那么，这一交易活动的纳税地点到底是 A、B、C、D、E 中的哪一个？目前我国的税制并不能很好地解决这一问题。一些专家提出改变生产地或销售地征税原则，一律采用消费地征税原则，但这也会影响生产地或销售地企业的积极性。

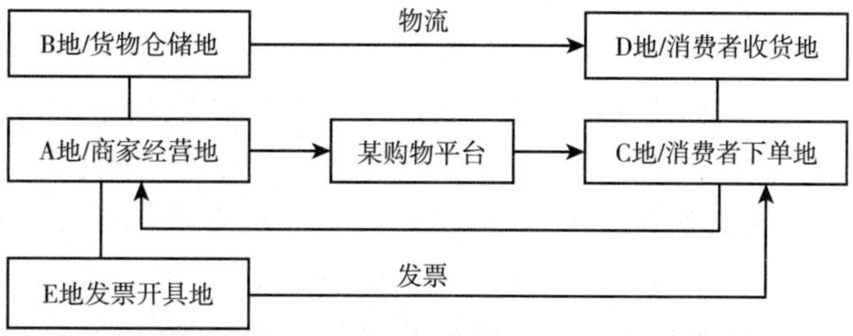

图 2－8　交易活动涉及多地的纳税情况

就跨境交易而言，我国实行居民管辖权和来源地管辖权。但从阿里巴巴的商业模式可知，数字经济背景下，买卖双方线上完成交易，无需居所或住所，停留时间也无法判定，居民管辖权难以适用。来源地管辖权的重要认定标准之一是常设机构，一般与固定经营场所相关联，但互联网交易造成经济活动不再依赖于固定场所，国际税收界热议“显著经济存在”的判定标准，这一判定标准值得在我国税制变革中加以应用。

针对平台经济加剧税收与税源背离的问题，有两种解决思路：第一种思路是在现有税制框架下，利用财政转移支付重新分配税收收入。政府通过衡量各地区收支情况，合理配置财政转移支付资金，尽可能保证财政转移支付公平、公正、公开透明，促进区域间经济协调发展。第二种思路是全面改革我国税制体系，改变目前流转税在生产地征收、所得税在公司所在地征收的惯例，借鉴国际税收规则，根据收入来源地划分税权，合理分配公司所在地和收入来源地的征税权，从根本上解决税收与税源背离问题。

D. 平台经济不应适用“以票控税”的征管模式。平台经济大多在线上进行，即使是O2O模式也经常采用线上付款的方式。随着越来越多的自然人、个体工商户、个人独资企业、合伙企业等非法人主体进入平台经济的交易系统，税源的分散化和主体的多样化对“以票控税”的征管模式造成严重冲击。并且非法人主体并不强调索取纸质发票或电子发票，“以票控税”不太适应线上交易及线上付款的商业模式，这为销售方修改或者隐匿收入提供了可能。如无车承运平台，由于交易链条较长，平台需要承担增值税纳税义务，也要代扣代缴个税，还涉及物流公司和运输方等上下游的开票问题。但物流公司通常是小规模纳税人，无法开具增值税专用发票，运输方是个人，也无法开具增值税专用发票，这就造成平台的实际税负较重。

全面推行电子发票能对平台经济进行有效监控：（1）从网络基础设施、社会需求、税务管理等方面看，全面实行电子发票的条件已经具备；（2）从部分行业推行电子发票试点情况来看，运行情况良好；（3）从纳税人角度看，所有纳税程序都可真正做到网上办理，且电子发票传递方便，成本低廉；（4）从税务机关的角度看，通过电子手段控制发票信息流的出口和入口，能有效减少增值税发票虚开、虚抵的风险。

2.2.6 平台经济案例：劳务派遣服务平台的税收管理

（1）劳务派遣服务提供方的税收管理。

A. 劳务派遣服务提供方的增值税问题。《财政部 国家税务总局关于进一步明确全面推开营改增试点有关劳务派遣服务、收费公路通行费抵扣等政策的通知》（财税〔2016〕47号）第一条规定：一般纳税人提供劳务派遣服务，可以按照《财政部 国家税务总局关于全面推开营业税改征增值税试点的通知》（财税〔2016〕36号）的有关规定，以取得的全部价款和价外费用为销售额，按照一般计税方法计算缴纳增值税；也可以选择差额纳税，以取得的全部价款和价外费用，扣除代用工单位支付给劳务派遣员工的工资、福利和为其办理社会保险及住房公积金后的余额为销售额，按照简易计税方法以5%的征收率计算缴纳增值税。

小规模纳税人提供劳务派遣服务，可以按照《财政部 国家税务总局关于全面推开营业税改征增值税试点的通知》（财税〔2016〕36号）的有关规定，以取得的全部价款和价外费用为销售额，按照简易计税方法以3%的征收率计算缴纳增值税；也可以选择差额纳税，以取得的全部价款和价外费用，扣除代用工单位支付给劳务派遣员工的工资、福利和为其办理社会保险及住房公积金后的余额为销售额，按照简易计税方法以5%的征收率计算缴纳增值税。

选择差额纳税的纳税人，要向用工单位收取用于支付给劳务派遣员工的工资、福利和为其办理社会保险及住房公积金的费用，不得开具增值税专用发票，可以开具普通发票。

B. 以劳务派遣形式就业的残疾人，由劳务派遣单位享受相关优惠政策。根据《国家税务总局关于促进残疾人就业税收优惠政策相关问题的公告》（国家税务总局公告2015年第55号）第一条规定：以劳务派遣形式就业的残疾人，属于劳务派遣单位的职工。劳务派遣单位可按照《财政部 国家税务总局关于促进残疾人就业税收优惠政策的通知》（财税〔2007〕92号）（财税〔2016〕52号）的文件规定，享受相关税收优惠政策。

（2）劳务派遣服务接受方的税收管理。

A. 小型微利企业接受的劳务派遣用工人数应计入本企业从业人数。根据《关于实施小微企业普惠性税收减免政策的通知》（财税〔2019〕13号）第二条规定：对小型微利企业年应纳税所得额不超过100万元的部分，减按25%计入应纳税所得额，按20%的税率缴纳企业所得税；对年应纳税所得额超过100万元但不超过300万元的部分，减按50%计入应纳税所得额，按20%的税率缴纳企业所得税。

上述小型微利企业是指从事国家非限制和禁止的行业，且同时符合年度应纳税所得额不超过300万元、从业人数不超过300人、资产总额不超过5000万元等3个条件的企业。

从业人数，包括与企业建立劳动关系的职工人数和企业接受的劳务派遣用工人数。所称从业人数和资产总额指标，应按企业全年的季度平均值确定。具体计算公式如下：季度平均值 =（季初值 + 季末值）÷2

全年季度平均值 = 全年各季度平均值之和 ÷4

B. 接受劳务派遣用工所发生的费用符合规定情形可计入工资薪金总额。根据《国家税务总局关于企业工资薪金和职工福利费等支出税前扣除问题的公告》（国家税务总局公告2015年第34号）第三条规定：企业接受外部劳务派遣用工所实际发生的费用，应分两种情形按规定在税前扣除：

情形1. 按照协议（合同）约定直接支付给劳务派遣公司的费用，应作为劳务费支出；

情形2. 直接支付给员工个人的费用，应作为工资薪金支出和职工福利费支出。其中属于工资薪金支出的费用，准予计入企业工资薪金总额的基数，作为计算其他各项相关费用扣除的依据。

C. 符合规定情形支付的外聘研发人员劳务费用可享受研发费用加计扣除优惠。根据《国家税务总局关于研发费用税前加计扣除归集范围有关问题的公告》（国家税务总局公告2017年第40号）第一条规定：研发费用税前加计扣除人员人工费用是指直接从事研发活动人员的工资薪金、基本养老保险费、基本医疗保险费、失业保险费、工伤保险费、生育保险费和住房公积金，以及外聘研发人员的劳务费用。

接受劳务派遣的企业按照协议（合同）约定支付给劳务派遣企业，且由劳务派遣企业实际支付给外聘研发人员的工资薪金等费用，属于外聘研发人员的劳务费用。因此，由劳务派遣企业实际支付给外聘研发人员的工资薪金等费用可以作为人员人工费用进行加计扣除。

（3）临时工、劳务派遣用工缴纳社保费的政策分析。

A. 企业与临时工存在聘用关系，双方存在实际雇用关系。若企业与临时工存在以下关系：一是存在实际雇用关系签订了劳动合同；二是按月定期支付报酬。在这种情况下，企业给临时工发放的报酬就是工资薪金，需要给临时工代扣代缴社保以及个税。

【案例2-2】公司的保洁、保安人员，虽然这个岗位人员变动性很大，但是如果公司平时就固定存在这个岗位，并且员工参加单位的考勤、服从单位的规章制度管理，那么这种情况就属于存在实际雇用关系并且有一定连续性，发放相关人员的报酬属于“工资薪金”性质，需要给这些员工缴纳社保。如果这些员工已经在其他单位交过一份社保了，就不需要再重复缴纳。

【政策依据】《企业所得税法实施条例》第三十四条规定，企业每一纳税年度支付给在本企业任职或者受雇员工的所有现金形式或者非现金形式的劳动报酬，应作为工资薪金，准予在税前扣除。企业雇用季节工、临时工、实习生、返聘离退休人员以及接受外部劳务派遣用工，也属于企业任职或者受雇员工范畴。

B. 企业与临时工不存在聘用关系，临时工提供劳务，不存在实际雇用关系。若企业与临时工的关系符合以下情形：一是不存在实际雇用关系；二是没有与单位签订有期限的劳动合同；三是仅偶尔提供或按次提供劳务，并按次支付报酬。这种情况下企业支付给临时工的报酬不属于工资薪金，应该视为劳务费支出。

【案例2－3】某企业进行办公室等房屋装修，临时请来粉刷工、油漆工，搬运货物，临时找来搬运工。该企业一般不会固定设置这些岗位，这些临时工提供的也不是连续性的服务。这类临时工提供劳务需要去税务局代开劳务发票，企业凭劳务发票入账，个人所得税按照劳务报酬所得代扣代缴。

劳务费虽然也是人工费用，但是和工资薪金明显不同。劳务费的金额不作为职工福利费、职工教育经费和工会经费的计算基数。

C. 被劳务派遣的员工。被劳务派遣的员工的社保费应该由谁缴纳，关键要看当初劳务派遣单位与用工单位劳务派遣合同是如何签订的。如果合同中约定用工单位直接支付给劳务派遣单位劳务费，由劳务派遣单位支付给被派遣员工工资，并且缴纳社保费，则用工单位与被劳务派遣的员工不存在实际雇用关系，也不需要承担社保。如果被派遣员工在用工单位因工作遭受事故伤害，应该由劳务派遣单位依法申请工伤认定，用工单位只在一旁协助，即主要由劳务派遣单位承担工伤保险责任，可以和用工单位协商赔偿事项。

【政策依据】《劳动合同法》第五十九条规定，劳务派遣单位派遣劳动者应当与接受以劳务派遣形式用工的单位（以下称“用工单位”）订立劳务派遣协议。劳务派遣协议应当约定派遣岗位和人员数量、派遣期限、劳动报酬和社会保险费的数额与支付方式以及违反协议的责任。

【风险提示】劳务派遣公司为了满足用工单位对于各类灵活用工的需求，将员工派遣至用工单位，接受用工单位管理并为用工单位提供劳务，此种用工方式可以有效降低企业用工成本与用工风险，在电信、石油、电力、房地产等领域被广泛应用。

在劳务派遣用工方式下，劳务派遣单位可以选择差额计税，仅就实际取得的服务费申报纳税。用工单位在未接受劳务派遣服务的情形下，接受派遣公司虚开发票，或存在真实劳务派遣服务，接受数量、金额不实的增值税发票，双方均面临偷税行政责任及虚开刑事责任且互相牵连。

【综合政策2－2】

灵活用工的税务政策与思考

《国家税务总局四川省税务局关于答复省十二届政协二次会议第1209号提案的函》

您提出的《关于针对建筑行业出台灵活用工税务征管办法的提案》收悉，现答复如下：

一、建筑行业的用工情况

根据您建议的情况，我局对建筑行业用工进行了调研，当前建筑行业用工方式主要包括：建筑企业与劳务公司签订劳务分包合同用工；建筑企业项目部直接雇用人员用工；建筑企业与劳务派遣公司签订劳务派遣合同用工；建筑企业与个人包工头签订建筑劳务承包合同用工等。其中，劳务派遣合同用工和劳务承包合同用工即通常所说的非全日制灵活用工。

灵活用工是劳动合同用工的有效补充，在员工配置等方面为建筑行业用工提供了更多选择。特别是在“互联网 + 人力资源”的背景下，近些年来建筑行业通过技术的创新和理念的变革，带来了多样化的用工形态，新型灵活的用工模式逐渐兴起和发展。

二、灵活用工的税收效应

我省作为全国主要的劳务输出和建筑务工人员大省，随着建筑行业灵活用工队伍的不断壮大，促使我局在税收征管方面给予建筑行业更多的关注。按照现行税法规定，我省从事建筑行业的个人根据不同性质分别按工资薪金所得、生产经营所得或劳务报酬所得等项目缴纳个人所得税。同时针对建筑行业的特征，我局鼓励纳税人建账经营，符合查账征收条件的不再核定征收。

根据税法规定，建筑行业从业人员采用合同用工的，按照工资薪金所得纳税；采用灵活用工的，按照劳务报酬项目纳税。新的个人所得税法颁布实施后，工资薪金所得和劳务报酬所得均属于综合所得，应按纳税年度合并计算个人所得税。因此，建筑行业用工方式的选择，不会带来税收收入的明显变化，也不会造成税收的较大损失和明显的吸纳效应。

三、灵活用工的征管办法

随着互联网经济的发展，催生了网络媒体、电子商务、网络管理、网络代理、社交网络等新兴行业和新兴业态，这些新形态不仅表现为交易渠道的变化，更体现为交易方式、交易结构乃至权力契约的综合革新，也必然会带来新的用工方式和税收征管制度的创新。

目前，我局正在按照深化“放管服”改革精神为指引，构建以征管体制改革和转变税收征管方式要求为标杆，全流程、闭环式重构税费委托代征（代收）业务，实现委托代征（代收）业务各环节相互验证、相互监控，最大限度减少人为干预，推进委托代征（代收）业务规范化，届时我局将依法依规开展委托代征（代收）业务。

据了解，目前各地税务机关没有针对建筑行业出台灵活用工配套的委托代征（代收）办法。

四、加强建筑行业的调研

随着经济的发展，建筑行业也在不断地进行技术革新，可能会出现新的用工方式和新的经营模式。我局将积极关注建筑行业的发展，加强建筑行业用工方式和征管模式的调研，在合法、规范的基础上，进一步完善税收征管，引导建筑行业规范健康发展。

第3章

合同涉税审查与风险防控技巧

3.1 合同审查流程与方法

3.1.1 合同审查重点

（1）合同的标的金额。从财务核算角度看，合同标的金额应当是将来应计入收入或成本费用的金额。所以，合同标的金额对于财务核算及税务处理意义重大，应是税务审查所应关注的首要因素。从理论上说，合同标的金额应与最终收取或支付的金额完全一致，但由于合同执行过程中各种特殊情况的出现，一般会有一个比较合理的差额，所以最终确定的金额应以实际收支的金额（企业开出发票和收到发票的金额）为准。

以成本项目为例，合同与发票应该有以下四种情况：一是有合同又有发票，应该确认成本；二是有合同无发票，可以暂时确认成本，但最终应以实际支付金额确定成本；三是无合同有发票，一般情况下将不予确认成本；四是无合同无发票，不能确认成本。从这四种情况可以看出，一个成本项目缺少了合同金额就基本失去了确认的可能。

（2）合同约定付款方式。从税法角度看，付款方式影响收入和成本确认的时间。《国家税务总局关于房地产开发业务征收企业所得税问题的通知》（国税发〔2006〕31号），对房地产企业收入的确认基本是按照双方的付款方式来界定的。在一次性付款、分期付款和银行按揭等付款方式下，房地产企业确认收入的时间有很大区别，这体现了税法对于合同条款的认同与遵从。从另一角度讲，合同也是税法确认收入的合理依据。

（3）相关约定事项。根据合同中的一些约定事项可以验证成本、费用支出的合理性。比如，根据建筑施工合同约定的承包方式，就可以大体确定计入开发成本的项目范围。一般来说，在包工包料的总包方式下，计入建筑安装工程费的支出项目应为"工程费"而不应是其他项目。在实际审核过程中，仍有企业在总包方式下出现大量材料采购计入开发成本的现象。虽然采购材料时取得了相应的发票，但已明显与合同约定不符，因而不能再将材料采购计入开发成本。还有一些企业在合同未约定相关条款的情况下大量支付工程电费，这可以被认定为与企业生产经营无关的支出而不能计入开发成本。工程电费的处理原则如下：如果合同明确约定工程电费由开发商承担，相当于主合同标的额并不包括这部分支出，实际支出的工程电费可以计入开发成本；如果合同约定工程电费由施工方承担或合同对此无约定条款，则均应视为由施工方承担，开发商不得再列支工程电费支出。以此类推，一切与工程施工有关但却单独由开发商支出的成本费用项目均应适用这一原则。

（4）签约时间。在特定的情况下，合同的签署时间有可能直接影响税款的计算，这主要涉及一些减免税政策的实施和截止时间。比如，西部大开发政策的执行时间与基本政策为："自 2011 年 1 月 1 日至 2020 年 12 月 31 日，对设在西部地区的鼓励类产业企业减按 15% 的税率征收企业所得税。" 2020 年 4 月 14 日李克强总理主持的国务院常务会议，决定延长西部大开发税收优惠政策的实施期限，最终优惠时间已延长到 2030 年底；同时，降低享受税收优惠政策的门槛，将鼓励类产业项目当年度主营业务收入占企业收入总额的限制比例由 70% 降至 60%。因此，合同签署的时间成为决定性因素。企业签署合同、项目审批的签署时间，可以决定其是否可以享受降低门槛后的西部大开发政策。

因此，我们建议企业应该高度关注合同签订，严把合同审查关，在合同涉税审查中做到以下 4 点：

A. 所有的合同必须要有相应的税务条款，税务条款的表述务必准确且符合税法规定。

B. 为控制税务风险，使上一条得到执行，所有的合同须请财务部门提出意见，财务部门不能给予专业意见的，请税务中介机构给予具体意见。

C. 所有对外的业务必须取得相应的发票或合法的税前扣除凭证，在合同中必须注意发票或凭证的获取方式、发票类型等。

D. 将合同的签订必须引进税务条款的要求写进公司管理制度，并将其作为其他部门考核的条件之一。

3.1.2　合同审查流程

对于任何需要审查的合同，不论合同的标题是如何表述的，审查者首先应当通过阅读整个合同的全部条款，准确把握合同项下所涉法律关系的性质，以确定该合同所适用的法律政策。

一般合同的审查流程按照合同的签订流程逐一进行审核，并抓住审查的关键环节。合同签订流程、合同签订流程控制环节如图 3－1、表 3－1 所示。

（1）严格审查签约主体资格。在签约过程中，企业往往更重视合同内容，而忽视了对合同主体资格的审查。有时甚至为了促成合作或碍于情面对主体资格的审查变成"走过场"，这样的做法很容易导致主体缺陷而使合同归于无效或难于履行，达不到签订合同的目的。因此，对合同主体必须严格审查以下方面：

A. 企业要审查对方的营业执照及年检的情况，以了解其主体的合法性（如是否合法注册、是否存在未年检导致被吊销营业执照等风险）和经营范围（交易活动与业务是否在经营范围内），必要时应当到相关部门调查资产状况、工商登记以及不动产登记等；

B. 对法律法规规定需要具备相应资质条件的合同项目，要根据合同内容审查对方的资质现状，即是否获得了相关资质及目前的效力情况（有的资质可能失效），如经营与电信相关的业务应取得电信业务经营资格许可证，通信建设工程需要相应资质等级；

C. 要审查对方的履约能力，并进行必要的评估，以保证签约后能够顺利履行合同。

（2）重点审查合同内容。

A. 审查合同的内容是否合法。如是否违反国家法律法规的强制性规定；是否存在损害社会公共利益或以欺诈、胁迫手段订立合同的情形；是否存在重大误解或显失公平。

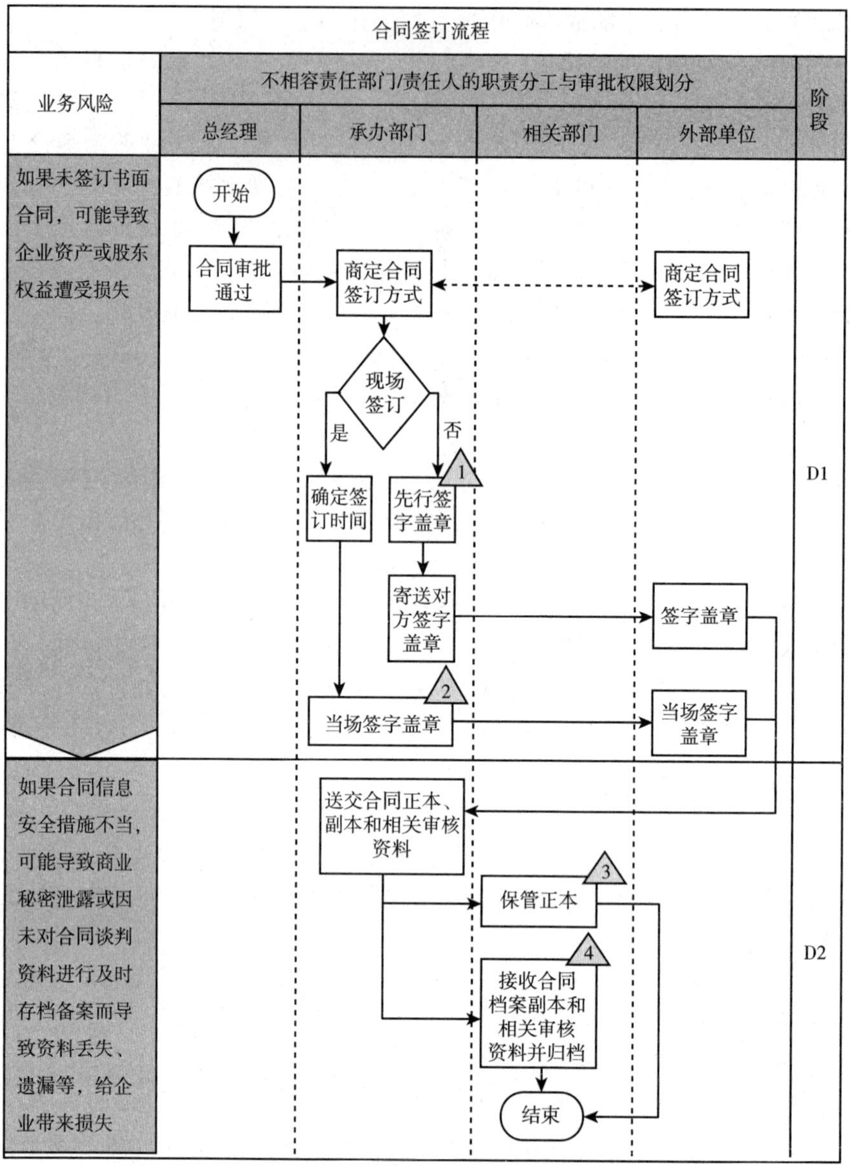

图 3－1　合同签订流程与风险控制图

表 3－1　合同签订流程风险控制环节

控制事项		详细描述及说明
阶段控制	D1	1. 对合同先行签字盖章，应当由具有审批权限或具备被授权资格的人履行签字盖章手续，不对未经编号或缺少合同审核、报签文件以及代签而缺少授权委托书的合同用印 2. 进行当场签字盖章的合同签订方式，多用于合同比较重要的情况；正式订立的合同，除即时清结外，应当采用书面形式，包括合同书、补充条款、公文信件、数据电文等
	D2	3. 保管合同正本的一般为合同的归口管理部门 4. 保管合同副本和其他相关审核资料的部门一般为企业的档案管理部门

续表

控制事项		详细描述及说明
相关规范	应建规范	合同章管理制度 合同保密制度 档案管理规定
	参照规范	《中华人民共和国合同法》
文件资料		《××合同》
责任部门及责任人		合同承办部门、归口管理部门、档案管理部门 总经理、承办部门人员、归口管理部门人员、档案管理部门人员

B. 审查合同主要条款是否完备、明确。一份合同要对双方的权利义务有明确的规定，特别是合同标的、数量、质量、价款、履行期限、合同的解除、违约责任的承担等主要条款必不可少，一旦未作约定或者约定不明，将对合同履行造成重大风险隐患。

C. 最大限度地为公司争取利益。要站在有利于公司的角度上，对我方权利和义务进行全面衡量，尽可能地争取更多权利和减少义务，并且，对我方可能出现的违约要规定相对较轻的违约责任；对对方条款的审查，则恰恰相反，不过，凡事都要有个限度，合同条款还是要建立在相对公平合理的基础上的，否则，显失公平的合同也可能导致出现被撤销的结果。

(3) 必须审查签约人的签约权限。在很多情况下，合同是由一方或者双方授权代表签署的，此时应当审查代理人的资格和权限。对于初次合作的单位，这项工作非常重要，即要对对方代理人身份、有无代理权、代理权限范围、期限等进行必要审查，否则可能会发生没有代理权或超越代理权而导致合同效力受到质疑。实践中，主要是看签约代表是否为单位负责人或是否有委托授权书。需要注意的是，单位的部门或办事处是没有对外签约权的，而企业法人的分支机构签订合同时也须由法人授权。

(4) 审查的其他事项。

A. 签章。合同对方如果是企业法人或其他组织，在签章处应当加盖单位印章及授权代表签字，如果是公民个人，则要求其本人签名并加按手印。所有的印章和签字均应当清晰、完整。

B. 合同附件。要注意合同有无附件以及附件与主合同的关系，审查附件的内容是否与主合同一致。相当多的合同其附件的内容是非常重要的，应该与主合同同等对待。

C. 签约时间和地点。签约时间是将来发生纠纷后，固定诉讼时效的重要证据；签约地点是用于确定纠纷发生时的管辖法院，一般尽可能地在本公司所在地签约。

3.1.3　合同审查的方法与技巧

在审查合同前，必须认真查阅相关的法律法规及司法解释。同时，注意平时收集有关的合同范本，尽量根据权威部门推荐的示范文本，并结合法律法规的规定进行审查。

合同审查的重点在合同的效力，合同的中止、终止、解除，违约责任和争议解决条款。

(1) 合同的效力问题。

A.《合同法》第 52 条规定了合同无效的 5 种情形：一方以欺诈、胁迫的手段订立的合同，损害国家利益的；恶意串通，损害国家、集体或者第三人利益的；以合法形式掩盖非法目的的；损害社会公共利益的；违反法律、行政法规的强制性规定的。

因此，在审查合同时，应认真分析合同所涉及的法律关系，判断是否存在导致合同被认定为无效的情形，并认真分析合同无效情况下产生的法律后果。

B. 注意审查合同的主体。主体的行为能力可以决定合同的效力。对于特殊行业的主体，要审查其是否具有从事合同项下行为的资格，如果合同主体不具有法律、行政法规规定的资格的，可能导致合同无效，因此，对主体的审查也是合同审查的重点。

C. 对于无权代理、无权处分的主体签订的合同，应当在审查意见中明确可能导致合同被变更、被撤销的法律后果。

D. 注意合同是否附条件或附期限。

E. 注意合同中是否存在无效的条款，包括无效的免责条款和无效的仲裁条款。无效的免责条款即《合同法》第五十三条的规定：造成对方人身伤害的和因故意和重大过失造成对方财产损失的免责条款。

（2）合同的履行和中止。

A.《合同法》第六十二条明确规定了合同中部分条款约定不明、没有约定的情形下的履行方法，因此，对这部分条款需仔细审查，包括质量标准、价款或报酬、履行地点、履行期限、履行方式、履行费用等条款。

B.《合同法》规定了双务合同中的不安履行抗辩权、先履行抗辩权和同时履行抗辩权，因此，在审查合同时，应结合违约责任的约定注意审查双方义务的履行顺序问题。

（3）合同的终止和解除。合同的终止和解除是两个并不完全等同的法律概念，合同解除是合同终止的情形之一，合同审查时应熟悉《合同法》关于合同的权利义务终止的相关规定。

A. 合同终止是指合同权利义务的终止，其法律后果只发生一个向后的效力，即合同不再履行。《合同法》第九十一条规定了合同终止的若干情况：债务已按照约定履行；合同解除；债务相互抵销；债务人依法将标的物提存；债权人免除债务；债权债务同归于一人；及法律规定或当事人约定终止的其他情形。

根据上述九十一条最后一款的授权，许多合同文本都有专门条款约定合同终止的情况，但有些约定往往是对违约责任的重复，而违约的情形是可依据合同中关于违约责任的约定承担责任，这种责任的承担与合同终止的法律后果往往是不同的，因此，应结合关于违约责任的约定分析对合同终止的约定是否属于可以且必要的情形。

B. 当事人双方可以在合同中约定解除合同的条件，这些条件的设置往往与一方违约相联系，这是在合同审查时须注意的问题。

《合同法》第九十四条规定了单方解除合同的情形，但应当注意这种解除权是一种单方任意解除权而非法定解除权，对该条的适用需要当事人的约定。同时，这种解除需要提出解除的一方通知对方，且在通知到达对方时发生解除的效力。这也是在合同审查时需要注意的问题之一。特别是在一方迟延履行时，只有这种迟延达到根本违约的程度时，另一方才享有单方解除权，否则应给予违约方合理的期限令其履行合同义务而不能解除合同。

审查时还要注意的一个重要问题是，是否约定了行使解除权的期限。根据《合同法》第九十五条的规定，双方可以约定行使解除权的期限，没有约定的适用法律规定，法律也没有规定的，则在对方催告后的合理期限内必须行使，否则会导致该权利的丧失。《合同法》分则许多条款都有关于法定解除的特别规定，如赠与合同、不定期租赁合同、承揽合同、委托合同、货运合同、保险合同等，这要求审查时熟悉《合同法》分则对各类合同的具体规定。

合同解除的效力较合同终止更为复杂。首先，它产生一个向后的效力，即对将来发生的效力——未履行的终止履行；其次，对于合同解除的溯及力问题《合同法》并没有做一刀切的规定，而是根据履行情况和合同性质，可以要求恢复原状（相互返还）；最后，也是最为重要的一点，多数合同在违约责任条款中会约定一方有权解除合同，并要求对方承担违约责任。这种约定实际上是错误的，正确的表述是：解除权方有损失的，可要求违约方赔偿损失，赔偿金的计算方法也可以在合同中约定。

（4）合同的争议解决条款。合同的争议解决条款主要涉及仲裁条款的效力问题。目前，对于约定两个仲裁机构的已被认定为有效的仲裁条款，应当写明仲裁机构的名称、仲裁事项。

对于诉讼的条款，应注意选择的法院是否有利。

3.1.4　常见类型合同的审查要点

（1）商品买卖类合同。

A. 注意审查对合同项下标的的描述，应当有品名、规格、型号、数量、单价（或总价）。

B. 交货条款：交货时间、地点。

C. 付款方式：应注意审查付款条件。

D. 验收：应注意验收与付款的衔接问题。

E. 运输条款：应注意审查运输费用的承担、运输和交货条款的衔接。

F. 包装：注意审查是否有特殊的包装要求。

G. 检验条款：通信类产品、设备往往需要在安装、调试后，经过试运行方可确定产品或设备的可用性，因此，在通信类产品和设备的买卖合同中与付款相挂钩的往往有初验、终验等条款。

H. 安装、调试、初验、试运行和终验条款：应注意各个环节的衔接及各环节的处理和对下一环节的影响。

I. 培训条款：注意培训费用、培训内容的约定。

J. 保修：注意保修期限的起始点和保修期内故障的处理。

K. 索赔和违约责任：有关违约责任及赔偿并不一定仅出现在"索赔和违约责任"这一专章条款中，可能散见在各个条款中，因此在审查违约责任时应注意前述各条款的内容中是否存在出现违约的情形，如果在相关各方义务的条款（如保密条款）中没有约定违约责任，则应在"违约责任"专章中有所约定。对于违约责任部分，可以列一个"帽子"条款，将各种违约情形笼统地约定在一个条款中，如任何乙方违反本合同中的承诺、保证及本合同约定的义务，应向守约方支付违约金并赔偿守约方因此而遭受的损失。

L. 争议解决：注意审查仲裁条款的效力问题。

M. 不可抗力条款：应注意对不可抗力的界定是否和法律规定的一致。

此外，对于商品买卖合同，重点分析《合同法》关于分期付款买卖、适用买卖、凭样品买卖的特殊规定，尤其是对合同解除方面的特殊规定，这与违约责任有密切关系。

（2）建筑工程类合同。

A. 这类合同特别要注意审查合同总额，或者工程总价和款项支付条款之间的联系，特别要注意是否有对工程款审计的条款。有些合同在工程概况条款中约定了合同总额，该数额是确定的，但在付款条款中又约定了经审计后再付款，显然，这样的合同条款是相互矛盾的，应当在合同总额中写明是暂定数额，具体款项按审计结果确定。

B. 工程合同涉及大量的合同附件，要注意与合同相关条款的一致性。

C. 竣工验收条款和付款条款是紧密联系的，因此，要注意审查竣工验收条款。此外，竣工验收又关系到交付、保修期等。

D. 注意违约责任的约定，特别要注意到工期延误、因工程质量问题造成无法验收时的违约责任等。

E. 对于经过招投标程序的，还需要审查有关的招投标文件与合同约定是否相符。

（3）租赁类合同。

A. 注意租赁期限的特别规定，这是租赁合同审查的重点之一。

B. 对于出租方对租赁标的是否享有完整的权利。鉴于审查合同时缺乏相关的权利证明材料，因此，可以要求出租方对于其享有租赁标的的完整权利作出承诺，并在违约责任条款中明确若出租方违反该承诺保证的，视为出租方违约。出租方对租赁标的物是否享有完整的权利，往往影响到合同的效力，因此，在审查时应当特别注意。

C. 租赁标的的维护。《合同法》第二百二十条规定，原则上是由出租人履行维修义务，但当事人可以约定，因此，在审查合同时应注意是否有关于标的物维修的特别约定，如没有，则维修义务属于出租方。

D. 租赁合同中如有转租条款的，应审查是否明确转租须经出租人同意。此外，应根据情况提示转租的法律后果，及承租人对于租赁标的的毁损灭失仍应向出租人承担赔偿责任。

E. 一部分合同采用的名称是《租赁合同》，但通读合同全部条款后会发现，该合同实质上是一份融资租赁合同，《合同法》对融资租赁合同有专门的规定，因此，熟悉这些规定才能对融资租赁合同进行全面审查。同时，对融资租赁合同通常宜采用买卖和租赁两份合同分别进行约定，因此，应注意两份合同的呼应一致。

F. 违约责任方面，应注意出租人迟延交付租赁标的，交付的租赁标的有瑕疵（包括权利瑕疵和质量瑕疵等方面）的违约责任，承租人迟延支付租金、违反合同约定使用租赁标的、擅自转租、擅自改善租赁标的等方面的违约责任。

（4）业务合作类合同。

A. 需要审查合作各方是否具有合作的主体资格条件，尤其是对特定的行业如通信类行业，必须经过特定的审批才能取得从事该行业的资格，如果不具备这样的资格，可能导致所签订的合作协议因违反法律、行政法规的强制性规定而无效。

B. 需要认真审查合作各方的义务，分析可能出现的违约情形，对各方的责任应界定明确。

C. 涉及合作分成的条款应仔细审查。

D. 注意违约责任条款。

E. 合作类合同中往往约定保密条款，如没有则建议增加该条款。

F. 部分合作类合同为了规避对主体资格的限制，双方会采用代理方式进行合作，对这种合作模式应注意费用的支付问题，在合同条款中不应出现“业务分成”等概念，有关费用只能以代理费等形式体现。

（5）广告发布类合同。

A. 广告类合同因发布的媒体不同，对于合同条款的约定也有所不同，应当注意的是在电视台、电台发布的广告，必须有播出证明作为合同的附件，同时该播出证明也是支付价款的依据。

B. 对于户外发布广告如路牌、电子显示屏等，则应注意审查保养、维护的约定。

C. 部分发布合同往往和制作相联系，发布方还承担广告制作的义务，因此，对于合同中涉及的制作条款也应认真审查。

D. 注意对违约责任条款的审查。

（6）广告制作承揽合同。

A. 广告制作合同也因制作的广告类型不同而体现出不同的权利义务约定方法。在审查时应当注意定做方或委托方对制作的要求，一般这种要求应以书面形式提出，并作为合同的附件。

B. 该类合同应符合《合同法》中关于承揽合同的规定，因此，审查时应熟悉掌握《合同法》和《广告法》的相关规定。

C. 需要认真审查的条款是验收条款，主要涉及验收的标准和方法。验收条款与付款、违约责任、制作要求的条款密切相关，因而需要重点审查。

D. 付款条款应联系验收条款审查。

E. 注意对违约责任条款的审查。

（7）劳动合同。劳动合同大都是按照《劳动法》规定的条款，大部分的条款都可以在《劳动法》原文中找到，因此，审查起来并不算难。但鉴于我国历史形成的较为复杂的人事制度，使得在实践中遇到的劳动合同即事实形成的劳动关系较为复杂。在审查劳动合同时，必须熟悉《劳动法》和有关法规、规章的规定。

注意审查合同中有关试用期的规定，首先，试用期应当包括在劳动合同期限内。其次，关于试用的期限应当特别注意。再次，应当注意约定解除劳动合同的情形是否与《劳动法》的规定相符。

3.2 合同税务审查与应对策略

合同签订得好坏或适当与否，在某种程度上与合同涉税风险有一定的关系。通过实践调研发现，合同往往是企业涉税风险的隐藏之地。合同中经常隐含涉税风险是企业开展合同涉税审查的重要原因。

一般而言，合同中隐藏两种涉税务风险：一是合同中的价格条款约定不当使企业多缴纳税收；二是合同中的约定条款与国家相关法律的规定相悖从而承担多缴纳的风险。

企业在日常经营过程中签订合同时必须注意合同中可能隐藏的潜在税务风险，尽量在合同签订环节予以合理规避。如果合同没有签订好，其中隐藏的税务风险除非通过双方协商一致进行合同修改或修订，否则税务风险无法规避，最终导致企业产生不必要的税收成本。

3.2.1 租赁合同的税务审查与应对策略

在实践中，租赁合同涉及的税务风险是：出租设备或动产的租赁费和水电费没有与房屋的租赁价格进行分离，即没有进行租金分解而使企业多缴纳房产税。因此，在签订租赁合同时，务必做到以下税务风险控制策略：

第一，在租赁厂房或房屋时，水电费用必须与厂房或房屋的租赁价格进行分离。当水电费用与厂房或房屋的租赁价格实现分离后，出租人在申报房产税时的计税依据才会变小，水电费不须并入租赁收入，就可以降低房产税支出；否则，水电费用与厂房或房屋的租赁价格没有实现分离，则要把水电费并入租赁收入一并作为房产税的计税依据，这样就会使出租人多缴纳房产税。

第二，厂房或房屋和厂房或房屋之内的设备或办公设施一起对外租赁时，必须签订两份合同：一份是厂房或房屋合同租赁合同，一份是厂房或房屋之内的设备或办公设施的租赁合同。这样分签合同可以使出租人少缴纳房产税，否则厂房或房屋之内的设备或办公设施也要并入厂房或房屋的租金收入作为房产税的计税依据，使出租人多缴纳房产税。

【案例 3－1】 租赁合同隐藏的涉税风险及应对策略

☆案情介绍

A 公司是一家从事房地产开发的法人企业，年初 A 公司决定将其经营的 M 中心商场的地下一、二层以租赁方式开办"盛和家具广场"，即将 M 中心商场地下一、二层约 18000 平方米的经营面积出租给 100 户生产家具的客户（以下简称"租户"），并分别与租户签订各自独立的租赁协议，以确定每年固定的租金收入。M 中心商场由 B 物业公司提供物业管理服务，A 公司全额支付 B 物业公司相应的物业管理费用。

为了保证及时、足额收取租金，A 公司拟采取统一代收货款方式，即将扣除租金收入后的代收货款返还给租户。上述租金收入中包含 A 公司提供场地应收的场地租赁费、B 物业公司提供物业管理所收取的物业管理费。

C 公司因参与盛和家具广场的管理方案的制订、高层管理人员的派驻，按有关协议约定，A 公司须向 C 公司支付相关的品牌及管理费。按照与 C 公司的合同约定，A 公司拟打出"盛和家具广场"的广告宣传牌，进行形象宣传和商业推广活动。请分析案例中各合同中存在的涉税风险及应对策略。

☆案例分析

A. 合同中隐藏的涉税风险。首先，我们分析 A 公司与 C 公司签订管理合同的涉税风险。A 公司与 C 公司签订的管理协议，容易使人理解为 C 公司提供给 A 公司品牌家具市场的管理经验，并派遣高级管理者前往 A 公司开办的家具广场协助 A 公司付诸实施，C 公司依约定向 A 公司收取品牌及管理费。这样 A 公司在账务处理上必然体现为支付"品牌使用费"等类似的支出，加之 A 公司对经营家具广场业务采取了统一收款的结算方式（为了保证租户能将通过盛和家具广场销售的家具收入全额在 M 中心商场的统一结算柜台进行结算，A 公司拟自招工作人员，负责各租户的家具买卖），从而证明其经济行为是一种自营行为，而非所谓的租赁行为。若以此类推，可得出如下结论：A 公司目前收取的全部租金收入相当于本环节经销家具所取得的增值收入。依增值税法有关规定，A 公司应就租金收入按照 13% 的增值税税率计算缴纳增值税。

其次，我们分析 A 公司与租户签订租赁合同的涉税风险。A 公司与租户签订的所谓“租赁”合同，即便主管税务机关等部门认定 A 公司的此种经济行为是租赁业务，依据现行增值税的有关规定，A 公司依合同约定向租户收取的物业管理费，就属于租赁行为的价外费用。按税法规定，不论该价外费用所有权是否归 A 公司所有，也不论该价外费用收取时开具的是何种发票及账务上如何核算，均应并入租金收入的营业额一并缴纳增值税。由于 A 公司须将家具广场的物业管理费会同商场其他部分的物业管理费支付给 B 物业管理公司，这样虽然不会增加 A 公司的企业所得税负担，但会增加其增值税负担，造成收入与成本的同时增长。

根据上述分析，A 公司目前按照租赁业务经营的思路是正确的，但必须使得租赁行为从合同到实质运作与经营活动完全吻合，否则 A 公司就会面临较大的涉税风险。

B. 合同涉税风险的控制策略。首先，改变 A 公司与 C 公司的协议内容及运作模式。如果要消除主管税务机关等部门对 A 公司自营行为的误解，A 公司必须改变现有的与 C 公司签约的主体身份，应以承租 A 公司场地的 100 户租户代理人的身份与 C 公司签订家具广场经营过程中品牌及管理费收取的相关合同。在实际运作中，也应由 100 户租户分别向 C 公司直接支付上述款项。为便于操作以及节约成本，可由 A 公司以代理人身份予以协助统收统付，但发票仍由实际收款方——C 公司分别开具给各租户。这样操作的结果是 A 公司不再在账面上体现支付给 C 公司的“品牌及管理费”支出，减少了自营业务的嫌疑，同时也相应降低了 A 公司向租户收取的租金总额。在其他因素不变的情况下，A 公司改变与 C 公司的协议内容及运作模式，能有效降低 A 公司的营业税税负，降低相应的税务风险。

其次，改变 A 公司与 B 物业管理公司的物业管理费支付模式。为进一步降低 A 公司的增值税税负，可改变现有支付给 B 物业公司物业管理费的模式，将地下一、二层家具广场相应的物业管理费，通过合理的分配方法分解到每一租户，由租户直接向 B 物业公司缴纳上述物业管理费。A 公司向租户收取的租金收入虽然会相应降低，但也减少了直接向 B 物业公司支付的物业管理费，所以并不会影响其经营利润，反而会因为 A 公司缴纳的增值税减少而最终会使其总利润增加。

C. 分析结论。在本案例中，将由 A 公司统一向租户收取的租金收入分解为三部分：一是 A 公司纯粹提供场地所收取的场地租赁费；二是合作伙伴 C 公司为 100 户租户提供家具广场经营品牌及管理所收取的品牌经营与管理费用；三是 B 物业管理公司为家具广场租户提供物业管理服务而收取的物业管理费。租户将对 A 公司支付的租金费用，转变成分别对 3 家公司支付相应的费用，尽管使租户的支付过程变得烦琐，但这样显然大幅度地降低了 A 公司的整体税负，同时又规避了租赁与自营的歧义可能给 A 公司带来的潜在涉税风险。

3.2.2　购销合同中票据贴息的涉税审查与应对策略

在企业日常购销活动中，经常出现销售方把货物卖给采购方后，采购方因为资金紧张不能马上支付现金，而采取向销售方开具商业承兑汇票或银行承兑汇票的结算方式。销售方把该汇票向其开户行申请贴现，其中产生的票据贴现息，在购销合同中往往约定由采购方承担，销售方将银行出具的汇票贴现凭证转给采购方入账。这种合同约定采购方承担销售方票据贴息的涉税风险如下：

（1）采购方承担的票据贴现利息面临不能在采购方的企业所得税税前进行扣除。《国家税务总局关于进一步加强普通发票管理工作的通知》（国税发〔2008〕80号）规定："企业取得的发票没有开具支付人全称的，不得扣除，也不得抵扣进项税额，也不得申请退税。"《关于印发进一步加强税收征管若干具体措施的通知》（国税发〔2009〕114号）规定："未按规定取得的合法有效凭据不得在税前扣除。"《国家税务总局关于加强企业所得税管理的意见》（国税发〔2008〕88号）规定："不符合规定的发票不得作为税前扣除凭据。"根据这些税法规定，采购方向销售方开出商业承兑汇票或银行承兑汇票，并在合同中约定由采购方承担销售方向银行贴现所发生的票据贴现息，虽然采购方获得销售方转来的载有销售方名字的票据贴现凭证，但票据贴现凭证上不是开出商业汇票人采购方的名称而是持票人销售方的名称，因此，该贴现息采购方不得在税前扣除。

（2）销售方向采购方收取的票据贴现息，面临漏缴增值税的风险。《中华人民共和国增值税暂行条例》（中华人民共和国国务院令第538号）第六条规定："销售额为纳税人销售货物或者应税劳务向购买方收取的全部价款和价外费用，但是不包括收取的销项税额。"《中华人民共和国增值税暂行条例实施细则》（财政部国家税务总局第50号令）第十二条规定："条例第六条第一款所称价外费用，包括价外向购买方收取的手续费、补贴、基金、集资费、返还利润、奖励费、违约金、滞纳金、延期付款利息、赔偿金、代收款项、代垫款项、包装费、包装物租金、储备费、优质费、运输装卸费以及其他各种性质的价外收费。"

基于以上政策规定，销售方收取采购方承担的销售方（持票人）向银行申请票据贴现的贴现息是一种价外费用，应向采购方开具增值税专用发票或普通发票，并依法缴纳增值税。而在企业购销实践中，由于销售方收取采购方的票据贴现息时，往往把银行开给销售方的银行贴现凭证交给采购方进行入账，没有开发票给采购方，结果导致漏缴增值税的税务风险。

【案例3-2】票据贴息的涉税风险及应对策略

☆案情介绍

甲公司销售100万元（含税价格）货物给乙公司，合同约定以现金支付。乙公司因现金短缺，经甲公司同意，以5个月后到期的银行承兑汇票支付，并以银行存款支付5个月的贴现利息1.5万元（银行同期贴现利率假设为3‰），甲公司给乙公司开具了1.5万元的收款收据。请分析，这1.5万元贴息存在哪些涉税风险？

☆案例分析

A. 合同中隐含的涉税风险。甲公司给乙公司开具1.5万元的收款收据，根据《国家税务总局关于印发进一步加强税收征管若干具体措施的通知》（国税发〔2009〕114号）的规定，收款收据不是合法票据，而且这种票据贴息支出与乙公司的生产经营无关，故乙公司承担的这部分贴现息不能在税前扣除。根据《中华人民共和国增值税暂行条例实施细则》（财政部 国家税务总局第50号令）第十二条的规定，甲公司向乙公司收取的利息应视为价外费用，与销售货款一并缴纳增值税。在本案例中，甲公司给乙公司开具了1.5万元的收款收据，显然没有把1.5万元的贴息作为价外费用进行缴纳增值税，是一种典型的税收逃避行为，如果以后被税务机关稽查发现，一定会面临补税、罚款和缴纳滞纳金的税务风险。

B. 合同涉税风险的控制策略。基于以上合同约定采购方承担销售方票据贴现息的涉税风险分析，双方签订的购销合同应约定以下条款：购销业务发生后，由采购方向销售方开出商业承兑汇票或银行承兑汇票，若销售方提前到银行贴现，采购方承担销售方向银行进行贴现所发生的票据贴息支出，销售方必须向采购方开具增值税发票或普通发票。

如果货物购销业务完成且甲公司已将票据贴现，则甲公司应就 1.5 万元的票据贴息给乙公司开具增值税专用发票或普通发票。如果开具增值税专用发票，货款按照价税分离公式计算，即：

货款 = 15000 ÷ (1 + 13%) = 13274.34（元）

增值税销项税额 = 13274.34 × 13% = 1725.66（元）

乙公司必须取得 A 企业的发票才能在企业所得税税前扣除，同时取得增值税专用发票还可以抵扣进项税额。

3.2.3　股权转让合同存在的涉税审查与应对策略

（1）自然人股东转让股权合同中的涉税风险。自然人转让股权合同存在的涉税风险主要体现在两方面：一方面是个人转让股权的法律手续不符合税收法律规定。在实践中存在这样一种现象，转让方和受让方私自签订平价或折价的股权转让协议，不通过当地的税务机关，而是直接通过社会关系在当地的工商部门办理工商变更登记手续。这是不符合税法规定的，将会受到税务机关的稽查和处罚风险。《国家税务总局关于加强股权转让所得征收个人所得税管理的通知》（国税函〔2009〕285 号）第一条规定："股权交易各方在签订股权转让协议并完成股权转让交易以后至企业变更股权登记之前，负有纳税义务或代扣代缴义务的转让方或受让方，应到主管税务机关办理纳税（扣缴）申报，并持税务机关开具的股权转让所得缴纳个人所得税完税凭证或免税、不征税证明，到工商行政管理部门办理股权变更登记手续。"因此，在发生股权转让时，转让方或受让方必须依据国税函〔2009〕285 号第一条规定进行税务处理。

另一方面是股权转让协议中的转让价格往往不符合独立交易原则，即不符合税收法律规定的折价或平价条件，而少申报缴纳了个人所得税。《国家税务总局关于加强股权转让所得征收个人所得税管理的通知》（国税函〔2009〕285 号）第三条规定："税务机关应加强对股权转让所得计税依据的评估和审核。对扣缴义务人或纳税人申报的股权转让所得的相关资料应认真审核，判断股权转让行为是否符合独立交易原则，是否符合合理性经济行为及实际情况。对申报的计税依据明显偏低（如平价和低价转让等）且无正当理由的，主管税务机关可参照每股净资产或个人股东享有的股权比例所对应的净资产份额核定。"根据《国家税务总局关于股权转让所得个人所得税计税依据核定问题的公告》（国家税务总局公告 2010 第 27 号）的规定，自然人转让股权计税依据明显偏低，应按照以下核定计税依据进行处理：申报的股权转让价格低于初始投资成本或低于取得该股权所支付的价款及相关税费的，或申报的股权转让价格低于对应的净资产份额的，属于计税依据明显偏低，如果没有正当理由一般应按对应的净资产份额核定计税依据。

根据《国家税务总局关于发布〈股权转让所得个人所得税管理办法（试行）〉的公告》（国家税务总局公告 2014 年第 67 号）第十四条规定，主管税务机关应依次按照下列方法核定股权转让收入：

A. 净资产核定法。股权转让收入按照每股净资产或股权对应的净资产份额核定。

被投资企业的土地使用权、房屋、房地产企业未销售房产、知识产权、探矿权、采矿权、股权等资产占企业总资产比例超过 20% 的，主管税务机关可参照纳税人提供的具有法定资质的中介机构出具的资产评估报告核定股权转让收入。

6个月内再次发生股权转让且被投资企业净资产未发生重大变化的，主管税务机关可参照上一次股权转让时被投资企业的资产评估报告核定此次股权转让收入。

B. 类比法。

a. 参照相同或类似条件下同一企业同一股东或其他股东股权转让收入核定。

b. 参照相同或类似条件下同类行业企业股权转让收入核定。

C. 其他合理方法。主管税务机关采用以上方法核定股权转让收入存在困难的，可以采取其他合理方法核定。

【案例3－3】 自然人股东转让股权的涉税风险及应对策略

☆案情介绍

王女士以现金100万元创办了一家企业，经营3年后，王女士与李先生签订股权转让协议，协议约定："王女士以低于成本价900万元的价格将100%股权转让给李先生。"截至转让前，被转让企业的所有者权益为1500万元，其中注册资本为1000万元，未分配利润和盈余公积为500万元。请分析，该股权转让协议是否存在涉税风险？

☆案例分析

税务机关认为该项股权转让计税依据明显偏低且无正当理由，对股权转让的计税依据进行核定，核定依据按照所有者权益1500万元计算。因此，该项股权转让的财产转让所得为：1500－1000＝500（万元）

应缴纳个人所得税为：500×20%＝100（万元）

假设本案例的转让价格为1200万元，如果按照申报的转让价格1200万元计算，应缴纳个人所得税为：（1200－1000）×20%＝40（万元），而税务机关认为低于对应净资产份额，核定计税依据1500万元，即也应缴纳个人所得税100万元。

本案例说明了两种情况：一种是申报价格低于初始投资成本，另一种是虽然高于初始投资成本，但是低于对应的净资产份额。

（2）法人转让股权合同存在的涉税风险。《中华人民共和国企业所得税法实施条例》（中华人民共和国国务院令第512号）第八十三条规定："企业所得税法第二十六条第（二）项所称符合条件的居民企业之间的股息、红利等权益性投资收益，是指居民企业直接投资于其他居民企业取得的投资收益。《企业所得税法》第二十六条第（二）项和第（三）项所称股息、红利等权益性投资收益，不包括连续持有居民企业公开发行并上市流通的股票不足12个月取得的投资收益。"国税函〔2010〕79号明确转让股权收入扣除为取得该股权所发生的成本后，为股权转让所得。企业在计算股权转让所得时，不得扣除被投资企业未分配利润等股东留存收益中按该项股权所可能分配的金额。

《国家税务总局关于企业所得税核定征收有关问题的公告》（国家税务总局公告2012年第27号）第二条规定："依法按核定应税所得率方式核定征收企业所得税的企业，取得的转让股权（股票）收入等转让财产收入，应全额计入应税收入额，按照主营项目（业务）确定适用的应税所得率计算征税；若主营项目（业务）发生变化，应在当年汇算清缴时，按照变化后的主营项目（业务）重新确定适用的应税所得率计算征税。"

基于以上税法规定，法人转让股权协议中的税收风险主要体现为以下两点：

（1）被投资企业有多年累积的未分配利润和盈余公积时，法人转让股权的转让价格中含有被投资企业多年累积的未分配利润和盈余公积与转让方股东所占股权比例的乘积部分，而使股权转让价格是溢价转让从而使转让方股东多缴纳企业所得税。

（2）核定应税所得率方式核定征收企业所得税的企业，发生股权（股票）转让时，按照转让收入扣除股权（股票）投资成本作为应税收入额，使企业少缴纳企业所得税。

根据以上涉税风险分析，法人转让股权合同中的涉税风险应采取以下控制措施：

（1）如果股东是企业或法人，在发生转让股权时，为了实现少缴纳企业所得税，则可以先将留存收益进行分配，降低净资产，再转让股权，从而降低转让所得，减少企业所得税。

（2）依法按核定应税所得率方式核定征收企业所得税的企业，取得的转让股权（股票）收入等转让财产收入，应全额计入应税收入额，按照主营项目（业务）确定适用的应税所得率计算征税。

3.2.4　签订装修合同分解售房收入的涉税审查与应对策略

开发精装修商品房的房地产公司为了降低企业税负，往往将向购房者收取的购房款分解为两部分：一部分是销售毛坯房的购房款；另一部分是装修款。这种利用签订装修合同分解售房收入的拆分方式可以在一定程度上降低增值税和土地增值税负担：一方面，装修款是按照9%来申报增值税，且可以抵扣进项税额；另一方面，装修合同单独签订，装修费不再计入售房收入，也不再作为土地增值税的应税收入。其实，这种分签合同的方式是隐藏税务风险的，如果被税务机关检查发现，面临的税务风险很大。

【案例3-4】签订装修合同分解售房收入的涉税风险

☆案情介绍

香榭花园是甲公司近年开发的高档别墅项目，第一期已基本售完，第二期也已进入预售阶段。香榭花园的商品房分为毛坯房和精装房，精装房就是让装修成为完整的商品房的一部分，它向消费者提供的是装修一次到位的成品房。该公司在香榭花园所在的区税务局领购并开具了大量的建筑安装业发票。为了节省税收成本，该公司与购买精装修商品房的业主签订了两份合同：一份售房合同，一份装修合同，并分别向业主开具商品房销售发票和建筑安装发票，分别确认“主营业务收入”和“其他业务收入”。截至2019年年底，该项目共取得售房预收款28000万元，按销售不动产税目缴纳增值税540万元，取得装修预收款4800万元，结转“其他业务收入”4800万元，按“建筑服务”税目缴纳增值税432万元。2020年6月，税务机关对该公司进行税务检查，否定了该房地产公司的做法，要求补税并接受罚款。请分析，税务机关为什么不承认房地产公司分签合同的做法？

☆案例分析

对于该公司香榭花园项目取得的装修收入应如何征税？该房地产公司与业主分别签订售房合同和装修合同，取得的售房收入和装修收入分别入账，并分别开具商品房销售发票和建筑安装发票，分属两个税目，分别核算，似乎分别征税没有问题。但是，在仔细查阅有关合同后，税务人员发现，该房地产公司虽然与业主分别签订售房合同和装修合同，但在销售合同的补充协议中却强调业主购买的是精装修商品房，由房地产公司统一进行装修。表面上，该房地产公司分别按售房合同和装修合同收取房款，分按不同税目分别缴纳税款。其实，不管是售房合同还是装修合同的签订只是为了一项业务，那就是销售精装修商品房。因此，装修收入应作为销售不动产向对方收取的价外费用，按“销售不动产”税目征收营业税及土地增值税等税金。

税务机关稽查后的处罚决定如下：根据《中华人民共和国增值税暂行条例》的规定，盛品房地产公司将销售精装修商品房的行为分解成销售房屋与装修房屋两项行为，分别签订两份合同，向消费者收取两份价款，其收取的房屋装修收入应认定为销售不动产行为的一个组成部分，应按“销售不动产”税目补缴增值税。同时根据国税发〔2009〕31号文的规定，该公司收取的装修收入应按15%的毛利率补征2019年度的企业所得税。

对于本案例，我们做如下引申分析：如果该公司销售的房屋协议及补充协议中明确规定销售的房屋为毛坯房，按照毛坯房销售后，再为购房者装修房屋，则单独签订的装修合同应该被认可。但这里提醒注意的是，如果要把销售精装修房屋的合同分签为销售毛坯房合同和精装修合同，房地产公司必须提前规划好，使实际业务操作与合同约定相一致，特别注意合同条款约定的收款时间、交房时间和价款等要符合房地产开发经营的实际情况，并符合事物发展的逻辑关系。

3.2.5 签订与税法及其他行政法规相抵触的合同的涉税审查

实践中，合同在控制企业税负方面起着决定性的作用，有时还能起到立竿见影的作用。但是通过合同的签订降低企业税负隐含着一个前提条件：签订的合同必须与税法及其他行政法规的规定保持一致，不能出现合同条款与税法及其他行政法规的规定相抵触，否则合同自动宣布无效，且企业也会面临一定的涉税风险和其他风险。

【案例3-5】签订与税法相抵触的合同的涉税风险

☆案情介绍

盛业房地产公司与市国土资源局签订协议，协议约定：盛业房地产公司以30套写字楼作价3000万元抵开发项目土地价款及有关规费（该30套写字楼由国土资源局作为办公用房使用），由此产生的所有税款、发票开具等均与盛业房地产公司无关。

当地税务机关对盛业房地产公司进行税务稽查时，发现盛业房地产公司以30套商住楼冲抵土地价款及有关规费，要求盛业房地产公司对该业务产生的168万元税款按规定申报缴纳。盛业房地产公司认为，以上产生的168万元税款应由市国资委缴纳，对以上业务不应负有纳税义务。请分析，盛业房地产公司是否存在涉税风险？

☆案例分析

根据《中华人民共和国增值税暂行条例》规定，在中华人民共和国境内销售货物或者提供加工、修理修配劳务，销售服务、无形资产、不动产以及进口货物的单位和个人，为增值税的纳税人。无论合同如何约定，盛业房地产公司以房抵土地价款及规费的行为，视同房产销售负有增值税纳税义务。根据《中华人民共和国企业所得税法》和《中华人民共和国土地增值税暂行条例》的相关规定，也负有企业所得税和土地增值税的纳税义务。

根据《中华人民共和国税收征收管理法实施细则》第三条规定，纳税人应当依照税收法律、法规的规定履行纳税义务；其签订的合同、协议等与税收法律、行政法规相抵触的，一律无效。本案例中的房地产开发公司与市国土资源局的“约定”违背了税法规定，根据《合同法》的相关规定，合同条款若与法律法规相抵触，将不受法律的保护。基于此，盛业房地产公司与市国土资源局签订的合同中关于税款约定的协议不合法，不受法律保护。

盛业房地产公司以 30 套写字楼的价款冲抵土地价款及有关规费，该环节产生的税收应以盛业房地产公司作为纳税人在规定的期限申报缴纳。对逾期不缴或拒不缴纳的，税务机关应按《中华人民共和国税收征收管理法》有关规定处理。根据上述分析，税务机关责成盛业房地产公司负担以 30 套写字楼作价 3000 万元抵顶土地价款及有关规费所产生的 168 万元税款，并根据税款缴纳情况按照《中华人民共和国税收征收管理法》的规定进行处罚。

第4章

合同控税策略与实战案例

4.1 合同控税原理

4.1.1 合同、业务流程与税收的逻辑关系

（1）“合同—业务—税收”的逻辑关系。税收贯穿于整个业务活动之中，业务活动是按照合同约定发生的，是受法律保护的。在市场经济环境下，一般是先签订合同，后发生业务活动，所以合同是业务活动的先导。

合同决定业务过程，业务过程产生税收。但是，公司的合同没有哪一份是财务部主导签订的，一般都是公司业务部负责签订的。比如，采购部门签订采购合同，销售部门签订销售合同等。因此，公司的税收是由业务部在做业务、签合同的时候产生的。

“合同—业务—税收”的逻辑关系如图4－1所示，可以得出两个重要结论：

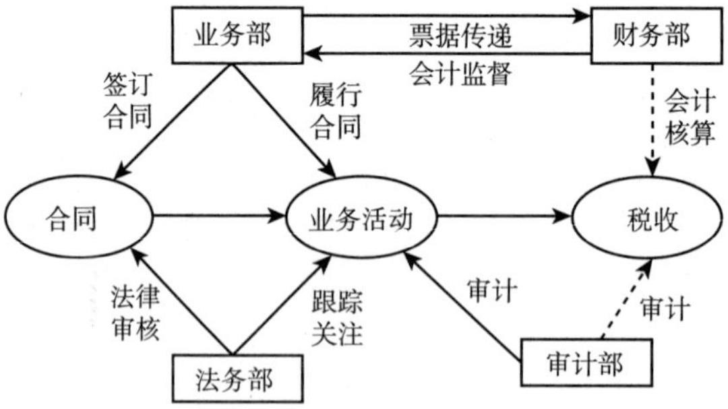

图4－1　合同、业务活动与税收的关系

一是企业的税收不是财务部做账做出来的，而是业务部在做业务时做出来的；二是合同、业务与税收的逻辑关系是：合同决定业务活动，业务活动决定税收，合同对降低企业税负起关键性和根本性作用。因此，企业必须重视约束业务活动的合同在控制税收成本中的关键性作用，即要想控制和降低税收成本，就必须正确签订合同。

（2）控制税负的源头：合同签订环节。企业的税收直接产生于业务活动，而业务活动是由合同决定的，因此，合同的签订最终决定税收，即合同决定业务过程，业务过程产生税

收，只有加强业务过程的税收管理，才能真正规避税务风险。因此，企业的税负控制要从合同签订入手，也就是说，企业税务管理要从合同签订开始，合同的签订环节是企业控制税负的源头所在。

只有重视合同签订的涉税分析与审查，才能使企业真正能够控制税负，实现合法节税。企业在经营管理时，会与外部或内部的法律主体签订各种各样的合同。一份合同，不仅涉及法律问题，还涉及财税问题。不论哪类合同，合同条款内容必会涉及合同主体一方或双方的纳税义务，稍有差别，财税结果差异可能会很大，面临的法律风险也会有所不同。

【案例 4－1】 政府土地返还款的涉税合同控税

某房地产企业开发某项目时，购置土地使用权后，实际发生的拆迁补偿支出 2000 万元，但与政府签订土地出让合同中约定：政府给企业土地返还款 600 万元，主要用于拆迁补偿。

根据《土地增值税暂行条例实施细则》第七条的规定，在计算土地增值税增值额时，具体的扣除项目为：开发土地和新建房及配套设施的成本，是指纳税人房地产开发项目实际发生的成本，包括土地征用及拆迁补偿费、前期工程费、建筑安装工程费、基础设施费、公共配套设施费、开发间接费用。其中，土地征用及拆迁补偿费的项目范围具体为：土地征用费、耕地占用税、劳动力安置费及有关地上、地下附着物拆迁补偿的净支出，安置动迁用房支出等。

这里要特别注意的是，作为开发成本中的拆迁补偿费支出是“净支出”，也就是全部补偿支出减除拆迁过程中的各种收入后的实际净支出。因此，政府给企业返还的拆迁补偿款应从企业实际发生的拆迁补偿支出中扣除，而且政府给予企业的拆迁补偿款不作为土地增值税的应税收入，必须冲减开发成本中的拆迁补偿费支出，从而减少计算土地增值税时的扣除项目金额——土地征用及拆迁补偿费。则房地产企业在计算缴纳土地增值税时，构成开发成本扣除项目的拆迁补偿的净支出为 1400 万元，而不是 2000 万元。

如果房地产企业与政府签订的土地出让合同中约定：政府给企业的土地返还款是专门给房地产企业的奖励，则土地返还款 600 万元必须计入“营业外收入”计算缴纳企业所得税，且不冲减开发成本中的“土地征用及拆迁补偿费”，则可以使企业少缴纳土地增值税。

再深入分析，如果房地产企业与政府签订的土地出让合同中约定：政府给企业的土地返还款是专门用于环境治理的专项经费，企业必须专款专用，则收到的 600 万元土地返还款属于不征税收入，不需要计算缴纳企业所得税，也不冲减开发成本中的“土地征用及拆迁补偿费”，可使企业少缴纳土地增值税。

4.1.2　合同控税的三大原理

（1）合同控税原理之一：合同决定税收。合同决定业务流程，业务流程决定税收。企业要控制税收，必须控制业务流程；要控制业务流程，必须从合同签订开始。

合同决定税收的前提条件是：合同与发票开具相匹配。

合同与发票开具相匹配包含两层含义：一是发票记载标的物的金额、数量、单价、品种必须与合同中约定的金额、数量、单价、品种相一致；二是发票上的开票人和收票人必须与合同约定的收款人和付款人或销售方和采购方相一致。如果不符合以上两层含义的发票，一定是虚开发票或有问题的发票，必将产生不能抵税的风险，甚至触犯刑法，获得虚开增值税发票的罪名。

发票的主要功能是受票方抵扣企业所得税的合法证明，如果受票方是一般纳税人，其获得的增值税专用发票还可以抵扣进项税额。因此，合同决定发票的开具，否则，要么是虚开发票，要么是假票，开具的发票与合同不匹配，将涉嫌虚开发票，不能抵扣进项税额，也不能作为企业所得税税前扣除项目，将造成企业税负的增加。

下面以铝合金门窗安装的 4 种不同业务流程的财税处理为例，系统论证“合同决定税收”的合同控税原理，揭示“合同决定业务流程，业务流程决定税收”的基本规律。

铝合金门窗安装业务涉及以下四个纳税主体：一是房地产公司，是铝合金门窗的最终需求者；二是铝合金门窗生产商，是产品的生产者；三是铝合金门窗批发经营的商业公司，作为中间流通商；四是负责铝合金门窗安装的安装公司，是铝合金门窗的安装施工者。概括来讲，房地产企业是最终需求者，其余三方都是供给者。下面分析四种不同的业务流程对税收的影响。

A. 业务流程一：安装公司与房地产公司签订包工包料门窗安装业务的合同。《中华人民共和国增值税暂行条例实施细则》第五条规定：“一项销售行为如果既涉及货物又涉及非增值税应税劳务，为混合销售行为。除本细则第六条的规定外，从事货物的生产、批发或者零售的企业、企业性单位和个体工商户的混合销售行为，视为销售货物，应当缴纳增值税；其他单位和个人的混合销售行为，视为销售非增值税应税劳务，不缴纳增值税。”基于此项规定，在安装公司与房地产公司签订包工包料门窗安装业务合同的情况下，安装公司包工包料门窗安装业务应缴纳建筑业增值税。

B. 业务流程二：房地产公司与商业公司签订销售门窗并由商业公司负责安装业务的合同。《中华人民共和国增值税暂行条例实施细则》第六条规定：“纳税人的下列混合销售行为，应当分别核算货物的销售额和非增值税应税劳务的营业额，并根据其销售货物的销售额计算缴纳增值税，非增值税应税劳务的营业额不缴纳增值税；未分别核算的，由主管税务机关核定其货物的销售额：（一）销售自产货物并同时提供建筑业劳务的行为；（二）财政部、国家税务总局规定的其他情形。”第七条规定：“纳税人兼营非增值税应税项目的，应分别核算货物或者应税劳务的销售额和非增值税应税项目的营业额；未分别核算的，由主管税务机关核定货物或者应税劳务的销售额。”基于上述规定，在房地产公司与商业公司签订销售门窗并由商业公司负责安装业务合同的情况下，商业公司发生混合销售行为应纳增值税。

C. 业务流程三：房地产公司与生产企业签订销售自产门窗并负责安装业务的合同。纳税人销售自产货物同时提供建筑业服务，属于销售货物同时兼营非增值税应税项目的，应分别核算货物或者应税劳务的销售额和非增值税应税项目的营业额；未分别核算的，由主管税务机关核定货物或者应税劳务的销售额。

纳税人销售自产货物同时提供建筑业服务，须向建筑业劳务发生地主管地方税务机关提供其机构所在地主管国家税务机关出具的本纳税人属于从事货物生产的单位或个人的证明。建筑业服务发生地主管地方税务机关根据纳税人持有的证明，按规定计算征收增值税。因此，在房地产公司与生产企业签订销售自产门窗并负责安装业务合同的情况下，该生产企业按工程设计要求制作门窗并负责安装，由于该生产企业为增值税一般纳税人，应区分货物的销售收入和安装收入分别按不同税目税率缴纳增值税。

D. 业务流程四：房地产公司与安装公司签订清包工合同的财税处理。根据增值税税目注释，装饰是指对建筑物、构筑物进行修饰，使之美观或具有特定用途的工程作业；建筑是指新建、改建、扩建各种建筑物、构筑物的工程作业，包括与建筑物相连的各种设备或支柱，操作平台的安装或装设工程作业，以及各种窑炉和金属结构工程作业在内。按照上述定义，门窗安装应属于装饰工程。

安装公司与房地产企业签订清包工合同的，按照提供服务收取的全部价款和价外费用作为计税依据，但房地产公司提供的材料且安装公司未收取价款的不作为计税依据。如果安装公司收取材料价款，则材料价款应计入增值税计税依据。

（2）合同控税原理之二：合同与账务处理相匹配。企业发生的经济业务，一定是合同在前，账务处理在后，业务活动居于中间。因此，合同必然决定账务处理。如果企业的账务处理与合同不一致，则要么是做假账，要么是做错账，这两者都将对企业的纳税活动产生影响，这不仅导致未来的税务稽查风险，还导致企业的税负不能得到有效控制。

重视合同与账务处理的匹配性的重要意义还在于：企业在进行会计核算时，必须关注合同中的重要涉税条款，例如，货款结算方式和结算时间、货物移交时间、劳务提供时间等对会计核算的影响，即合同是企业对经济业务收入和成本核算的重要依据，即合同决定账务处理，账务处理又进而影响纳税活动。

【案例 4 -2】某建筑公司工程施工合同与账务处理的矛盾

☆背景资料

某建筑公司一项工程项目按照施工合同约定，已于 2018 年 10 月正式竣工。但由于建设单位资金紧张未及时付款，该建筑公司当期未收到工程款，未在账务上确认工程款收入，也未做任何税务处理。直到 2020 年 6 月，建设单位支付工程款后，建筑公司才开具建筑业发票给建设单位。

建筑公司于 2020 年 6 月将该笔工程款收入 6000 万元（不含税价）申报纳税。请分析，建筑企业存在账务处理风险吗？那么，该笔工程款收入应该如何做账务处理和纳税处理？

☆案例分析

该建筑公司正常履行了施工合同，2018 年 10 月按期完成工程施工。但是，未收到工程款而一直未确认工程款收入，且未进行任何与收入有关的账务处理。因此，合同与账务处理出现不匹配的情形。

《中华人民共和国增值税条例》规定："发生应税销售行为，为收讫销售款项或者取得索取销售款项凭据的当天；先开具发票的，为开具发票的当天。"《中华人民共和国增值税暂行条例实施细则》规定："（一）采取直接收款方式销售货物，不论货物是否发出，均为收到销售款或者取得索取销售款凭据的当天；（二）采取托收承付和委托银行收款方式销售货物，为发出货物并办妥托收手续的当天；（三）采取赊销和分期收款方式销售货物，为书面合同约定的收款日期的当天，无书面合同的或者书面合同没有约定收款日期的，为货物发出的当天；（四）采取预收货款方式销售货物，为货物发出的当天，但生产销售生产工期超过 12 个月的大型机械设备、船舶、飞机等货物，为收到预收款或者书面合同约定的收款日期的当天；（五）委托其他纳税人代销货物，为收到代销单位的代销清单或者收到全部或者部分货款的当天。未收到代销清单及货款的，为发出代销货物满 180 天的当天；（六）销售应税劳务，为提供劳务同时收讫销售款或者取得索取销售款的凭据的当天。"

根据上述税收政策可知，该建筑公司工程款收入确认时间应为 2018 年 10 月，因为在此时间节点工程项目已正式竣工，必须确认工程收入缴纳增值税，而不论工程款是否收到。对于企业所得税而言，依据《国家税务总局关于确认企业所得税收入若干问题的通知》（国税函〔2008〕875号）规定，该建筑公司应按照完工进度确认劳务收入，如工程已完工，应按合同或协议价款（包括保修金）及时确认全部收入。

因此，该建筑公司应于2018年10月确认收入，账务处理如下：

借：应收账款 65400000

　贷：主营业务收入 60000000

　　应交税费——应交增值税（销项税额） 5400000

借：税金及附加 54000

　贷：应交税费——应交城建税 37800

　　应交税费——教育费附加 16200

并需要结转收入，计算当期应纳税所得额缴纳企业所得税。

但是，由于该建筑公司未于2018年进行账务处理确认工程款收入申报纳税。2020年6月，该建筑公司首先应将该笔工程款收入入账，账务处理如下：

借：银行存款 60000000

　贷：以前年度损益调整 60000000

借：以前年度损益调整 54000

　贷：应交税费——应交城建税 37800

　　应交税费——教育费附加 16200

计算调整当期应纳税所得额，计提企业所得税，企业所得税 =（60000000 - 54000）×25% =14986500（万元）

账务处理如下：

借：以前年度损益调整 14986500

　贷：应交税费——应交所得税 14986500

【案例分析 4-1】

分期收款合同与账务处理不匹配

1. 案情介绍

某生产企业于2019年10月采取赊销方式销售一批货物，销售成本为120万元，合同总金额为226万元，其中价款为200万元，增值税额为26万元，合同约定2020年6月20日收款。

发出商品时的账务处理为：

借：发出商品 1200000

　贷：库存商品 1200000

但由于购货方到期未付款，企业在2020年6月20日就未作销售处理。

2020年8月20日，购货方付款后企业作销售处理，账务处理为：

借：银行存款 2260000

　贷：主营业务收入 2000000

　　应交税费——应交增值税（销项税额） 260000

并于 2020 年 9 月份申报缴纳了相关税款，税票所属期填写为 2020 年 8 月。

某税务稽查局在 2020 年 10 月检查时发现该生产企业未按税法规定申报纳税，给予该生产企业延期申报缴纳增值税的罚款和滞纳金的处罚。

2. 案例分析

（1）涉税风险分析。《中华人民共和国增值税暂行条例实施细则》规定："采取赊销和分期收款方式销售货物，为书面合同约定的收款日期的当天，无书面合同的或者书面合同没有约定收款日期的，为货物发出的当天。"《中华人民共和国企业所得税法实施条例》（中华人民共和国国务院令 512 号）第二十三条的规定："企业以分期收款方式销售货物的，其企业所得税的纳税义务时间为按照合同约定的收款日期确认收入的实现。"基于以上税法规定，该生产企业没有按照合同中约定的收款时间履行纳税义务时间，其账务处理与合同不相匹配。因此，税务稽查局对该生产企业作出延期申报缴纳增值税的罚款和滞纳金的处罚的决定是正确的。

（2）涉税风险应对策略。合同决定账务处理，合同与账务处理必须相匹配。如果合同与账务处理不匹配，要么是做假账，要么是做错账；账务要能经得起税务部门的检查，必须做到合同与账务相匹配。有鉴于此，生产企业 2019 年 10 月采取赊销方式销售一批货物，合同总金额 226 万元，合同约定 2020 年 6 月 20 日收款，但由于购货方到期未付款，根据合同与账务相匹配的基本原理，当时应进行无票收入处理，其正确的账务处理应为：

借：应收账款　　2260000

　贷：主营业务收入　　2000000（无票收入）

　　应交税费——应交增值税（销项税额）　　260000

并于 2020 年 7 月申报缴纳增值税、企业所得税及城市维护建设费和教育费附加等相关税款；2020 年 8 月 20 日，购货方付款并开具发票，企业账务处理如下：

借：银行存款　　2260000

　贷：应收账款　　2260000

同时，

借：应收账款　　260000（红字）

　贷：应交税费——应交增值税（销项税额）　　260000（红字）

借：应收账款　　260000（蓝字）

　贷：应交税费——应交增值税（销项税额）　　260000（蓝字）

由于税票所属期填写为 2020 年 8 月，存在销项税额，而该张增值税票上的销项已经在 2020 年 7 月申报了，为了规避重复缴纳增值税，只在增值税申报系统的"一般纳税人"一栏的"减项"栏中做减项处理即可。

当然，如果不按照以上办法进行处理，则必须修改合同，使修改后的合同与原来企业的账务处理相匹配。修改办法如下：把原来销售合同中的购货方的付款时间修改为：2020 年 8 月 20 日，这样按照《中华人民共和国增值税暂行条例实施细则》《中华人民共和国企业所得税法实施条例》（中华人民共和国国务院令 512 号）的规定，增值税和企业所得税的纳税义务时间是 2020 年 8 月，在 2020 年 9 月进行申报，就可以规避税务稽查风险。

（3）合同控税原理之三：合同与税务处理相匹配。基于合同决定业务流程、业务流程决定税收的逻辑，合同与税务处理相匹配的内涵是指企业交多少税是由合同决定的，如果企业的税务处理与合同的约定不匹配，则企业要么多缴税，要么少缴税。因此，企业要控制税收成本，必须通过巧签合同才能实现减税。

【案例分析 4 -2】

某园林绿化公司签订不同合同的税务处理

(1) 案情介绍。某企业承接了一项绿化养护工程，为一小区栽种水杉树苗，并在工程完工后 1 年内提供树苗日常养护。绿化工程价款 750 万元，养护劳务收入 100 万元，其中，养护劳务收入中提供的病虫害防治、植保劳务收入为 50 万元。请问应该如何签订合同使该企业的税负最低?

(2) 法律依据。对绿化工程按照“建筑服务——其他建筑服务”项目征收增值税，税率为 9%，提供苗木养护属于服务业范畴，应按照“生活服务——其他生活服务”项目征收增值税，税率为 6%。《国家税务总局关于林木销售和管护征收流转税问题的通知》(国税函〔2008〕212 号) 规定，纳税人销售林木以及销售林木的同时提供林木管护劳务的行为，属于增值税征收范围，应征收增值税。

“营改增”之后，纳税人单独提供的林木管护劳务行为属于增值税征收范围。其取得的收入中，属于提供农业机耕、排灌、病虫害防治、植保劳务取得的收入，免征增值税。

(3) 签订合同技巧的涉税分析。

①第一种签订合同方式：合同中约定绿化工程价款 750 万元，养护劳务收入 100 万元。

②第二种签订合同方式：合同中约定绿化工程价款 750 万元，养护劳务收入 50 万元，提供病虫害防治、植保劳务收入 50 万元。

基于以上法律规定，签订第一种合同，应纳增值税 = 750 × 9% + 100 × 6% = 28.5 (万元)。

签订第二种合同，应纳增值税 = 750 × 9% + (100 - 50) × 6% = 25.5 (万元)。

第二种合同签约比第一种合同节税 3 万元。

4.2 合同控税策略与技巧

4.2.1 通过巧签合同降低税负

合同控税是企业直接降低税负的有效方法。企业在业务活动中，必须树立合同控税意识，掌握各类合同的签订技巧以实现合法减税。

(1) 合同价格是否含税的控税策略。在采购业务中，在购销合同中必须明确约定有关价格是否含税以及有关税费的实际承担者。企业在采购原材料或固定资产时，由于涉及金额较大，在签订相关购销合同时，必须明确供应商或销售方承担有关税费的义务，并提供与合同一致的合法性发票。若供应商没有按时缴纳税费，则采购方不承担任何责任。对于销售方有代扣代缴税款义务的，有关税费的实际承担人还是购买方，此时合同中有关税收的约定与税法相冲突时，要以税法为准。

【案例4-3】某开发商售房合同的涉税处理

☆案情介绍

甲企业从开发商手中购买了一间临街商铺，价值300万元，开发商承诺为购买方承担契税及手续费。在签订的合同中约定：铺面的契税、印花税及买卖手续费均由开发商承担。企业按照合同约定付清了所有房款。但不久后，企业去办理房产证时，税务机关要求企业补缴契税12万元，印花税0.9万元，滞纳金9000多元。企业以合同中约定由开发商包税为由拒绝缴纳税款。但最后企业被从银行强行划缴了税款和滞纳金，并被税务机关处以罚款。

☆合同涉税分析

税法与合同法是各自独立的法律，税务机关在征收税款时是按照税法来执行的。在我国境内转让土地、房屋权属，承受的单位和个人为契税的纳税人。在本案例中，甲企业就是契税和印花税的纳税人，即为缴纳这些税款的法律主体，甲企业与开发商所签订的包税条款并不能转移甲企业的法律责任。因为开发商承诺的契税等税费，意思只是由开发商代购买方缴纳，在法律上是允许的。但当开发商没有代缴税款时，税务机关要找的是买房的甲企业而不是开发商。所以在签订合同时，不要以为对方包了税款就同时也包了法律责任，一旦对方不缴税，延期缴纳税款和逃税的责任要由法律上的纳税人承担。

☆风险规避方法

要规避甲企业承担开发商没有支付在合同中承诺的铺面的契税、印花税及买卖手续费，就必须在签订合同时，拿着该份买卖合同到铺面所在地的主管税务局去备案，同时要及时督促开发商把其在合同中承诺的铺面的契税、印花税及买卖手续费缴纳完毕后，才付清铺面的购买价款；或者在合同中修改条款："铺面的契税、印花税及买卖手续费均由开发商承担，并由甲企业在支付商铺款时足额扣减。"这样签订的合同，甲企业可以在支付商铺的价款时就把由开发商承担的铺面的契税、印花税及买卖手续费进行扣除，然后，甲企业去当地税务局缴纳铺面的契税、印花税及买卖手续费，凭有关的完税凭证到当地房管局去办理过户产权登记手续。

（2）合同违约金或赔偿金处理的控税策略。购销合同中有关违约金和赔偿金的发票问题，涉及是否缴纳增值税，应按照以下两种情况进行处理：第一，采购方违约而给销售方支付的违约金和赔偿金，销售方向采购方收取的违约金和赔偿金必须向采购方开具增值税专业发票或普通销售发票，申报缴纳增值税和企业所得税，采购方凭发票在企业所得税前扣除。第二，销售方违约而支付给采购方的违约金和赔偿金，由于不构成增值税的纳税义务，采购方不需要给销售方开具发票，只开收据给销售方即可；只要凭购销合同中的违约条款规定和收据，销售方就可以在企业所得税前扣除。

在企业购销货物、提供增值税应税劳务过程中发生的违约金支付行为，涉及的增值税处理分为以下几种情况：

（1）销售方（或增值税应税劳务提供方）自采购方（或增值税应税劳务买受方）取得的与购销货物、提供增值税应税劳务相关的违约金的税务处理。

《增值税暂行条例》及其实施细则的规定："销售额为纳税人销售货物或者应税劳务向

购买方收取的全部价款和价外费用。价外费用是指价外向购买方收取的手续费、补贴、基金、集资费、返还利润、奖励费、违约金（延期付款利息）、包装费、包装物租金、储备费、优质费、运输装卸费、代收款项、代垫款项及其他各种性质的价外收费。”因此，违约金是一种价外费用，供货方（或增值税应税劳务提供方）应开具增值税发票，按规定计算缴纳增值税。

【案例 4－4】 A 公司购买 B 公司货物，A 公司未按约定付款。按合同约定，A 公司向 B 公司支付违约金 45200 元。A、B 公司均为一般纳税人，货物适用增值税税率为 13%。

企业收取的违约金一般作为营业外收入处理，支付的违约金一般作为营业外支出处理。B 公司收取违约金 45200 元，属于价外费用，应并入销售额缴纳增值税。由于增值税是价外税，B 公司应缴纳增值税 $45200 \div (1+13\%) \times 13\% = 5200$（万元）。

B 公司（一般纳税人）收取违约金 45200 元，会计处理为：

借：银行存款	45200	
贷：营业外收入		40000
应交税费——应交增值税（销项税额）		5200

A 公司（一般纳税人）支付违约金 45200 元，会计处理为：

借：营业外支出	40000	
应交税费——应交增值税（进项税额）	5200	
贷：银行存款		45200

（2）采购方（或增值税应税销售买受方）从供货方（或增值税应税销售提供方）取得的与购销货物、提供增值税应税服务支付的违约金的税务处理。

【案例 4－5】 A 公司采购 B 公司货物，增值税税率为 13%，B 公司未能按照合同约定时间交付货物，按照合同约定，B 公司应按照购销额的 10% 向 A 公司支付违约金 45200 元。

A 公司的会计处理如下：

借：银行存款	45200	
贷：营业外收入		45200

B 公司的会计处理如下：

借：营业外支出	45200	
贷：银行存款		45200

（3）与货物购销合同（或提供增值税应税劳务合同）有关，但相关购销未实现（或劳务未提供）情况下的违约金的税务处理。

【案例 4－6】 A 公司采购 B 公司货物，增值税税率为 13%，B 公司因特殊原因，始终未能提交货物，按照合同约定，B 公司应向 A 公司支付违约金 45200 元。由于购销交易未实现，尚未构成增值税应税行为，故 A、B 公司均不承担增值税纳税义务。

A 公司的会计处理如下：

借：银行存款	45200	
贷：营业外收入		45200

B 公司的会计处理如下：

借：营业外支出	45200	
贷：银行存款		45200

企业取得或支付违约金或赔偿金的企业所得税处理如下：

（1）取得违约金的企业的税务处理。根据《企业所得税法实施条例》第二十二条规定，企业取得的违约金收入应该纳入应税所得额，计缴企业所得税。

B 公司自 A 公司取得的违约金 40000 元［45200/（1+13%）］，应当纳入 B 公司当期的应税所得额，计缴企业所得税。

（2）支付违约金的企业的税务处理。《企业所得税法》第八条规定，企业实际发生的与取得收入有关的合理支出，包括成本、费用、税金、损失和其他支出，准予在计算应纳税所得额时扣除。《企业所得税法实施条例》第三十三条规定，企业所得税法第八条所称其他支出，是指除成本、费用、税金、损失外，企业在生产经营活动中发生的与生产经营活动有关的、合理的支出。因此，合同规定支付的违约金，属于《企业所得税法》《企业所得税法实施条例》所规定的与生产经营活动有关的、合理的其他支出，允许在企业所得税税前扣除。

发票是从事生产、经营的企事业单位和个人，以其在销售商品或提供应税劳务及从事其他经营活动时取得的应税收入为对象，向付款方开具的收款凭证。一般销售方支付的违约金，属于反向违约金，不属于“销售商品或提供应税劳务及从事其他经营活动”，因此，不需要取得发票，但须取得由销售方提供的合法、合理的依据，借此证明和判断赔偿行为的真实存在和进行会计及税务处理。具体依据包括：法院判决书或调解书，仲裁机构的裁定书，双方签订的合同、协议，收款方开具的收据等。

【案例 4-7】支付违约金未取得正规发票也可进行税前扣除

甲公司出租一栋房产给自然人李某，合同期为 3 年。但 1 年后甲公司因业务需要提前收回了该房产。按合同约定，甲公司支付李某违约金 3000 元，李某开具了收款证明。甲公司如实提供李某（自然人）的收款凭据、合同原本以及违约情况说明，可以在企业所得税前扣除该笔违约金支出。

【案例 4-8】因对方违约，个人取得的违约金不纳税

某开发商延期交房 1 年，业主申请仲裁，裁定开发商支付业主 2 万元违约金。开发商支付违约金时，依据《国家税务总局关于个人取得解除商品房买卖合同违约金征收个人所得税问题的批复》（国税函〔2006〕865 号）代扣个人所得税，这是错误的。国税函〔2006〕865 号文件规定，在商品房买卖过程中，有的房地产公司因未协调好与按揭银行的合作关系，造成购房人不能按合同约定办妥按揭贷款手续，从而无法缴纳后续房屋价款，致使房屋买卖合同难以继续履行，房地产公司经双方协商解除商品房买卖合同而向购房人支付违约金。根据个人所得税法的有关规定，购房个人因上述原因从房地产公司取得的违约金收入，应按照“其他所得”应税项目缴纳个人所得税，税款由支付违约金的房地产公司代扣代缴。

个人在购房时由于房产公司延期交房或因房屋质量问题而从房产公司取得的违约金或赔偿金，不属于个人所得税法及国税函〔2006〕865 号文件规定应纳个人所得税的情形，因此，房地产企业不应该代扣代缴个人所得税。

依据《个人所得税法》及相关规定，个人（自然人）因对方违反经济合同而取得的违约金，属于经济或财产损失的补偿性收入。因此，目前并无明文规定应缴纳的违约金个人所得税，按照行政许可法的立法精神，无须缴纳个人所得税。

（3）合同分拆、分解销售额的控税策略。增值税、消费税和关税的计税依据是企业做业务产生的销售额。基于增值税的税率因不同业务内容而有所不同的法律规定，在签订经济

合同时，往往可以在合同中对销售额进行分解，或者对分解的销售额另立经济合同，可以起到降低税负的作用。

【案例 4 - 9】 签订分立合同通过分解销售额节税

☆案情介绍

某公司主要从事投资、物流和租赁业务，其发生的经济业务如下：第一，将其投资建设的闲置厂房及设备整体出租，租金分别为每年 100 万元和 40 万元。第二，其投资开发的一大片商铺门面全部对外出租，租金较高，每年为 5000 万元；向承租人收的物业管理等费用，每年为 200 万元。第三，其提供的物流业务（包括运输、搬运、装卸和仓储），在合同中没有分别写明运输、搬运、装卸和仓储各自的收费，每年总收入为 1000 万元。请为该公司规划应如何签合同。

☆纳税分析

采用整体出租形式，订立一份租赁合同，则设备与厂房建筑物不分，被视为房屋整体的一部分，因此，设备租金也并入房产税计税基数。提供的物流业务（包括运输、搬运、装卸和仓储），每年总收入为 1000 万元，按照 9% 计算增值税。

房产税 = （100 + 40 + 5000） × 12% = 614.4（万元）

租赁收入应缴纳增值税 = （100 + 40 + 5000） × 9% = 462.6（万元）

物业管理应缴纳增值税 = 200 × 6% = 12（万元）

物流收入应缴纳增值税 = 1000 × 9% = 90（万元）

纳税额合计 = 614.4 + 462.6 + 12 + 90 = 1179（万元）

☆法律依据

按照"营改增"政策及《增值税暂行条例》，提供有形动产租赁服务，税率为 13%；提供交通运输业服务，税率为 9%；提供不动产租赁服务，税率为 9%；提供现代服务业服务（有形动产租赁服务除外），税率为 6%。

☆合同分立的节税方案

采取合同分立方式，即分别签订厂房和设备出租两项合同，则设备不作为房屋建筑物的组成部分，也就不须计入房产税计税基数，从而节约房产税；在租赁合同中分解租赁费金额，即降低商铺租金 1000 万元，增加物业管理费用 1000 万元；在合同中将运输费用、搬运费、装卸费和仓储费用分别注明，假设运输费用为 700 万元，装卸费、搬运费和仓储费共计 300 万元。这样通过合同分立，企业的总体税负得以控制。税收筹划后的纳税情况如下：

房产税 = （100 + 5000 - 100） × 12% = 600（万元）

租赁收入应缴纳增值税 = （100 + 5000 - 1000） × 9% = 369（万元）

物业管理应缴纳增值税 = 1200 × 6% = 72（万元）

物流收入应缴纳增值税 = 700 × 9% = 63（万元）

装卸费、搬运费和仓储费应缴纳增值税 = 300 × 6% = 18（万元）

纳税额合计 = 600 + 369 + 72 + 63 + 18 = 1122（万元）

通过合同分拆节税额为：1179 - 1122 = 57（万元）

（4）代销代购合同的控税策略。代购代销是一种服务性的贸易。所谓的代购是指接受商品需要者的委托，代买指定的商品；所谓的代销是指接受商品供应者的委托，代卖特定的商品。因此，代购代销合同是代为他人收购、销售特定商品的民事合同。在代销代购合同中存在不少税务风险，如果不加以管控，将会给企业造成不必要的税收负担。

签订代销代购合同时，应该注意以下3种签订技巧。

1）无论受托方为小规模纳税人还是为一般纳税人，代销合同中应选择以“代购”模式替代收取手续费的“代销”模式节税。这样可以避免视同销售纳税义务的发生，并合理分流增值税应税收入，从而减轻税负。

2）在签订代销合同时，优先选择“买断式”代销而节税。代销通常有两种方式：一是收取手续费，即受托方根据所代销的商品数量向委托方收取手续费，这对受托方来说是一种服务收入，应按6%税率缴纳增值税。二是视同买断，即由委托方和受托方签订协议，委托方按协议价收取所代销的货款，实际售价可由双方在协议中明确规定，也可由受托方自定，实际售价与协议价之间的差额归受托方所有，委托方不再支付代销手续费。两种代销方式节表的双方的税务处理及总体税负水平是不相同的。

3）签订代购合同时，必须明确代购的3个合法性要件：一是受托方不垫付资金；二是销货方将发票开具给委托方，并由受托方将该项发票转交给委托方；三是受托方按销售方实际收取的销售额和增值税额（如系代理进口货物则为海关代征的增值税额）与委托方结算货款，并另外收取手续费。

（5）投资建造不动产的合同的控税策略。投资合同的签订，一般考虑通过货币形式进行投资，避免不动产、固定资产等形成资产的产权转移。

【案例4-10】投资建造大酒店的合同的控税技巧

鸿翔集团是一家开发房地产的企业，2019年2月取得一块土地，价值为6000万元，经董事会决议，准备将土地用于建造鸿翔大酒店（作为一家法人酒店独立经营），从事宾馆住宿餐饮娱乐服务。鸿翔大酒店的建设期为2年，建造鸿翔大酒店需要再投入1.3亿元资金，预计建成后的鸿翔大酒店的公允价值为2.8亿元。该集团应如何投资建造鸿翔大酒店？

涉税分析：如果集团先建造鸿翔大酒店，建成后以酒店物业对外投资设立酒店经营公司，则集团以不动产投资需要视同销售不动产，按照公允价值2.8亿元计算缴纳土地增值税和企业所得税。

合同控税方案：鸿翔集团以土地使用权和1.3亿元资金，签订投资合同成立了一家法人企业，以土地使用权投资视同销售缴纳增值税、企业所得税和土地增值税；投资完成后由新成立的法人企业负责建造并后期经营鸿翔大酒店；对于酒店物业，委托一家建筑施工企业代建。这样，采取先投资再委托代建的合同模式，可以减少不动产的产权交易环节，合理降低税负。

4.2.2　减少流转环节中的合同的控税策略

增值税、消费税等流转税的流转环节越多，纳税环节就越多，而且合同签订决定业务过程，业务过程决定税收。因此，要减少流转税的关键是尽量减少流转环节。

【案例4-11】土地使用权转让合同的控税技巧

甲施工企业购得土地100亩，价值1000万元，由于土地手续未完备，未取得土地使用权证，后来情况发生变化，甲施工企业欲转让该土地，乙房地产公司与甲施工企业签订了土地转让合同，合同约定转让总价款1200万元，签订合同后预付400万元，取得土地使用权证后支付尾款800万元。由于半年一直未取得土地使用权证，乙房地产公司不能进行工程开发，欲按原价转让，收回预付款400万元。

丙房地产公司有购买该土地的意向，乙与丙就相关事宜谈妥，具体条款如下：甲施工企业与乙公司签订中止原土地转让合同执行的协议，并约定由甲施工企业返还乙公司预付款400万元；甲施工企业与丙公司签订土地转让合同，金额为1200万元，并约定由丙公司直接支付乙公司土地预付款400万元。甲施工企业向丙公司开具委托付款通知书，明确将400万元转让款直接付给乙公司。

4.2.3 用足税收优惠签订合同的控税策略

由于国家对很多行业和相关业务活动都规定有税收优惠政策，企业在签订合同时应考虑用足用好国家的税收优惠政策，使税收优惠政策的应用提前到合同签订环节。

【案例4-12】资产重组涉及的合同的控税技巧

甲公司为大型建筑安装国有企业，近年来发展良好，准备扩大经营规模。乙公司为同一市区的一家小型建筑公司，处于资不抵债状态（经评估，乙公司资产总额为2000万元，负债总额为3000万元）。经过研究，甲公司认为只有乙公司的房产为企业所需，该房产的账面净值为1000万元，市场评估价为1200万元。请问甲公司应如何进行资产重组？

方案一：甲公司以现金1200万元直接购买乙公司的房产，乙公司宣布破产。

涉税分析：方案一属于资产买卖行为。按规定，乙公司销售不动产应缴纳的税金计算如下：

（1）增值税108万元（1200×9%）；

（2）城建税7.56万元（108×7%）；

（3）教育费附加3.24万元（108×3%）；

（4）企业所得税47.3万元（1200－1000－7.56－3.24）×25%。

乙公司缴纳的税金总计额为：166.1万元（108＋7.56＋3.24＋47.3），所取得的转让收益为33.9万元（1200－1000－166.1）。

方案二：甲公司整体收购乙公司净资产，乙公司注销。甲公司承担乙公司全部3000万元债务，并将乙公司所有资产、负债和劳动力全部一并转移到甲公司。

涉税分析：方案二属于产权交易行为。根据《国家税务总局关于纳税人资产重组有关增值税问题的公告》（国家税务总局公告2011年第13号）的规定，此次交易过程中涉及的货物转移无须缴纳增值税。《财政部 国家税务总局关于全面推开营业税改征增值税试点的通知》（财税〔2016〕36号）规定，在资产重组过程中，通过合并、分立、出售、置换等方式，将全部或者部分实物资产以及与其相关联的债权、负债和劳动力一并转让给其他单位和个人，其中涉及的不动产、土地使用权转让行为，不征收增值税。按照上述政策规定，甲公司收购乙公司，属于产权交易行为，不征收增值税。

乙公司作为被收购企业，应按照公允价值转让、处置全部资产，并根据转让净资产的增值额计算缴纳企业所得税。该案例中乙公司资产评估值为2000万元，负债评估值为3000万元，资不抵债，没有产生净资产增值额，不需要缴纳企业所得税。

方案三：乙公司以房产评估价1200万元注册成立一家全资子公司——丙公司，同时由丙公司承担乙公司1200万元的债务。然后甲公司直接收购丙公司，同时宣布乙公司破产。

涉税分析：方案三属于产权交易行为。根据《国家税务总局关于纳税人资产重组有关增值税问题的公告》（国家税务总局公告 2011 年第 13 号）的规定，此次交易过程中涉及的货物转移无须缴纳增值税。《财政部 国家税务总局关于全面推开营业税改征增值税试点的通知》（财税〔2016〕36 号）规定，在资产重组过程中，通过合并、分立、出售、置换等方式，将全部或者部分实物资产以及与其相关联的债权、负债和劳动力一并转让给其他单位和个人，其中涉及的不动产、土地使用权转让行为，不征收增值税。

根据税法规定，企业整体资产转让原则上应在交易发生时，将其分解为按公允价值销售全部资产和进行投资两项经济业务进行所得税处理。因此，乙公司应按公允价值确认财产转让所得 200 万元（1200 - 1000），应缴纳企业所得税为 50 万元（200 × 25%）。对于丙公司而言，由于分立企业接受被分立企业的资产，在计税时可按评估价确认成本，显然丙公司的计税成本为 1200 万元，财产转让所得为 0，不需要缴纳企业所得税。

评价：(1) 方案一：甲公司虽然不需要购买乙公司的其他资产，也不需要承担对方债务，但短时间筹措 1200 万元现金比较困难，这是该方案的弊端。

(2) 方案二：对于甲公司而言，要购买乙公司的全部资产，而且很大一部分属于无用的资产，还要承担乙公司的全部债务，从企业运转和经济视角分析都是没有必要的。

(3) 方案三：甲公司能够获取更大的利益，既可以购得自己所需要的房产，又无须购买其他无用的资产。同时，该方案对于乙公司和丙公司来说，也是可以接受的。因此，方案三相对来说是最优方案。

第
2
篇

大建安财税筹划
平台新模式

第5章

大建安财税筹划平台及8种操作模式

5.1　EPC模式与大建安财税筹划平台

5.1.1　从EPC模式到大建安EPC模式

（1）EPC模式。EPC模式即EPC工程总承包模式，是集设计、采购、施工于一体的工程承包合同模式，不同于传统的工程承包模式以业主为核心，而是各部分施工单位分别向业主（发包方）负责的承包合同模式。在EPC模式下，总承包方将设计（E）、采购（P）、施工（C）融为一体，涵盖设计、设备采购、建筑施工、安装调试等具体工程业务，是一种总承包商统领多种类工程项目，直接向业主（发包方）负责的工程承包模式。

在EPC模式下，由于存在总承包商这一角色，其统筹安排设计、采购、施工的一体化工程建设活动，具有成本可控、流程贯通、责任明确等显著优势。

【实战经验5-1】

EPC模式的精髓是实践创新

中国石油对于实行总承包管理模式的固定资产投资项目制定如下规定：

国内设备及安装主材的采购合同须由供应商、总承包商和项目业主三方签署，供应商须将增值税发票直接开具给项目业主，或开具给总承包商，总承包商再将增值税发票开具给项目业主，但不因三方签署的采购合同而免除工程总承包合同中约定的由总承包商履行的责任和义务。

这种管理模式似乎在一定程度上打破了传统的EPC总承包模式，其实企业选择何种管理模式并不重要，关键就在于这种EPC总承包模式是否对企业长远发展有益。如何突破原有的EPC总承包模式的框架，进行EPC模式的创新是一个关键环节。

EPC总承包模式是一个涉及多方利益主体的系统工程，不同利益主体和各个部门之间的协同配合至关重要，如投资者、业主、总承包商、税务部门之间展开沟通与交流，在税法框架下争取得到政府及税务部门的理解与支持。

资料来源：https：//www.gwyoo.com/lunwen/guanlilunwen/swgllw/201212/546200.html。

（2）大建安 EPC 模式。大建安 EPC 模式是指基于国际项目管理理念，突破了 EPC 模式的局限性，在 EPC 基本框架上，以设计、采购、施工为根基，将建安工程承包范围扩展至项目托管、项目工程管理咨询、工程融资、灵活用工、零星劳务、物业管理、销售代理、广告营销、土地开发一二级联动等相关业务，总承包商将上述多种类型的业务综合打包成一站式服务的工程总承包模式。

大建安 EPC 模式的适用范围包括房地产开发项目、国家基础设施、公共配套设施、企业办公楼、综合场馆等施工建造，其适用范围之广，非一般工程施工承包项目所能比拟。

【实战经验 5-2】

设计与施工的协同：大建安 EPC 模式的实践创新

大建安 EPC 模式注重实践创新，一个深化大建安 EPC 模式的核心理念是将原来的“分散”承包变为“综合”承包，实现设计—采购—施工的紧密融合。在这种理念下，设计工作必须考虑施工因素，如成本、材料、工艺等，施工的可施工性和可预见的问题必须前置去影响工程设计，通过设计与施工之间主动的交互和协同，提高项目全生命周期的管理效率。由于实施主体各方面的差异，其设计协同和施工深化模式也有所不同，但从实施主体性质来看，可以分为以设计牵头的工程总承包（设计单位转型 EPC 总承包单位）和以施工主导的工程总承包（施工单位转型 EPC 总承包单位）。

1. 设计牵头 EPC 总承包模式下的设计协同和深化

一般而言，在设计牵头 EPC 总承包模式下，具有总承包资质的设计单位通过竞标拿到 EPC 总承包项目，而后主要负责项目的前期和设计工作。由于总承包单位本身不具备相应的施工管理团队和资源，项目施工往往通过招标发包，由满足分包资质要求的施工单位承接。总承包单位在遵循规定的设计流程里完成施工图设计后，交由项目施工单位。总承包单位不负责具体项目的现场施工，仅派驻少量管理人员负责项目实施的对接和合同履行的监控。项目施工单位负责项目现场的具体实施，同时根据现场施工要求，进行设计图纸的二维施工深化，但须经总承包单位审核、确认施工深化图纸后才能真正付诸实施。

2. 施工主导 EPC 总承包模式下的设计协同和深化

一般而言，在施工主导 EPC 总承包模式下，具有总承包资质的施工单位通过竞标拿到 EPC 总承包项目，而后主要负责项目的现场施工。由于总承包单位本身不具备相应的设计团队和资源，项目的设计工作往往由满足分包资质要求的设计单位来承接。总承包单位要求设计分包单位在项目原有初步设计基础上按照合同约定完成施工图设计，交由项目总承包单位进行项目施工，并在必要时要求设计分包单位派驻现场设计代表负责项目设计与实施的对接。项目总承包为满足项目现场施工要求，进行设计图纸的二维施工深化，负责项目施工的现场实施。

5.1.2 大建安 EPC 模式：工程总承包领域的一次质的飞跃

（1）开放、包容的大建安 EPC 模式。大建安 EPC 模式的本质是将国际项目管理思维应用于建安工程总承包合同，以一种开放的精神承接各种综合性建安工程项目，为业主（发包方）提供一站式勘察设计、设备采购、建筑施工、工程融资、工程托管及各类工程项目服务。

（2）管理协同与财税创新视角的大建安 EPC 模式。大建安 EPC 模式在业务拓展、管理协同方面体现出推动国际项目管理发展的一种创新模式贡献。与 EPC 模式相比，大建安 EPC 模式不仅代表着业务范围的一种拓展，还昭示着一种管理协同理念与财税模式的创新。

（3）综合性需求趋势呼唤大建安 EPC。当今世界，人类社会呈现加速发展、综合发展的强劲态势，供需关系模式发生根本性变化，综合性需求不断增强，一站式服务深受社会欢迎。大建安 EPC 模式适应了人类社会发展的这一基本规律，在工程总承包合同中涵盖了各种建安工程及综合性服务，是工程总承包领域的一次质的飞跃。

5.2　大建安财税筹划平台新模式

5.2.1　大建安财税筹划平台的逻辑架构

大建安财税筹划平台涵盖 3 大市场主体：甲方（建设投资机构）、乙方（总承包商）、丙方（外部资源机构），代表着以大建安 EPC 模式联结的社会资源整合过程。大建安 EPC 财税筹划平台的逻辑架构如图 5－1 所示。

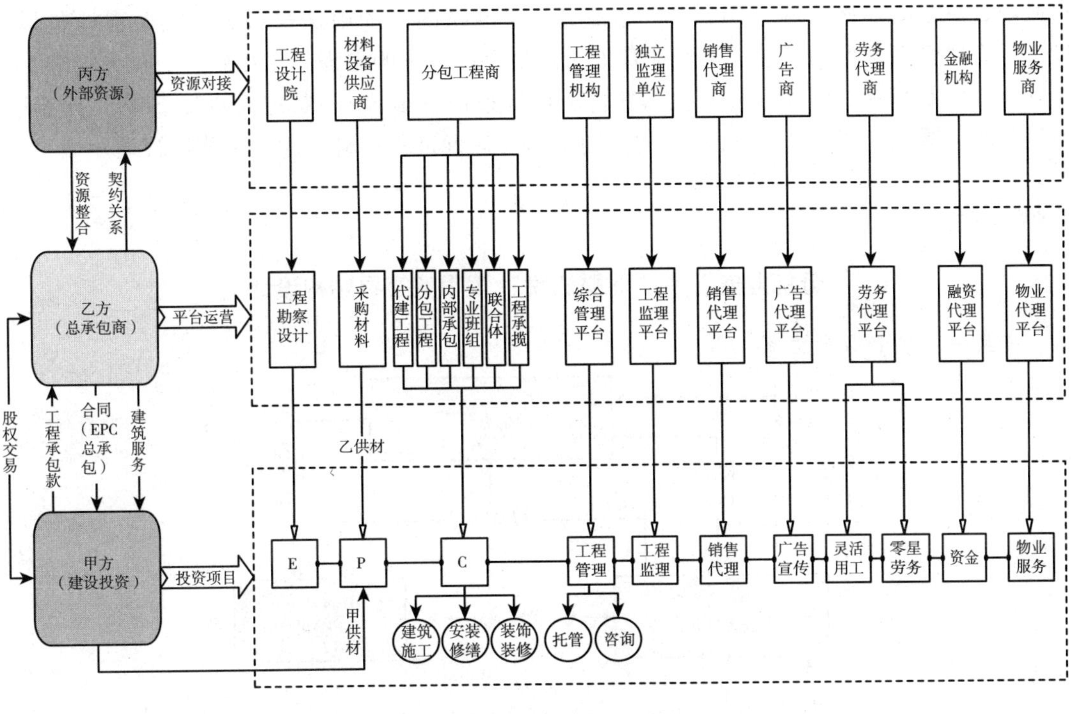

图 5－1　大建安 EPC 财税筹划平台的逻辑架构

按照业务逻辑关系和交易结构分析，甲方提供工程建设任务，乙方负责工程项目总承包。但是，由于甲方委托的工程建设任务需要多样性的社会资源，涉及业务类型广、业务量大，而乙方现有的资源并不能保质保量地完成甲方委托的工程建设任务，因此，乙方需要借助社会资源的支持与帮助。丙方代表丰富的社会资源，于是丙方就自然而然出现了。丙方可以是一个法人机构，也可以是一个专业组织，还可以是能够提供资源的个人独资企业、合伙企业，甚至个体工商户、自然人等。丙方拥有的丰富社会资源能够帮助乙方与甲方的工程建设任务相对接。

在大建安财税筹划平台的3大市场主体中，甲方和乙方的关系最为直接，即乙方是甲方的总承包商，负责甲方工程建设项目及各类相关工程服务的总承包，并为甲方提供符合质量要求的施工建设与相关一揽子工程服务。大建安财税筹划平台突破了传统EPC模式的框架结构，融汇工程管理、销售代理、广告服务、零星劳务、薪酬管理等设计服务、建筑服务、现代服务等在内的多种业务模式，应用“业财法税融合”思想，融入交易结构的调整与重新设计。

在大建安财税筹划平台的3大市场主体中，乙方和丙方的关系最为微妙，即乙方作为一种平台来实现与丙方所代表的丰富的社会资源对接，丙方可以视为乙方的资源提供方与支持方，源源不断地供给乙方在为甲方工程总承包服务中所需的各种资源。从现代组织理论角度分析，乙方具有平台的基本特征和功能定位。乙方既是甲方工程项目的总承包商，也是丙方资源嫁接的平台方，体现着平台经济的本质属性，也遵循平台经济的运行规律。

大建安EPC模式符合“业财法税融合”的内在逻辑，必须做到业务、财务、法务、税务的四位一体、相互协调。为了清晰地指导大建安EPC总承包项目顺畅运行，项目负责机构或项目总裁需要逐一梳理EPC总承包业务环节涉及的“业财法税”的各类事项［包括招投标、合同管理、保函开具、外经证管理、勘察设计、采购管理、工程施工、税务管理、发票管理、收款管理、外委（分包款）支付、日常报销审批等］，制定大建安EPC工作指引，加强EPC总承包项目“业财法税”的协同融合及运营过程的科学性、规范性管理。

实战操作

分包业务符合“业财法税”逻辑的交易结构设计

模式一：项目分包方式

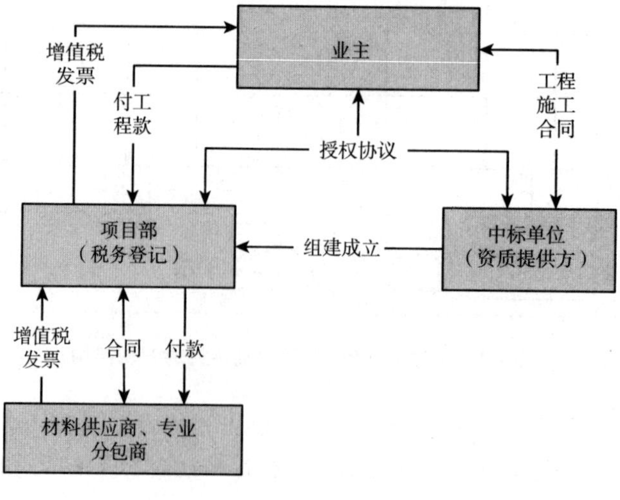

模式二：代组建项目部方式

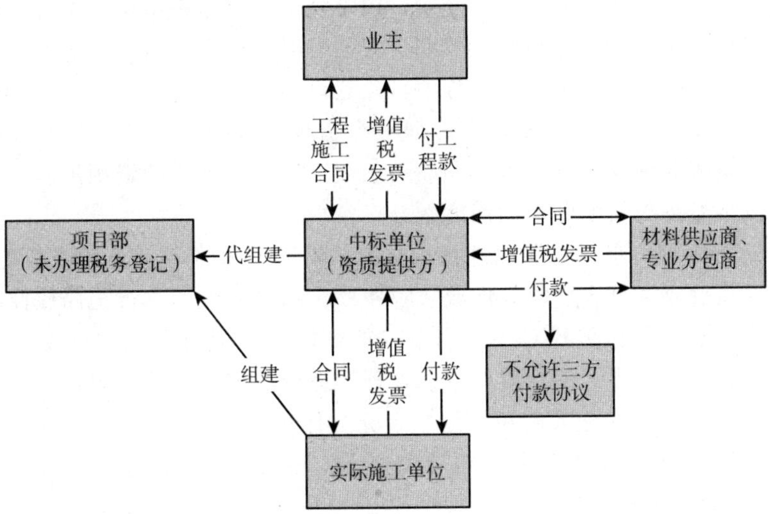

5.2.2　大建安财税筹划平台的运行原理

（1）业财法税融合原理。大建安财税筹划平台细化了社会分工，强化了专业性及工程技术、信息技术的聚合效应，实现了工程管理、专业技术、法律规制与财税管理的无缝对接。

（2）合同分拆原理。大建安财税筹划平台以合同分拆原理作为坚实的法律支撑，创造性地解决国际项目管理宏大思维下的建筑施工项目、房地产开发项目及各类政府、社会、企业基建项目及公共配套、基础设施项目的投资建设与配套服务，将传统工程项目中分项工程按照混杂的合同不同税目类别服务一一拆分，分拆合同，减少传统工程施工中存在的合同违规、发票获取困难，施工队伍良莠不齐、施工质量低劣、保障度不够，责任划分不明晰、责任溯源不到位等一系列问题，同时也可服务于 BT、BOT、PPP 等各种投资运营模式。

（3）平台经济原理。大建安财税筹划平台凸显了平台经济的价值。基于“业财法税融合”思想，大建安财税筹划立足于资源整合与信息共享平台的构建。一方面，拉动工程建设需求方，通过大建安财税筹划平台模式切实解决了工程需求方工程管理与资源对接的困难；另一方面，联结资源供给方，增进其社会融合度，扩大其市场份额，推动供需双方深度合作、实现共赢，减少信息不对称导致的各项财税法律风险，切实保证资源通过市场机制实现优化配置，即在资源供给方与需求方之间架起了一道桥梁，实现了资源的社会化整合、顺畅流动与合理配置，开启了新时代市场配置资源的新模式。

（4）总部经济原理。大建安财税筹划平台形成了关于总部经济的总体框架，通过总部经济平台的建立，将上下游的资源与需求汇聚到整个大建安财税筹划平台上。基于此平台资源，将上下游的资金、货物、劳务、服务等资源通过该财税筹划平台，有条不紊地输送到资源需求方，以总部经济贯穿起上下游企业，形成全产业链的市场交易模式，是彰显顶层设计思维模式的实践应用。

（5）资金链管理原理。大建安财税筹划平台融入了一种资金链管理的新模式，工程总承包方通过大建安财税筹划平台，构建起畅通的外部资本输入通道。一方面，通过大建安财税筹划平台以及总承包方企业的信用背书，消除金融资本输入的后顾之忧，使社会资金快速融入工程项目建设之中；另一方面，大建安财税筹划平台能够将金融资本有针对性地注入资金缺乏的细分项目，做到资金运转的高效率。大建安财税筹划平台打通了实体经济与金融经济之间的屏障，使金融资本易于进入工程项目及建设项目。

（6）产业数字化原理。大建安财税筹划平台借助“互联网+”、大数据技术、人工智能、云计算、区块链等现代信息技术，形成关于数字经济环境下的资源规划方案与平台网络模式，实现了数字经济与实体经济的深度融合。

（7）项目总控原理。项目总控原理是指在大建安EPC基于项目管理和企业管理框架下，对大型建筑工程项目成本投入、收入形成、税费核算的具体流程进行全局性控制，提供全方位项目控制决策方案。大建安EPC下项目总控原理能够对项目全局进行规划协调，包括对项目的成本管理、工程进度管理、质量目标管理等进行系统性的总体规划。

（8）风险防控原理。大建安财税筹划平台充分体现了工程项目实施中的风险防控原理。从发包方角度分析，大建安财税筹划平台将发包方的项目确定地以大承包模式转移给总承包方，自身享有可预期的项目收益和回收周期。从总承包商角度分析，设计、采购、施工等传统项目下相互割裂的工程环节在大建安EPC模式下有机地结合起来，减少了传统工程项目模式下各环节相互冲突导致的工期延后、工程质量低下等问题。从分包方角度观察，所有的工程分包都集中于总承包方，工程分包链条明晰、责任明确，并且在项目发包、承包阶段，依据法律规定已经完成了承包方的相关资质审核，分包方承担因资质不匹配导致的分包合同无效等风险。

5.3 大建安财税筹划平台的8种操作模式

大建安财税筹划平台应用“业财法税融合”原理，实现工程、财务、法务、税务四位一体，通过合法、灵活、创新的8种建安工程承包模式，借助大建安财税筹划平台和公司注册地的政策优势，提供独特的具有创新价值的大建安财税筹划操作方案，全面、彻底地解决建安工程项目和房地产开发中的各类财税“痛点”。

5.3.1 EPC总承包+项目融资+工程托管+广告营销模式

（1）概念内涵。EPC总承包模式自20世纪80年代在中国起步，经历了逐步发展、快速发展、升级发展再到当前“一带一路”倡议下的战略规划，助推社会高速发展，经历了时间的检验。大建安承包经营模式是引进国际项目管理理念，利用建筑安装工程行业多种承包模式，将房地产项目开发过程中从土地一二级联动开发到设计、施工、采购、咨询、垫资、推广等项目开发协同管理进行战略整合的一种税务规划管理模式，也是平台经济税收模式的一种方式，主要用于房地产开发领域。

EPC工程总承包是指从事工程总承包的企业（以下简称“工程总承包企业”）受业主委托，按照合同约定对工程项目的勘察、设计、采购、施工、试运行（竣工验收）等实行全过程或若干阶段的承包。工程总承包主要有设计采购施工（EPC）/交钥匙总承包和设计—施工总承包（D—B）2种方式。设计采购施工（EPC）/交钥匙总承包是指工程总承包企业按照合同约定，承担工程项目的设计、采购、施工、试运行（竣工验收）等工作，并对总承包工程的质量、安全、工期、造价全面负责，以交钥匙作为设计采购施工总承包业务和责任的延伸，最终向业主提交一个满足使用条件、具备使用功能的工程竣工项目。根据房地产项目开发时间长、成本项目分摊复杂、产品类型多样、销售收入种类繁多的特点，在 EPC 总承包基础上引入项目融资、工程托管、销售广告的大建安 EPC 模式，参与房地产项目取得土地使用权、前期准备、建设施工、房产销售、项目清算、自持物业等不同开发阶段，深度参与房地产全程开发，通过对各个环节进行财税筹划，收到成本控制、税款节约的最终效果。

（2）法律基础。2003 年 2 月 13 日，建设部颁发的《关于培育发展工程总承包和工程项目管理企业的指导意见》（建市〔2003〕30 号），对工程总承包给出如下规范性定义："工程总承包是指从事工程总承包的企业受业主委托，按照合同约定对工程项目的勘察、设计、采购、施工、试运行（竣工验收）等实行全过程或若干阶段的承包。"

（3）财税处理。在 EPC 模式下，工程总承包涵盖设计、采购设备或货物、建筑施工等多项业务，其中既包括提供服务，又包括销售货物。在实际涉税处理时，易引发兼营与混合经营的混淆。

A. 兼营与混合经营。财税〔2016〕36 号文第三十九条、第四十条对兼营和混合经营做出如下规定："纳税人兼营销售货物、劳务、服务、无形资产或者不动产，适用不同税率或者征收率的，应当分别核算适用不同税率或者征收率的销售额；未分别核算的，从高适用税率。

一项销售行为如果既涉及服务又涉及货物，为混合销售。从事货物的生产、批发或者零售的单位和个体工商户的混合销售行为，按照销售货物缴纳增值税；其他单位和个体工商户的混合销售行为，按照销售服务缴纳增值税。本条所称从事货物的生产、批发或者零售的单位和个体工商户，包括以从事货物的生产、批发或者零售为主，并兼营销售服务的单位和个体工商户在内。"

根据上述规定，被认定为兼营或混合经营的情形主要基于以下两点：其一，是否是一项销售活动；其二，是否在该项销售活动中有同时涉及销售服务和销售货物的情况出现。

需要同时满足以上两点的情况下才可能存在混合经营情况，若是混合经营则须从主业税目税率计征税款，即按 9% 的建筑服务税目计征增值税；反之，则应分项计征增值税，分别按 13%、9%、6% 或者 3% 分项计征。

B. EPC 模式的混合经营或兼营的认定。由于 EPC 模式存在工程投资大、周期长、技术复杂等情况，为了充分发挥 EPC 模式的优势，由 EPC 工程总承包方全权负责整个工程项目的设计、建筑施工流程，往往采用总价合同以防止施工中的成本超支、经济效益下滑等情形发生。虽然，从表面上看，EPC 模式是一项同时提供货物与服务的综合性交易活动，但是工程总承包方并非基于一种销售行为，而是针对设计、采购、施工等不同环节提供不同的货物或服务。从这一点来看，EPC 模式不同于传统的包工包料建筑工程，而是属于混合经营范畴。在 EPC 模式下，业主与总承包方签订的 EPC 总承包合同实质上并非是提供设计、采购、施工的综合性合同，而是针对不同环节下各项货物或服务的合同。但现行规定对 EPC 模式属于混合经营和兼营行为并未有明确规定，各地税务机关根据自己的实际情况对 EPC 项目出台了若干地方性解释。

《深圳市全面推开"营改增"试点工作指引（之一）》规定："十三、建筑企业受业主委托，按照合同约定承包工程建设项目的设计、采购、施工、试运行等全过程或若干阶段的 EPC 工程项目，应按建筑服务缴纳增值税。"上述地方性解释将 EPC 模式下的工程总承包视为混合经营，按照从主业要求对建筑服务征收增值税。故签订 EPC 总承包合同时，应该事先与当地主管税务机关进行沟通，确认是否会被认定为混合经营或兼营行为，并针对不同的情况提前进行规划安排。

C. EPC 项目的税务处理。其一，被认定为兼营。若被税务机关认定为兼营的，则工程总承包商可以直接与业主（发包方）签署 EPC 工程总承包合同，对提供的设计、采购、购买等环节按对应的不同增值税税率进行增值税的缴纳。其二，被认定为混合经营。如被税务机关认定为混合经营的，需要根据自身实际情况进行处理，通过合同拆分、明晰各环节定价与核算、合理利用税收政策等方式有效降低总体税负。

D. 合同拆分。其一，采取合同拆分的处理。若 EPC 项目被认定为混合经营，则会导致各环节提供的服务和设备货物等都按建筑服务进行增值税征收，但是通过合同拆分，可将总承包合同拆分为采购合同、设计合同、建筑服务合同等。通过合同拆分将总承包合同中潜藏的“一项销售行为”割裂为多项销售行为，使得该 EPC 模式下的销售行为不能满足混合经营的第一个条件，进而针对提供不同的合同适用不同的增值税税率。但是需要注意的是，EPC 模式的优势在于工程总承包合同的综合定价框架下，工程总承包商能够总领设计、采购、施工的一系列流程。对合同进行拆分可能存在一定程度上对相应 EPC 模式下优势产生的损害。对于这种情形，可以将整个工程中联系相对紧密的设计服务、建筑施工服务与设备货物采购合同进行分离，即采用 EC + P 的模式。虽然设计服务与建筑施工服务并未进行分离，但是由于混合经营需要“一项销售行为如果既涉及服务又涉及货物”，若仅把设备货物的采购合同进行剥离，则剩下的工程总承包合同，即 EC 合同属于多种服务并存的服务合同，不符合混合经营的第二个条件，故不会被判定为混合经营，应该对其进行分别核算，并用不同的增值税税率进行计税。

其二，合理运用有利的税收政策。对于混合经营与兼营的边界，近年来对既涉及服务也涉及货物设备的边界逐渐明晰化。国家税务总局公告 2017 年第 11 号规定：“一、纳税人销售活动板房、机器设备、钢结构件等自产货物的同时提供建筑、安装服务，不属于《营业税改征增值税试点实施办法》（财税〔2016〕36 号）第四十条规定的混合销售，应分别核算货物和建筑服务的销售额，分别适用不同的税率或者征收率。”上述规定将限定的自产货物与同时提供的建筑、安装服务从混合经营中分割出来。国家税务总局公告 2018 年第 42 号更进一步作出规定：“六、一般纳税人销售自产机器设备的同时提供安装服务，应分别核算机器设备和安装服务的销售额，安装服务可以按照甲供工程选择适用简易计税方法计税。一般纳税人销售外购机器设备的同时提供安装服务，如果已经按照兼营的有关规定，分别核算机器设备和安装服务的销售额，安装服务可以按照甲供工程选择适用简易计税方法计税。纳税人对安装运行后的机器设备提供的维护保养服务，按照‘其他现代服务’缴纳增值税。”42 号文中将货物设备与建筑安装服务的边界进一步拓展，不仅将自产的机器设备与同时提供的安装服务相分离，而且还对外购的设备与同时提供的建筑安装服务进行可选择性规定；对于核算明确，分别进行机器设备和安装服务的销售，可以对机器设备销售和安装服务进行分割，从而适用不同的增值税税率。

在 EPC 总承包模式下，工程业务复杂，既有外购的设备和货物，又有自产的设备和货物，在这种情况下，EPC 总承包方应当按照相关政策，尽可能地将适用于现行税收政策的设备和货物剥离出来，避免由于混合经营适用高税率的情况发生。

其三，明晰合同条约与定价核算。国家税务总局公告 2017 年第 11 号、国家税务总局公告 2018 年第 42 号、财税〔2016〕36 号文都明确提出，若要适用于兼营或者将设备和安装服务相分离，需要对不同的项目进行分别核算，若未分别核算，则存在从高适用税率的风险。但是，现行税法并未明确提出对“分别核算”的具体规定，从合同角度看，需要在合同条款中予以明确：第一，应当在合同条款中明确各个应税行为的范围与区分界限；第二，对于各个环节涉及的应税行为须列明其价款、价外费用、不含税价等；第三，在项目实施过程中，应当保留相关的工程检查文件、进度记录文件、成本支出文件等；第四，应当对不同的应税行为开具不同的专户，各专户资金独立运营，并且在合同条约中明确各自的支付条款。

5.3.2　工程建筑总承包模式

（1）概念内涵。工程建筑总承包指建筑单位（发包方）将全部施工项目发包给具有相应资质的施工总承包单位，这是房屋建筑工程、土木工程、线路管道和设备安装工程、装修工程等建设工程施工承发包活动通行的工程建设项目组织实施方式。

（2）法律基础。《中华人民共和国建筑法》第二十四条明确对建筑工程提倡实行项目总承包，即建筑工程的发包单位可以将建筑工程的勘察、设计、施工、设备采购的一项或者多项发包给一个工程总承包单位，但是，不得将应当由一个承包单位完成的建筑工程肢解成若干部分发包给几个承包单位。

为了保障工程质量，《中华人民共和国建筑法》第二十九条对施工总承包方的分包进行限制性约束：“建筑工程总承包单位可以将承包工程中的部分工程发包给具有相应资质条件的分包单位；但是，除总承包合同中约定的分包外，必须经建设单位认可。施工总承包的，建筑工程主体结构的施工必须由总承包单位自行完成。”

建筑工程总承包单位按照总承包合同的约定对建设单位负责；分包单位按照分包合同的约定对总承包单位负责。总承包单位和分包单位就分包工程对建设单位承担连带责任。

禁止总承包单位将工程分包给不具备相应资质条件的单位。禁止分包单位将其承包的工程再分包。

建设部办公厅又在《关于工程总承包市场准入问题的复函》（建办市函〔2003〕573 号）中明确指出，具有工程勘察、设计或施工总承包资质的企业可以在其资质等级许可的工程项目范围内开展工程总承包业务。同时，为指导建设工程施工合同当事人的签约，国家住房城乡建设部、国家工商行政管理总局依据《中华人民共和国合同法》《中华人民共和国建筑法》《中华人民共和国招标投标法》，修订、制定了《建设工程施工合同（示范文本）》（GF—2017—0201）版。

（3）财税处理。在实际建筑施工过程中，由于建筑工程资金占用量大、工程质量要求高、使用期限时间长等原因，发包方在收回工程时，会先预扣一部分款项作为建筑工程质量保证金，以作为工程质量缺陷的追责资金。《建设工程质量保证金管理办法》（建质〔2017〕138 号）中明确指出，建设工程质量保证金是指发包人与承包人在建设工程承包合同中约定，从应付的工程款中预留，用以保证承包人在缺陷责任期内对建设工程出现缺陷进行维修的资金。而建筑工程质量保证金一般计提比例为 3%，涉及的金额比较庞大，该笔资金由于与工程竣工时间不一致，在税务中会导致建筑承包方给建设方或发包方开具增值税发票而提前缴纳增值税，占用了企业的流动资金。

A. 原因分析。对于建筑工程质量保证金，《国家税务总局关于在境外提供建筑服务等有关问题的公告》（国家税务总局公告 2016 年第 69 号）规定：“纳税人提供建筑服务，被工程发包方从应支付的工程款中扣押的质押金、保证金，未开具发票的，以纳税人实际收到质押金、保证金的当天为纳税义务发生时间。”由此可以看到，对于建筑工程质量保证金涉及的增值税部分，其纳税义务发生的时间与开具发票时间和实际款项支付的时间有关。所以，若在竣工结算时或早于建筑工程质量保证金前开具发票，将会构成增值税纳税义务发生的时间点，并且应当按照《中华人民共和国增值税暂行条例》第二十三条①规定，最迟在一个季度内缴纳增值税。

而对于建筑工程质量保证金收回时间点，《建设工程质量保证金管理办法》（建质〔2017〕138 号）第二条规定：“缺陷责任期一般为 1 年，最长不超过 2 年，由发、承包双方在合同中约定。”并且在第十一条中进一步规定：“发包人在接到承包人返还保证金申请后，应于 14 天内会同承包人按照合同约定的内容进行核实。如无异议，发包人应当按照约定将保证金返还给承包人。对返还期限没有约定或者约定不明确的，发包人应当在核实后 14 天内将保证金返还承包人，逾期未返还的，依法承担违约责任。发包人在接到承包人返还保证金申请后 14 天内不予答复，经催告后 14 天内仍不予答复，视同认可承包人的返还保证金申请。”

由此可以看出，如果承包方在工程竣工时就进行发票开具并对建筑工程质量保证金缴纳增值税。但此时建筑工程质量保证金并未收回，对于需要高周转的建筑行业而言，提前缴纳增值税将会对公司资金周转形成压力。

B. 处理方法。从前面原因分析可以看出，造成增值税提前缴纳的原因在于纳税义务发生时间的选择，所以解决增值税提前缴纳造成的资金占用问题，需要将纳税义务发生时间的选择后移，如在竣工结算时不开具发票，以通过缺陷责任期，收到建筑工程质量保证金时，尽可能地将纳税义务发生时间向后推移。

但是需要注意的是，增值税属于流转税，增值税专用发票是发包方用以进项税款抵扣的重要凭证，通过不开具增值税专用发票的方式将纳税义务发生时间向后推移，可能会触及上游业主的利益，所以在合同签订时需要总承包商与发包商进行谈判，确定建筑工程质量保证金的增值税纳税义务发生时间，并且在合同条款中注明，做到法律上有理有据。

（4）逻辑架构图示归纳。建筑总承包模式逻辑架构图见图 5-2。

5.3.3 联合体工程承包模式

（1）概念内涵。联合体承包作为工程总承包的一种实践形式，也为工程项目总承包提供了一种新的思路。联合体承包主要是为了使联合体能够独自承担成员个体无法承担的大型建筑项目，通过联合体协议的约定，构建以某一牵头公司为主、其他成员公司为辅的临时性组织，具有矩阵式组织机构管理特征。各联合体成员在联合体承担的主合同内，按联合体协议约定承担相应的责任、义务以及风险。

联合体并非是法律意义上明确的法人组织，只是针对某一工程建设活动，特别是在对外

① 参见《中华人民共和国增值税暂行条例》第二十三条规定。

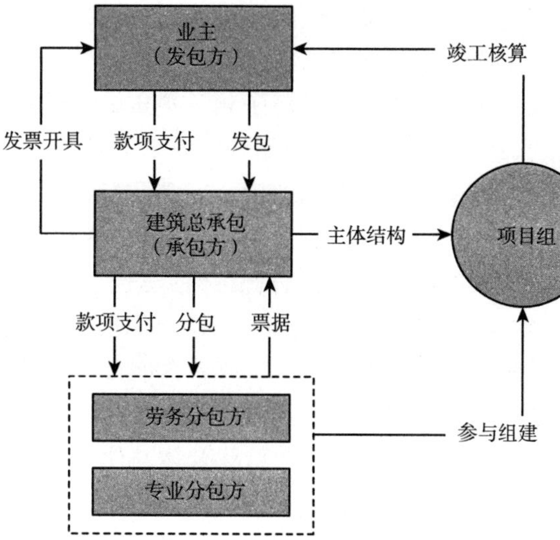

图 5－2　建筑总承包模式逻辑架构

招投标环节，以一个投标人的身份共同参与投标。需要注意的是，当各个成员企业以统一的联合体作为独立投标人对外投标时，联合体成员企业不可再以各自的名义进行统一工程项目的投标，并且不可新建其他联合体进行多次重复投标。

联合体承包工程可以有效地集中各成员在资质、资金、技术、管理等方面的优势，让更多主体参与工程项目。在具体项目操作过程中，如果工程建设联合体中标，联合投标就转化成联合承包。如果工程已开工，明确了总承包方，同样可以引进联合体模式。通过与总承包方签订《补充协议》的方式在施工过程中组成联合体，联合体牵头人和成员分别向发包方提供应税建安服务。因此，联合体模式在建安工程中具有非常广阔的适用空间。在具体项目操作过程，也应充分考虑到共同承包的各方对合同履行承担的连带责任，两个以上不同资质等级的单位实行联合共同承包的，按照资质等级低的单位业务许可范围承揽工程的法律规定，合理选择联合共同承包单位。

（2）法律基础。我国法律对联合体形式承接工程项目进行了相关规定。联合体模式在现阶段主要受《房屋建筑和市政基础设施项目工程总承包管理办法》（建市规〔2019〕12 号）影响，该规定第十条要求："工程总承包单位应当同时具有与工程规模相适应的工程设计资质和施工资质，或者由具有相应资质的设计单位和施工单位组成联合体。"鉴于此规定，对于具有单一资质的设计院或施工单位不可再以单独的个体形式承接建筑工程总承包项目，但允许具有不同资质的设计院和施工单位组建成为联合体进行工程项目的总承包。这样就使得短期内尚未转型成功、未同时获得相适应的工程设计资质与工程施工资质的设计院与施工单位能够继续承接工程总承包项目。

联合体虽非法律意义上的法人机构，但却具有鲜明的项目运营性特征，并且法律中也多次规定联合体成员对外需要承担连带责任。其一，《中华人民共和国建筑法》第二十七条规定："大型建筑工程或者结构复杂的建筑工程，可以由 2 个以上的承包单位联合共同承包。共同承包的各方对承包合同的履行承担连带责任。"其二，建市规〔2019〕12 号第十条规定："设计单位和施工单位组成联合体的，应当根据项目的特点和复杂程度，合理确定牵头单位，并在联合体协议中明确联合体成员单位的责任和权利。联合体各方应当共同与建设单位签订工程总承包合同，就工程总承包项目承担连带责任。”

我国法律对以联合体形式承接工程项目进行了相关规定。《招标投标法》第三十一条第4款规定：“两个以上的法人或者其他组织可以组成一个联合体，以一个投标人的身份共同投标。”《工程建设项目施工招标投标办法》第四十二条第1款和《工程建设项目货物招标投标办法》第三十八条第1款作出了相同的规定。《中华人民共和国建筑法》第二十七条则从承包的角度作出规定：“大型建筑工程或者结构复杂的建筑工程，可以由两个以上承包单位联合共同承包。”同时，法律对于联合体“明联暗转”的违法行为也作出相应规定，即若构建联合体中标后，但是在联合体分工协议中约定或者在项目实施过程中，联合体一方不进行施工，也未对施工活动进行组织管理的，并且向联合体其他方收取管理费或者其他类似费用的，应当被视为联合体一方将承包的工程转包给联合体其他方①。

（3）财税处理。

A. 联合体企业财税控制。联合体不同于其他形式的公司或单位，其在法律上不具有独立的法人资格，是由各个独立法人但是不具有工程总承包要求所有资质的公司通过联合体承包合同联系在一起的。故对于联合体模式下的财务管理，不应当采取传统工程公司的管理办法，而是应当抓住联合体模式下的本质，以合同先行的财税管理模式进行整个模式下的财税控制。

资金往来管理：由于联合体不同于传统形势下的工程单位，所以对于资金的往来具有以下3种情况：第一种是建设单位直接将工程款支付给联合体牵头方；第二种是建设单位直接将工程款支付给联合体成员共同设立的银行账户；第三种是建设单位分别支付联合体成员工程款。在第二和第三种情况下，往往需要联合体成员共同参与，无形之中增加了管理成本与管理流程；相较之下，第一种由建筑单位直接将工程款项支付给联合体牵头方的方式，能够有效地减少管理成本。在后续资金的分配中，也会倒逼联合体成员公司从实际的业务出发，有效、真实地划分其收益成本，能够保证资金往来不出现差错。

发票管理：联合体下由于资金往来与工程的设计、施工等环节是由不同的联合体成员公司实施的，故往往业主会为了便于对发票与资金往来的控制，要求直接将款项支付给牵头公司，并且要求由牵头公司统一开票，其他各方再开票给牵头公司结算相应款项。但是，《中华人民共和国发票管理办法》第二十二条明确规定：“开具发票应当按照规定的时限、顺序、栏目，全部联次一次性如实开具，并加盖发票专用章。

任何单位和个人不得有下列虚开发票行为：

（一）为他人、为自己开具与实际经营业务情况不符的发票；

（二）让他人为自己开具与实际经营业务情况不符的发票；

（三）介绍他人开具与实际经营业务情况不符的发票。”

并且，《中华人民共和国发票管理办法实施细则》第二十六条规定：“填开发票的单位和个人必须在发生经营业务确认营业收入时开具发票。未发生经营业务一律不准开具发票。”

由上述规定可知，在联合体进行工程建设的过程中涉及各个环节的发票开具都需要按照“实质重于形式”的原则，发票应由服务的实际提供方开具给服务的接受方。

---

① 参见建市规〔2019〕1号第八条规定。

B. 境外总分包/联合体境外税收抵免。在国际项目中，由于长期存在总承包方/联合体主导方在境外注册公司并进行财务核算、境外所得税缴纳等工作，分包方/联合体其他方只是依附于总承包商/联合体主导方进行工程施工等，但是不分别核算和独立纳税的“影子分包商”模式，致使在进行境外税收抵免时，分包方/联合体其他方不可进行税收抵免，只能由负责核算和纳税的总承包方/联合体主导方进行境外税收的抵免，加大了分包方/联合体其他方的税负。

《关于企业境外承包工程税收抵免凭证有关问题的公告》（国家税务总局公告2017年第41号）允许分包方/联合体其他方通过分割单的方式进行境外税收抵免，其规定：“企业以总分包或联合体方式在境外实施工程项目（包括但不限于工程建设、基础设施建设等项目，下同），其来源于境外所得已在境外缴纳的企业所得税税额，可按本公告规定以总承包企业或联合体主导方企业开具的《境外承包工程项目完税凭证分割单（总分包方式）》（附件1，以下简称《分割单（总分包方式）》）或《境外承包工程项目完税凭证分割单（联合体方式）》（附件2，以下简称《分割单（联合体方式）》）作为境外所得完税证明或纳税凭证进行税收抵免。”

在具体划分方式上，应当按照实际取得的收入、工作量等因素确定的合理比例进行分配，在选定分配方法后应当保持一惯性，即同一项目分配方法应当一致，且在项目存续期内不得改变；同时，为了保证权责明晰、分配可验证性，应当按照项目分别设立分割单台账。

（4）逻辑架构图示归纳。联合体模式逻辑架构图如图5－3所示。

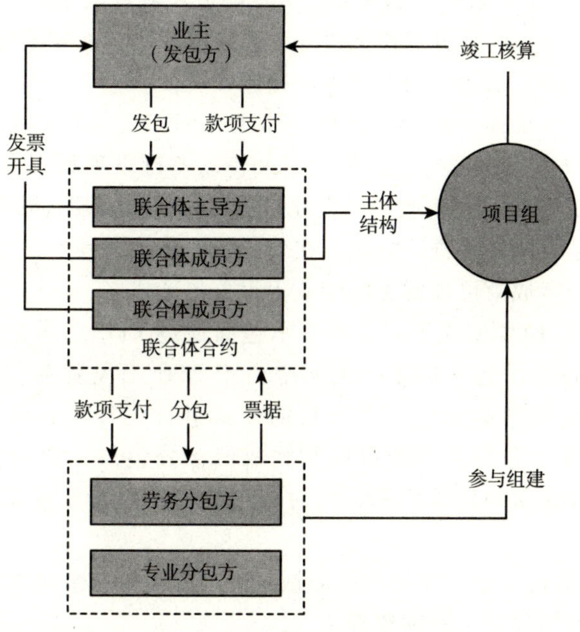

图5－3　联合体模式逻辑架构

5.3.4　建设工程分包

（1）概念内涵。建筑工程分包是指承包商将自己所承揽的部分或全部的建筑工程或劳务作业通过订立分包合同的方式分包给其他的工程单位或个人。随着当前的建筑项目越来越复杂，市场对于建筑项目工程提出了更高的管理制度要求。在细分化、专业化的趋势下，建筑工程总承包商难以承担全部的施工分类作业，故在承包工程项目之后往往会对工程中的部分专业工程和劳务进行分包处理。

工程分包按照不同的方式可分为不同种类。按发包方式分为指定分包（业主在承包合同中规定的由指定承包商施工部分项目）、协议分包（总包单位与资质条件、施工能力适合于分包项目的分包商协商一致达成的分包方式）；按分包内容可分为专业工程分包（分包项目的整个施工过程及施工内容全部由分包商来完成）、劳务分包（分包方仅负责分包工程中的劳务部分，材料设备均由承包商负责）。

（2）法律基础。《中华人民共和国建筑法》第二十九条规定："建筑工程总承包单位可以将承包工程中的部分工程发包给具有相应资质的分包单位。建筑工程总承包单位按照总承包合同的约定对建设单位负责；分包单位按照分包合同的约定对总承包单位负责。总承包单位和分包单位就分包工程对建设单位承担连带责任。"

建设部2004年2月3日建设部令第124号和2014年8月27日住房和城乡建设部令19号修正的《房屋建筑和市政基础设施工程施工分包管理办法》第五条规定："房屋建筑和市政基础设施工程施工分包分为专业工程分包和劳务作业分包。"专业工程分包，是指施工总承包企业将其所承包工程中的专业工程发包给具有相应资质的其他建筑业企业完成的活动；劳务作业分包，是指施工总承包企业或者专业承包企业将其承包工程中的劳务作业发包给劳务分包企业完成的活动。

《民法典》第七百九十一条第2款规定："总承包人或者勘察、设计、施工承包人经发包人同意，可以将自己承包的部分工作交由第三人完成，第三人就其完成的工作成果与总承包人或者勘察、设计、施工承包人向发包人承担连带责任。"

随着劳务分包资质要求逐步取消，2020年3月1日，住房和城乡建设部、国家发展改革委建市规〔2019〕12号《关于印发房屋建筑和市政基础设项目工程总承包管理办法的通知》发布后，依据《房屋建筑和市政基础设项目工程总承包管理办法修订稿》第二十一条，工程可以采用直接发包方式直接进行分包，在建设工程施工过程中，专业工程分包和劳务作业分包这两种方式，也将成为更加常见的专业工程分包形式。

（3）财税处理。在EPC模式下，工程总承包商通过EPC总承包合同将某一工程由设计到施工的全过程进行总承包。但是，现实中由于EPC工程复杂、耗时长、所需专业工程庞大，工程总承包商通常会采用二次分包的模式进行工程项目的专业化分工。但由于EPC模式本身的复杂性（包括自产或外购货物、劳务分包与专业分包并存的情况）以及"营改增"下建筑行业遗留的特殊问题，针对分包阶段的税务处理需要满足系统性和规范化要求。

A. 差额计税。增值税一般按照销项税额抵减进项税额后的余额作为应纳增值税额，即：

应纳增值税额 = 销项税额 - 进项税额

但是，由于建筑行业存在一些特殊情况，如劳务零散、材料零散等原因，导致上游分包方无法提供合法、合规的增值税专用发票，使下游总承包方无法进行税款抵扣，增值税负担上升。在建筑服务的分包业务中存在很多适合简易征收增值税的情形。为了更好地保证增值税抵扣链条的完整性和控制税负，对符合条件的项目征税时采用差额征收方式。按照现行税法规定，采用差额征收的有以下几种情形：

其一，开工日期在2016年5月1日前的建筑工程老项目；

其二，甲供工程的新项目；

其三，清包工的新项目；

其四，建筑工程总承包单位为房屋建筑的地基与基础、主体结构提供工程服务，建设单位自行采购全部或部分钢材、混凝土、砌体材料、预制构件的，适用简易计税方法计税；

其五，无论是建筑业采用一般计税方式，还是简易计税方式，如果属于异地工程需要在外地预缴增值税的，也涉及差额后预缴税款问题。即建筑业异地预缴，需要按照其取得全部价款和价外费用减去支付的分包款，分别按2%（一般计税）或3%（简易计税）在异地预缴增值税。

对于差额征收方式下如何确定销售额，财税〔2016〕36号文规定如下："试点纳税人提供建筑服务适用简易计税方法的，以取得的全部价款和价外费用扣除支付的分包款后的余额为销售额。"

国家税务总局公告2019年第31号更加明确地作出如下规定："纳税人提供建筑服务，按照规定允许从其取得的全部价款和价外费用中扣除的分包款，是指支付给分包方的全部价款和价外费用。"

B. 异地预缴。在建筑工程服务中，由于建筑工程耗时长，施工负责方往往会对承包方的资质进行考量，而某些施工区域（如水电站、水利大坝等建筑设施）由于地域偏远，当地的建筑工程提供商资质不达标，发包方往往会寻求外地具有丰富施工经验和完备施工资质的承包商合作。

在这种情况下，一方面为了保证税款足额的及时入库，另一方面为了保证事权与财权的统一，国家税务总局公告2016年第17号对跨地区提供建筑服务作出采取预缴增值税的规定："第四条纳税人跨县（市、区）提供建筑服务，按照以下规定预缴税款：

（一）一般纳税人跨县（市、区）提供建筑服务，适用一般计税方法计税的，以取得的全部价款和价外费用扣除支付的分包款后的余额，按照2%的预征率计算应预缴税款。

（二）一般纳税人跨县（市、区）提供建筑服务，选择适用简易计税方法计税的，以取得的全部价款和价外费用扣除支付的分包款后的余额，按照3%的征收率计算应预缴税款。

（三）小规模纳税人跨县（市、区）提供建筑服务，以取得的全部价款和价外费用扣除支付的分包款后的余额，按照3%的征收率计算应预缴税款。"

国家税务总局公告2017年第11号规定："三、纳税人在同一地级行政区范围内跨县（市、区）提供建筑服务，不适用《纳税人跨县（市、区）提供建筑服务增值税征收管理暂行办法》（国家税务总局公告2016年第17号印发）。"

财税〔2017〕58号文规定："三、纳税人提供建筑服务取得预收款，应在收到预收款时，以取得的预收款扣除支付的分包款后的余额，按照本条第三款规定的预征率预缴增值税。

按照现行规定应在建筑服务发生地预缴增值税的项目，纳税人收到预收款时在建筑服务发生地预缴增值税。按照现行规定无须在建筑服务发生地预缴增值税的项目，纳税人收到预收款时在机构所在地预缴增值税。

适用一般计税方法计税的项目预征率为2%，适用简易计税方法计税的项目预征率为3%。"

根据上述规定，在异地提供建筑服务时，需要在服务提供地预缴增值税。预缴增值税时，需要重点关注以下关键点：

第一，异地提供服务标准。异地提供建筑服务以“是否跨地级行政区”作为唯一的判定标准，对于未跨地级行政区的建筑服务，属于本地项目，无须在建筑服务发生地预缴增值税，对于跨地级行政区的建筑服务，属于异地项目，需要在建筑服务发生地预缴增值税。

【案例 5－1】 2020 年 3 月 10 日，位于江西南昌西湖区的建筑工程单位甲与位于深圳的房地产开发商达成分包合同，合同约定甲方分别对位于江西南昌东湖区的建筑工程 A 和位于江西九江市浔阳区的建筑工程 B 提供地基与主体结构施工工程服务。

解析：对于上述情形，由于建筑工程 A 与甲方属于同一地级行政区区划，属于本地项目，按税法规定无须进行增值税预缴。

第二，预缴时间点。对于预缴时间点的区分，需要从以下两个维度进行区分：其一，是否存在预收款；其二，是否存在异地项目。在收到预收款的情况下，无论是否是异地项目，都需要预缴增值税，只是缴纳针对的税务机关有所不同。若不存在预收款，则只对异地项目收到的合同款项进行预缴。

对于预收款，其纳税义务发生时间为收到预收款的当天；不存在预收款时，纳税义务发生时间按纳税人发生应税行为并收讫销售款项或者取得索取销售款项凭据的当天；先开具发票的，为开具发票的当天。其中，收讫销售款项，是指纳税人销售服务、无形资产、不动产过程中或者完成后收到款项。取得索取销售款项凭据的当天，是指书面合同确定的付款日期；未签订书面合同或者书面合同未确定付款日期的，为服务、无形资产转让完成的当天或者不动产权属变更的当天。具体规定见表 5－1。

表 5－1　预缴增值税相关政策

情形	异地项目	本地项目	预缴时间
存在预收款	须预缴	须预缴	收到预收款当天
没有预收款	须预缴		收款/开票的当天

【案例 5－2】 接案例 5－1，若在 2020 年 3 月 10 日，甲乙双方签订了建筑服务合同，同期乙方分别向甲方对 A、B 两个项目支付了预收款项 120 万、200 万元。

解析：由于甲乙双方存在预收款，根据财税〔2017〕58 号文规定，需要对预收款进行增值税预缴。由于建筑工程 A 属于本地项目，建筑工程 B 属于异地项目，则针对存在预收款的 A 项目需要在机构所在地江西南昌进行预缴增值税，而 B 项目需要在建筑服务提供地江西九江进行预缴增值税。

第三，计税方法。

在进行预缴税款时，无论是预收款或者没有非预收款但存在异地项目的，必须采用差额计缴增值税。

当存在预收账款时：

一般计税项目应预缴增值税税款＝(预收账款－支付的分包款)÷(1＋税率 9%)×2%；

简易计税项目应预缴增值税税款＝(预收账款－支付的分包款)÷(1＋征收率 3%)×3%

不存在预收款，但是存在异地项目时：

一般计税项目应预缴增值税税款＝(全部价款及价外费用－支付的分包款)÷(1＋税率

9%）×2%；

简易计税项目应预缴增值税税款 =（全部价款及价外费用 - 支付的分包款）÷（1 + 征收率 3%）×3%

【案例 5 -3】 接案例 5 - 2，若甲方为小规模纳税人，2020 年 3 月 10 日收到 A、B 两个项目预收款 120 万、200 万元。

解析：在该案例中，甲方需要对 A、B 两个项目分别进行增值税预缴的处理。

A 项目：120 ÷（1 +3%）×3% =3. 495 （万元）

B 项目：200 ÷（1 +3%）×3% =5. 825 （万元）

第四，附加税费处理。

城市维护建设税和教育费附加是依附于增值税、消费税的附加税费。预缴增值税时，应当按照预缴的增值税额征收相应的城市维护建设税和教育税附加。

财税〔2016〕74 号文规定："一、纳税人跨地区提供建筑服务、销售和出租不动产的，应在建筑服务发生地、不动产所在地预缴增值税时，以预缴增值税税额为计税依据，并按预缴增值税所在地的城市维护建设税适用税率和教育费附加征收率就地计算缴纳城市维护建设税和教育费附加。二、预缴增值税的纳税人在其机构所在地申报缴纳增值税时，以其实际缴纳的增值税税额为计税依据，并按机构所在地的城市维护建设税适用税率和教育费附加征收率就地计算缴纳城市维护建设税和教育费附加。"

根据上述税法规定，在增值税预缴情况下，城市维护建设税和教育费附加依然体现了属地原则。在增值税预缴时，城市维护建设税和教育费附加的计税依据按照预缴的增值税额计算，并且在预缴增值税的地点缴纳城市维护建设税和教育费附加。

【案例 5 -4】 接案例 5 - 3，对于预缴的增值税额，需要进行城市维护建设税和教育费附加的计算和缴纳。

A 项目：3. 495 ×（7% +1%）=0. 277 （万元）

B 项目：5. 825 ×（7% +1%）=0. 466 （万元）

缴纳附加税费时，A 项目、B 项目分别向江西南昌税务局、江西九江税务局缴纳城市维护建设税和教育费附加。

而在其机构所在地实际申报增值税税额时，应当以"增值税销项税额—增值税进项税额—异地预缴增值税"为计税依据，向机构所在地税务机关缴纳城市维护建设税和教育费附加。

第五，会计处理。

收到预收款时：

借：银行存款

　　贷：预收账款

采用简易计税方法：

借：应交税费——简易计税（预缴）

　　贷：银行存款

采用一般计税方法：

预缴时：

借：应交税费——预交增值税

　　贷：银行存款

纳税义务发生时：

借：应交税费——未交增值税

　　贷：应交税费——预交增值税

第六，预缴申报。在对预缴款项进行申报时，国家税务总局公告2016年第53号规定："纳税人跨县（市、区）提供建筑服务，在向建筑服务发生地主管国税机关预缴税款时，需填报《增值税预缴税款表》，并出示以下资料：

（一）与发包方签订的建筑合同复印件（加盖纳税人公章）；

（二）与分包方签订的分包合同复印件（加盖纳税人公章）；

（三）从分包方取得的发票复印件（加盖纳税人公章）。"

（4）逻辑架构图示归纳。建筑分包模式的逻辑架构见图5-4。

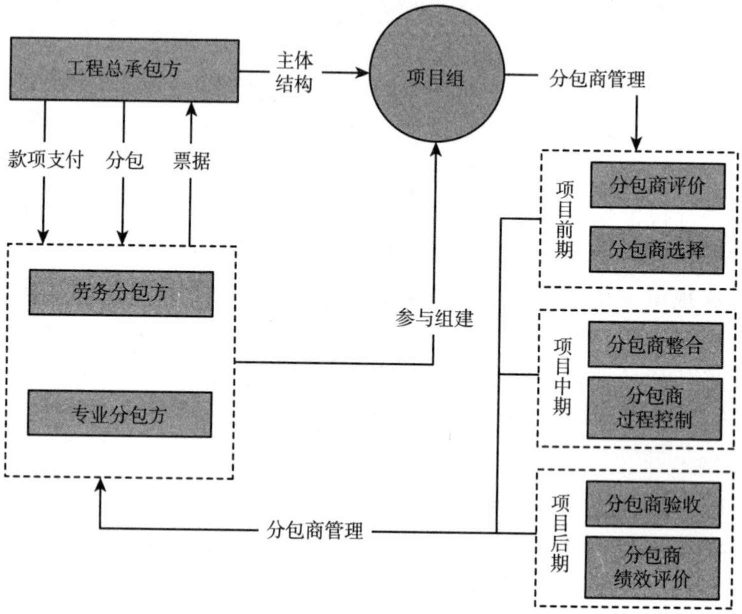

图5-4　建筑分包模式的逻辑架构

5.3.5　工程承揽模式

（1）概念内涵。工程承揽模式可作为建筑工程承包模式的补充，其实工程承包是工程承揽的方式之一。在建筑施工合同中，虽然建筑工程合同与建筑承揽合同本质上均属于完成一定工作并交付工作成果的典型给付形式，但是，为了防范建筑施工过程中工程质量低劣和拖欠工程款等违法违规形为的出现，法律在立法时选择将建筑工程承包合同从承揽合同中剥离出，并对其作出独立管理。工程承揽业务同样可以开具出建筑服务发票，在建设工程施工中具有相当的灵活性。在适用法律、承揽方资质要求、承揽比例等方面具有非常大的可操作空间。在建设工程施工过程中，采用工程承揽模式，在资质等级业务许可范围内承揽建筑工程附属工程全部及部分材料、设备采购，不受工程总量比例的限制，不仅符合《中华人民共和国建筑法》第二十九条规定，更能实现建安工程施工的深层次合作。

（2）法律基础。《合同法》第二百八十七条规定："本章没有规定的，适用承揽合同的规定。”《民法典》第八百零八条将此条款内容在建设工程合同章节中未作删除或改动。由此可见，建设合同本身就属于特殊的承揽合同，当建设工程合同的形式、内容存在操作空白处时，可以使用工程承揽的方式进行填充补给。

在建设工程施工过程中，采用工程承揽模式，在资质等级业务许可范围内承揽建筑工程附属工程全部材料及设备采购，不受工程总量比例的限制，符合《中华人民共和国建筑法》第二十九条规定。

(3) 财税处理。虽然建筑施工合同本质上是工程承揽合同的一种，但是在实际业务中，为达到对建筑工程质量的控制，与建筑相关的工程合同都已经从承揽合同中抽离并且针对建筑过程中容易出现纠纷的部分作出了明确的规定。具体建筑承包与建筑承揽合同的区别如下：

A. 约定合同形式不同。承揽合同是诺成、不要式合同，当事人可任意选择口头形式、书面形式和其他形式；承包合同是一般以书面形式确定发包与承包双方的权利与义务，并受法律保护的契约性文件。

B. 订立合同方式不同。一般承揽合同在订立时经合同双方协商达成一致即可成立；而承包合同的签订，一般依法采取公开招标的方式进行。

C. 合同解除方式不同。承揽合同因当事人双方的合意而成立，也可以因双方的合意而解除。在当事人双方协议解除合同时，承揽合同也即因解除而终止。而承包合同依法成立即具有法律效力，任何一方无法律依据均不得随意变更或解除。

同时在印花税中，将承揽合同与建筑相关的合同区分开来，适用于不同的税率，如表5-2所示。

表5-2　部分印花税税率及计税依据

税目	计税依据及税率
加工承揽合同	按加工或承揽收入万分之五贴花
建设工程勘察设计合同	按收取费用万分之五贴花
建筑安装工程承包合同	按承包金额万分之三贴花
购销合同	按购销金额万分之三贴花

由表5-2可知，对于不同的合同，印花税使用的税率与计税依据均不相同，对于建筑企业而言，签订工程承揽合同时，应当注意将不同形式的合同进行拆分，例如，对工程中的材料、设备采购进行拆分，与整个工程承揽中提供的服务相分离，使其适用于较低的印花税率。

(4) 逻辑架构图示归纳。工程承揽模式的逻辑架构见图5-5。

5.3.6　主体劳务+工程承揽组合模式

(1) 概念内涵。主体劳务+工程承揽组合，即劳务公司与建筑公司的组合，由劳务公司做主体劳务，建设公司承揽附属工程和工程建筑材料采购与机械设备租赁。用这种方式规避3个法律问题：一是主体工程不得分包；二是分包比例不得超过中标合同价的30%；三是计取劳务费用的同时又计取主要材料款和大型机械设备、主要周转材料费用。可以避免被住房和城乡建设主管部门认定为违法分包从而被课以行政处罚。采取主体劳务+工程承揽组合模式可以有效地解决主体工程不得分包、分包比例不得过大的问题，承包人计取劳务作业

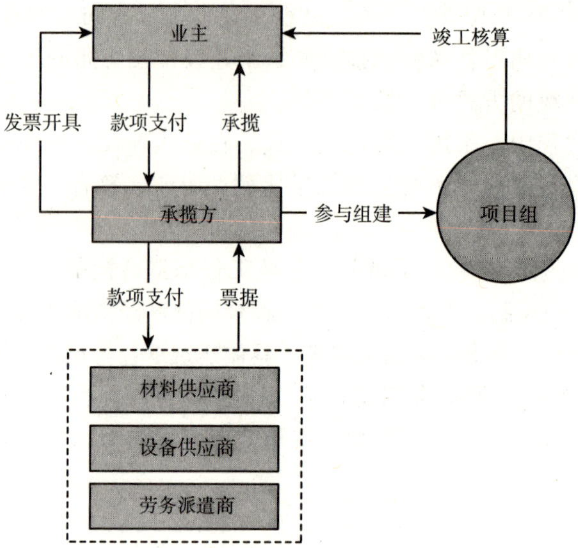

图 5-5 工程承揽模式的逻辑架构

费用外，还计取主要建筑材料款和大中型施工机械设备及主要周转材料费用的问题，具有建安工程操作的合法性。

（2）法律基础。《中华人民共和国建筑法》第二十九条规定：施工总承包的，建筑工程主体结构的施工必须由总承包单位自行完成。

《建筑工程施工发包与承包违法行为认定查处管理办法》第十二条规定，存在下列情形之一的，属于违法分包：

A. 承包单位将其承包的工程分包给个人的；

B. 施工总承包单位或专业承包单位将工程分包给不具备相应资质单位的；

C. 施工总承包单位将施工总承包合同范围内工程主体结构的施工分包给其他单位的，钢结构工程除外；

D. 专业分包单位将其承包的专业工程中非劳务作业部分再分包的；

E. 专业作业承包人将其承包的劳务再分包的；

F. 专业作业承包人除计取劳务作业费用外，还计取主要建筑材料款和大中型施工机械设备、主要周转材料费用的。

（3）财税处理。在 EPC 模式下，为弥补劳务不足的情况，工程总承包方将一些劳务通过劳务派遣的方式进行处理。

关于劳务派遣的财税处理，财税〔2016〕47 号文作出如下规定："一般纳税人提供劳务派遣服务，可以按照《财政部 国家税务总局关于全面推开营业税改征增值税试点的通知》（财税〔2016〕6 号）的有关规定，以取得的全部价款和价外费用为销售额，按照一般计税方法计算缴纳增值税；也可以选择差额纳税，以取得的全部价款和价外费用，扣除代用工单位支付给劳务派遣员工的工资、福利和为其办理社会保险及住房公积金后的余额为销售额，按照简易计税方法依 5% 的征收率计算缴纳增值税。

小规模纳税人提供劳务派遣服务，可以按照《财政部 国家税务总局关于全面推开营业税改征增值税试点的通知》（财税〔2016〕36 号）的有关规定，以取得的全部价款和价外费用为销售额，按照简易计税方法依 3% 的征收率计算缴纳增值税；也可以选择差额纳税，以取得的全部价款和价外费用，扣除代用工单位支付给劳务派遣员工的工资、福利和为其办理社会保险及住房公积金后的余额为销售额，按照简易计税方法依 5% 的征收率计算缴纳增值税。选择差额纳税的纳税人，向用工单位收取用于支付给劳务派遣员工的工资、福利和为其办理社会保险及住房公积金的费用，不得开具增值税专用发票，可以开具普通发票。”

由上述规定可知，劳务派遣的增值税处理需要注意以下关键点：

A. 可选择差额纳税。对于劳务派遣行为，增值税一般纳税人和小规模纳税人均可选择是否使用差额纳税。选择差额纳税时，适用税率与税基均不相同，具体如表 5 - 3 所示。

表 5 - 3　　劳务派遣行为的计税方法

纳税人类别	税制要素	一般计税方法	差额纳税
一般纳税人	税率	6%	5%
	税基	全部价款和价外费用	扣除后余额
小规模纳税人	税率	3%	5%
	税基	全部价款和价外费用	扣除后余额

B. 发票开具。对于劳务派遣业务的发票开具，需要分情况进行分析。若是采用一般计税方法，可针对劳务派遣业务缴纳的增值税开具增值税专用发票。但是，采用差额征税方法时，对于可以扣除的部分，不能开具增值税专用发票，只能开具增值税普通发票。

【案例 5 - 5】若 2020 年 6 月，甲劳务派遣公司向 EPC 总承包公司通过劳务派遣取得含税收入 200 万元，其中，100 万元为支付给派遣员工的工资和福利，50 万元为其办理的社会保险及住房公积金，10 万元为派遣员工购买人身意外保险。

解析：若甲劳务派遣公司为一般纳税人，且不采用差额纳税，则应纳税额为：

200/(1 + 6%) × 6% = 11.32（万元）

若采用差额纳税，则应纳税额为：

(200 - 100 - 50)/(1 + 5%) × 5% = 2.38（万元）

其中，为员工购买的人身意外保险 10 万元不包含在可扣除代用工单位支付给劳务派遣员工的工资、福利和为其办理社会保险及住房公积金中，所以在对差额计税时不应当计入可扣除成本。

若甲劳务派遣公司为小规模纳税人，且不采用差额纳税，则应纳税额为：

200/(1 + 3%) × 3% = 5.83（万元）

若采用差额纳税，则应纳税额为：

(200 - 100 - 50)/(1 + 5%) × 5% = 2.38（万元）

C. 会计分录。

【案例 5 - 6】接上例，若甲劳务派遣公司为一般纳税人，且不采用差额纳税，则会计处理如下：

确认收入时：

借：银行存款　　200

贷：主营业务收入 188.68
应交税费——应交增值税（销项税额） 11.32

确认成本费用时：

借：主营业务成本 150
管理费用（生产成本） 10
贷：应付职工薪酬——工资薪金 100
应付职工薪酬——社保及住房公积金 50
应付职工薪酬——职工保险 10

若甲劳务派遣公司为一般纳税人，且采用差额纳税，则会计处理如下：

确认收入时：

借：银行存款 200
贷：主营业务收入 190.48
应交税费——应交增值税（销项税额） 9.52

确认成本费用时：

借：主营业务成本 142.86
应交税费——应交增值税（销项税额抵减） 7.14
管理费用（生产成本） 10
贷：应付职工薪酬——工资薪金 100
应付职工薪酬——社保及住房公积金 50
应付职工薪酬——职工保险 10

（4）逻辑架构图示归纳。主体劳务＋工程承揽模式逻辑架构见图5－6。

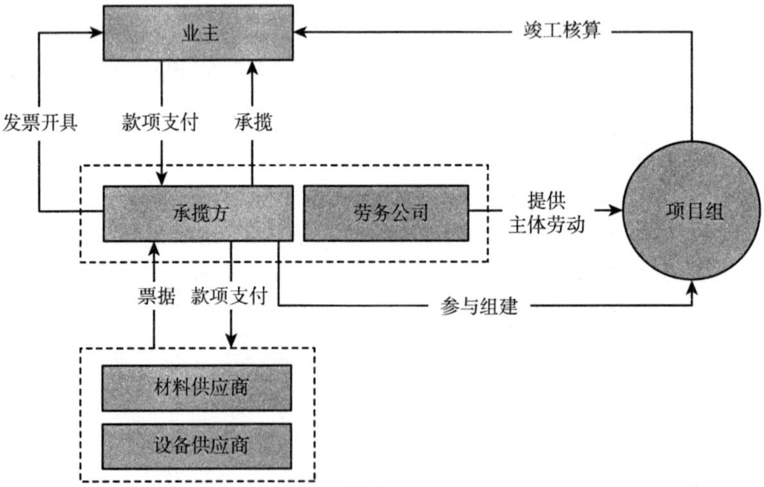

图5－6 主体劳务＋工程承揽模式逻辑架构

5.3.7 专业施工班组模式

（1）概念内涵。专业施工班组是建设工程劳务承包的最小主体。对不能再次分包的项目，可通过与建筑公司或其分公司的各专业施工班组合作，真实开展工程施工作业后，开具各专业施工班组综合税率的增值税专票或普票。

（2）法律基础。工程建设是一项资金投入高、技术含量高、涉及环节多、专业类别多的高风险活动。工程讲究百年大计，质量第一，安全生产大于天。工程建设必须实打实、硬对硬，掺不得半点“假货”。一旦假证、假人、假材料、假技术充斥其中，必将出现“豆腐渣工程”，对人民群众的生命财产造成重大损失。所以对于建筑项目，国家对于分包有着明确的法律限制，为防止重复多次的分包工程导致建筑工程追责困难、项目资金被层层剥离、项目资金落实难的问题。《建筑工程施工发包与承包违法行为认定查处管理办法》（建市规〔2019〕1 号）第十二条明确指出：“存在下列情形之一的，属于违法分包：

（一）承包单位将其承包的工程分包给个人的；

（二）施工总承包单位或专业承包单位将工程分包给不具备相应资质单位的；

（三）施工总承包单位将施工总承包合同范围内工程主体结构的施工分包给其他单位的，钢结构工程除外；

（四）专业分包单位将其承包的专业工程中非劳务作业部分再分包的；

（五）专业作业承包人将其承包的劳务再分包的；

（六）专业作业承包人除计取劳务作业费用外，还计取主要建筑材料款和大中型施工机械设备、主要周转材料费用的。”

根据上述规定，劳务分包不能再分包给劳务公司，但专业承包单位和专业分包单位可将其承包的专业工程中的劳务作业部分再分包给劳务公司及其分公司或从事某一专业作业的劳务（如钢构作业、抹灰作业、混凝土作业、幕墙玻璃作业、水电安装作业、油漆作业等劳务作业）的包工头或专业班组单位，即从事专业作业总承包的建筑公司，可将其与承包单位（即施工总承包单位、专业承包单位和专业分包单位）签订的劳务分包合同中的各专业作业班组劳务再分包给包工头或专业班组单位。因此，建筑公司或劳务公司及其分公司须与包工头或专业班组单位签订各专业作业班组分包合同，这种劳务合同是受国家法律保护的。

合同的签订方式有：A. 建筑公司或劳务公司及其分公司与作业班组单位签订专业作业班组分包合同；B. 建筑公司或劳务公司及其分公司与包工头或各班组长签订班组劳务承包合同，在合同中约定包工头或班组长以建筑公司或劳务公司及其分公司的名义对外经营，对外进行独立的会计核算，包工头自负盈亏。

因此，在建安劳务合作中，对不能再次分包的项目，可通过与建筑公司或劳务公司及其分公司的各施工班组合作并开具各施工班组综合税率的增值税专票或普票。

（3）财税处理：防止虚开发票。在该模式下，需要重点关注的是，杜绝虚开增值税专用发票的情况出现。对于增值税专用发票的开具要做到实事求是，不可为了抵扣劳务成本的原因，在没有实际业务往来的情况下，就劳务活动虚开增值税发票。

司法判例

2017 年 1 月至 2018 年 1 月，江西 A 装饰工程有限公司（以下简称“A 公司”）承接了 Z 集团的工装业务，A 公司将施工业务分包给施工班组。因 A 公司不具备开劳务发票的能力，A 公司项目部经理被告人 H 介绍承接其公司施工分包业务的包工头 L 等人在江西 X 人力资源管理有限公司（以下简称“X 公司”）处虚开劳务发票。被告人 H 在没有真实业务往来情况下，以 A 公司名义与 X 公司签订虚假劳务协议，支付票面金额 3% 的开票费用虚开增值税发票，所开具的发票用以抵扣劳务成本。A 公司共向 X 公司购买了 21 张增值税普通发票，价税合计金额为人民币 3704849.96 元。经过案件审理，被告人 H 供述，证实其 2016 年 11 月起任江西 A 装饰工程有限公司项目经理。2017 年 1 月，其所在的 A 公司承接了 Z 集团的工装业务，A 公司将施工业务分包给施工班组，A 公司施工业务需要劳务发票才能打款给施工班组。Z 集团要求 A 公司提供劳务发票，但其公司不具备开劳务发票能力，A 公司就通过 X 公司开票，A 公司拿到劳务发票后就可以抵扣劳务成本。A 公司在 X 公司一共开了 21 张增值税普通发票，票面金额总计 345 万元人民币。A 公司与 X 公司没有实质性的业务关系。

故根据上述的案件事实，可以认定，被告人 H 已经构成恶意虚开发票罪。

5.3.8 委托代征税合作模式

（1）概念内涵。鉴于建筑行业计税、申报、开票复杂等因素，为方便建筑施工企业相关联的上下游施工班组、工程劳务统一在“税收洼地”集中缴纳，可以申请在“税收洼地”设立税收代征点，统一办理施工班组工商注册、领票、申报、缴税等相关业务，能有效解决工程施工中部分实际发生施工成本，却进项难的问题。

（2）法律基础。建筑工程分布广泛，往往分布于偏僻的地区，如水电站施工作业、高架桥施工作业、山区隧道施工作业等。一项施工项目横跨多地，故存在异地缴纳和零星税收的问题。面对现实情况，我国推出了以零星分散和异地缴纳的税源为征税对象的委托代征税模式。

对于委托代征最重要的法律依据是我国《中华人民共和国税收征收管理法实施细则》第四十四条。根据该条规定，税务机关“可以根据有利于税收控管和方便纳税的原则，按照国家有关规定委托有关单位和人员代征零星分散和异地缴纳的税收，并发给委托代征证书”。以该条文为依据，国家税务总局颁布了《集贸市场税收分类管理办法》（国税发〔2004〕154 号），该办法第四条规定，对税源零星的小型集贸市场，税务机关可按照有关规定委托有关单位代征税款。国家税务总局《个体工商户税收定期定额征收管理办法》第十五条规定，对定期定额征收的个体工商户，县以上税务机关可根据当地实际情况，依法委托有关单位代征税款。2013 年出台的《委托代征管理办法》（国家税务总局公告 2013 年第 24 号）将委托代征彻底予以明确，将被委托人界定为除税务机关以外的其他单位和个人，将委托事项界定为零星分散、异地预缴的税源，并且明确了被委托人的责任义务等。

（3）财税处理。

A. 委托代征的法律责任。被委托人需要按时、合规、完整地对委托代征的税款进行代征。因代征人责任未征或少征税款的，税务机关应向纳税人追缴税款，并可按《委托代征协议书》的约定向代征人按日加收未征少征税款万分之五的违约金，但代征人将纳税人拒绝缴纳等情况自纳税人拒绝之时起 24 小时内报告税务机关的除外。代征人违规多征税款的，由税务机关承担相应的法律责任，并责令代征人立即退还，税款已入库的，由税务机关按规定办理退库手续；代征人违规多征税款致使纳税人合法权益受到损失的，由税务机关赔偿，税务机关拥有事后向代征人追偿的权利。

B. 委托代征协议。对于委托代征协议，需要注意以下要点：

第一，协议应当包含的内容：当税务机关与纳税人签订委托代征协议时，需要注意应当保证委托代征协议的完整性。其至少应当包括：税务机关和代征人的名称、联系电话；委托代征范围和期限；委托代征的税种及附加、计税依据及税率；票、款结报缴销期限和额度；税务机关和代征人双方的权利、义务和责任；代征手续费标准；违约责任。

第二，生效时间：对于委托代征协议的生效时间关键点在于签字并盖章。代征人为行政、事业、企业单位及其他社会组织的，《委托代征协议书》自双方的法定代表人或法定代理人签字并加盖公章后生效；代征人为自然人的，《委托代征协议书》自代征人及税务机关的法定代表人签字并加盖税务机关公章后生效。

第三，委托代征协议持续时间：《委托代征协议书》有效期最长不得超过3年。有效期满需要继续委托代征的，应当重新签订《委托代征协议书》。并且在《委托代征协议书》签订后，税务机关应当向代征人提供受托代征税款所需的税收票证、报表。

（4）逻辑架构图示归纳。委托代征税模式逻辑架构见图5-7。

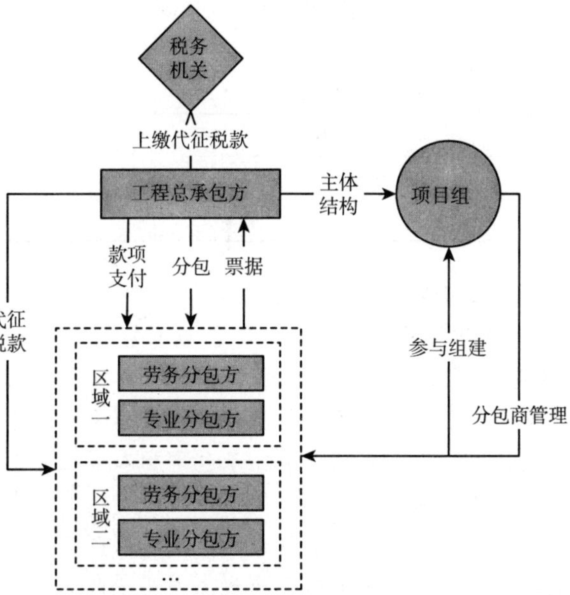

图5-7　委托代征税模式逻辑架构

【知识链接5-1】

1. 建筑工程总承包VS建筑施工总承包

（1）定义不同：建筑工程总承包是指对工程项目的勘测、设计、采购、施工、竣工验收等进行全过程或若干阶段的承包。建筑施工总承包是指只将建筑工程中施工、装修装饰、安装工程全部委托给一家承包商。

（2）责任不同：建筑工程总承包并不只是在建筑施工总承包模式上的简单加码，而是一种崭新的交易模式，极大地扩大了责任边界。建筑施工总承包的责任主要集中于按图施工和按标准施工，对于在施工过程中发现的设计或图纸错误，需要及时地提出意见和建议。建筑工程总承包则是要求向业主（发包方）负责。其中，满足预期的使用功能要求是最为首要的责任，也就是说，即使工程总承包方按照预定标准进行工程施工，且主观或客观上并未存在过失，但是进行竣工结算后工程未能达到相应的预期使用目的时，依旧不可免除其责任。

（3）流程不同：建筑施工总承包采用的是设计—招标—施工的线性序列形式的流程，在进行施工环节前，设计是建筑施工总承包的前提条件。但是在建筑工程总承包中，设计、采购、施工由同一总承包商完成，建筑工程总承包商可以采用并行流程，使得设计、施工、采购等工作同时进行。

（4）差异总结。建筑工程总承包与传统建筑施工总承包差异见表5－4。

表5－4　建筑工程总承包与传统建筑施工总承包差异对比

模式	传统	EPC
范围	广泛	规模较大的工业投资
流程	顺序	有序交叉
协调	业主外部调节	承包方内部调节
成本	偏高	偏低
效益	较低	较高
进度控制	难	较易
投标竞争	强	较弱
承包方利润空间	较小	较大

2. 建筑工程承包合同的书面形式和其他形式

《住房和城乡建设部关于印发建筑工程施工发包与承包违法行为认定查处管理办法的通知》（建市规〔2019〕1号）第十九条规定，施工总承包单位、专业承包单位均指直接承接建设单位发包的工程的单位；专业分包单位是指承接施工总承包或专业承包企业分包专业工程的单位。承包单位包括施工总承包单位、专业承包单位和专业分包单位。基于此规定，建筑工程承包合同体现为以下三种书面形式的合同：

一是施工总承包单位与建设单位或业主签订的施工总承包合同；

二是专业承包单位与建设单位或业主签订的施工专业承包合同；

三是专业分包单位与施工总承包单位或专业承包单位签订的专业分包合同。

另外，《中华人民共和国民法典》第一百三十五条民事法律行为可以采用书面形式、口头形式或者其他形式；法律、行政法规规定或者当事人约定采用特定形式的，应当采用特定形式。第一百三十六条民事法律行为自成立时生效，但是法律另有规定或者当事人另有约定的除外。基于此法律规定，建设单位与施工企业没有签订建筑施工合同，但是有建设单位签字的交给施工企业的开工令或者建筑施工企业向建设单位提交并经建设单位签字同意的进场开工报告，也是建设单位于施工双方之间的民事法律行为，属于民事法律行为中可以采用的“其他形式”，受法律保护。

第6章

大建安财税筹划平台实践应用与典型案例

6.1 大建安财税筹划平台及其合作优势

6.1.1 大建安财税筹划平台

大建安 EPC 总承包模式是引进国际项目管理理念，利用建筑安装行业多种承包模式，将房地产项目开发过程中从土地一二级联动开发到设计、施工、采购、项目托管、工程咨询、融资、工程监理、销售推广等业务过程进行战略规划与协同整合的一种税务规划模式，是数字经济背景下平台经济实操模式的一种，主要适用于建设工程、房地产开发项目、新基建等领域。

大建安财税筹划平台新模式建立在大建安 EPC 总承包模式的基础上，以总部经济（基地）作为其平台依托，具有平台经济的基本属性，同时享受地方政府财政奖扶优惠政策。因此，大建安财税筹划平台一般建立在总部经济（基地），并以总部经济（基地）为业务规划的平台依托；总部经济（基地）一般建立在地方政府赋予财政奖扶优惠政策的地区或辖区，能够实现区域经济增长与税收收入的联动效应。大建安财税筹划平台新模式的交易结构与业务流程见图 6 - 1 所示。

大建安财税筹划平台能够将平台机制、财政奖扶优惠政策、大建安 EPC 工程总承包模式有机结合起来，满足“业财法税融合”框架下的交易结构、财务管理、法律规制与税务规划的内在契合性，拓展形成一种崭新的交易结构模式与战略规划逻辑，从而突破传统建安工程项目的模式束缚，实现具有生命力、兼具灵活性与规范性。

6.1.2 大建安财税筹划平台的合作优势

大建安财税筹划平台植根于以下操作原理与政策依据：

一是总部经济（基地）是政府指导监督下的合规性平台公司，契合当前平台经济发展趋势，采用大建安财税筹划平台独有的创新理念，实施大建安 EPC 新模式，涵盖大建安 EPC 总承包方式、施工总承包方式、联合体方式、专业施工班组方式、工程承揽方式、专业分包方式、劳务分包方式、组合方式（主体劳务分包 + 工程承揽方式）等 8 种具体操作方式，全面解决建安和房地产各类财税问题。

二是大建安财税筹划平台以“建筑施工服务 + 工程定额 + 签证”为依据，科学筹划所

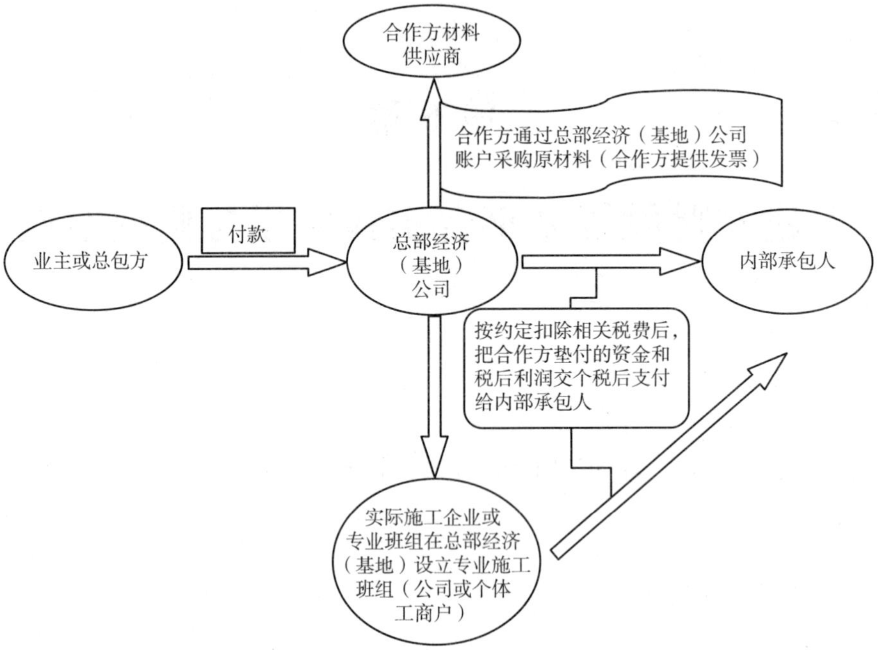

图6－1 大建安财税筹划平台新模式的交易结构与业务流程

投资建设项目的大建安 EPC 成本，合法合规地筹划土地增值税、企业所得税。

三是建安工程项目收入可选择采用查账征收或核定征收方式。当选择查账征收时，可合法开具专业施工班组进项成本发票；当选择核定征收时，因不能抵扣进项税可不要求开具专业施工班组进项成本发票。建安工程合法分包给个体工商户、“包工头”时，其个人所得税可采取核定征收方式或其他方法以有效控制税负率水平。

大建安财税筹划平台共有 10 个方面的合作优势，如图 6－2 所示。

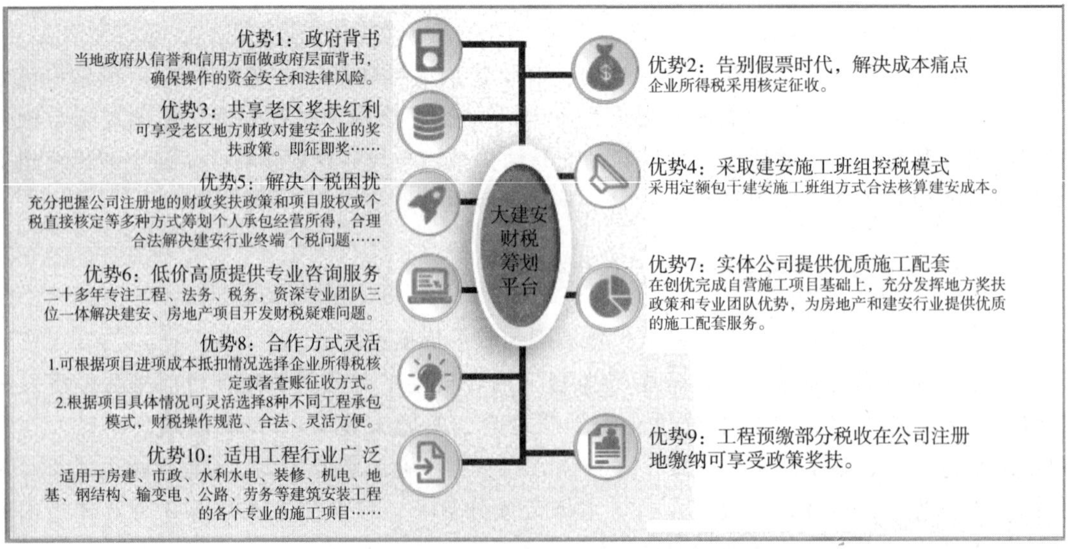

图6－2 大建安财税筹划平台合作优势

6.2　大建安财税筹划平台的实践应用

6.2.1　大建安财税筹划新模式

大建安 EPC 财税新模式的财税筹划空间主要涉及以下几个方面：一是分享财政扶持奖扶资金；二是优化进项成本；三是优化企业所得税；四是优化个人承包经营所得税。

大建安 EPC 项目 8 种操作模式分别为：大建安 EPC 总承包方式、施工总承包方式、联合体方式、专业施工班组方式、工程承揽方式、专业分包方式、劳务分包方式、组合方式（主体劳务分包 + 工程承揽方式）等，如图 6 – 3 所示，具体含义及操作要求请参阅第 5 章相关内容。

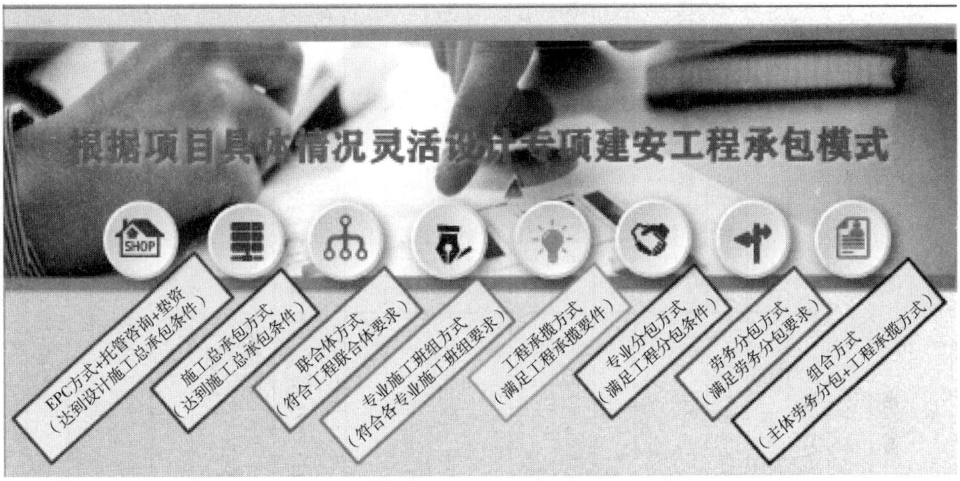

图 6 – 3　大建安 EPC 项目的 8 种操作模式

6.2.2　大建安财税筹划平台及其通用计算模型

为工程建设项目、房地产开发项目提供大建安财税筹划平台，采用 EPC 总承包模式、联合体总承包模式（总包单位做联合体牵头人，建安施工及配套机构做联合体成员，授权牵头人对外代表联合体行使一切权力及对外处理事务，即原所有的资料如报建手续、开工许可、签证、竣工验收等不变），通过大建安财税筹划平台独有创新的建安 EPC 模式，引入"大建安 EPC 模式 = 设计 + 施工 + 工程托管 + 项目融资 + 工程咨询 + 工程监理……"以施工服务 + 工程定额 + 签证为依据，科学筹划所投资建设项目的大建安 EPC 成本，合法合规筹划土地增值税、企业所得税和个人所得税，使项目综合收益率显著提升，最终实现项目开发建设的收益性目标。

大建安财税筹划平台具有灵活性、独特性和可操作性的特点，合规方面得到来自政府、财税机构和企业界等方面的专业验证。大建安 EPC 模式将大大拓展业界的财税管理思维，为工程建设项目、房地产开发、新基建等构建了一个基于"业财法税融合"思想及国际项目管理理念的财税优化解决方案。

总部经济（基地）大建安财税筹划平台不同操作模式下的通用计算模型如表 6 – 1、表 6 – 2、表 6 – 3、表 6 – 4、表 6 – 5 所示。

表 6－1 总部经济（基地）大建安 EPC 总承包通用计算模型

总部经济（基地）财税筹划通用计算模型（9%）（以价税合计 1 亿元为例）								
行	项目	单位	金额				备注	计算公式
1	项目价税合计	万元	10000.00				可据实际项目修改	
2	增值税	万元	825.69				价外税	＝价税合计/1.09×0.09
3	项目价款（不含增值税）	万元	9174.31					＝价税合计－增值税
4	项目成本费用		核定征收	说明	查账征收	说明		
4.1	有票成本		458.72	假定有票占比为 5%	1834.86	假定主材等占比为 20%		含材料、税、费用等
4.2	无票成本		7798.17		6972.48	成立 14 个定额定期个体工商户施工各班组		＝成本费用小计－有票成本
	小计		8256.88		8807.34			＝项目价款（不含增值税）－利润总额
5	项目利润总额	万元	917.43	应纳税所得率 10%	366.97	假定应纳税所得率 4%		＝项目价款（不含增值税）×应纳税所得率
6	企业所得税	万元	229.36	税率 25%	91.74	税率 25%		＝利润总额×25%
7	净利润	万元	688.07		275.23			＝利润总额—企业所得税
8	个人所得税（引进项目股权方式）	万元	137.61	税率 20%（项目股权）	55.05	税率 20%（项目股权）		＝净利润×20%
9	扣除财政奖扶后实交个税	万元	104.17	比例 75.7%	41.67	比例 75.7%		＝个人所得税×75.7%
10	股权分红	万元	550.46		220.18			＝净利润—个人所得税

表 6－2 总部经济（基地）主体劳务＋工程承揽的通用计算模型

总部经济（基地）财税筹划通用计算模型					
工程划分	项目总价款（含增值税）	万元	10000.00		总包方收入（含增值税的总价 1 亿元），可据实际调整
	总包方材料费用等（暂按 30% 算）	万元	3000.00		甲供和税费等，可据实际调整
	扣总包方材料费用等后工程价款	万元	7000.00		营业收入（工程价款）
	增值税	万元	577.98		税率 3% 或 9%，暂按 9% 计算
	工程价款（不含增值税）	万元	6422.02		不含增值税的工程价款
	合同形式		劳务公司主体劳务分包（税率 3% 或 9%）	建筑公司工程承揽合同（税率 9%）	工程承揽＝次要劳务＋甲供之外的材料＋设备租赁等

续表

总部经济（基地）财税筹划通用计算模型

行	项目	单位	金额			备注	金额			备注	计算公式
1	项目价税合计（含增值税）	万元	2000.00			可据实际项目修改	5000.00			可据实际项目修改	
2	增值税（暂按 9% 算）	万元	165.14				412.84				
3	工程价款（不含增值税）	万元	1834.86				4587.16				
4	项目成本费用		查账征收	说明	核定征收		核定征收	说明	查账征收		
4.1	无票成本	万元	1761.47	工资表符合财税规范要求	1651.38	工资表不符合财税规范要求	3899.08	用成本收据入账	3715.6	成立 8 个定额定期个体工商户施工各班组开成本票	
4.2	有票成本	万元					229.36	假定有票占比为 5%	688.07	假定主材等占比为 15%	含材料、价内税、规费、费用等
	小计		1761.47		1651.38		4128.44		4403.67		= 项目价款（不含增值税）- 利润总额
5	项目利润总额	万元	73.39	假定应纳税所得率 4%	183.49	假定应纳税所得率 10%	458.72	应纳税所得率 10%	183.49	假定应纳税所得率 4%	= 项目价款（不含增值税）× 应纳税所得率
6	企业所得税	万元	18.35	税率 25%	45.87	税率 25%	114.68	税率 25%	45.87	税率 25%	= 利润总额 ×25%
7	净利润	万元	55.05		137.61		344.04		137.61		= 利润总额 - 企业所得税

续表

行	项目	单位	金额			备注	金额			备注	计算公式
	总部经济（基地）财税筹划通用计算模型										
8	个人所得税（项目股权方式）	万元	11.01	税率20%	27.52	税率20%	68.81	税率20%	27.52	税率20%	=净利润总额×20%；采用项目股权分红方式
9	扣除财政奖扶后实交个税	万元	8.33	比例75.7%	20.83	比例75.7%	52.09	比例75.7%	20.83	比例75.7%	=个人所得税×75.7%
10	项目股权分红	万元	44.04		110.09		275.23		110.09		=净利润－个人所得税

表6－3　总部经济（基地）建筑工程项目税费（税率9%；核定征收）执行参考标准

建筑工程项目税费明细表（税率9%，企业所得税采用核定征收）

序号	税种（名称）	计税基数		建筑经营地应缴税收					建筑企业注册地应缴税收					两地税收合计	
				预缴2%	按不含税金额计算基数的税率		按含税金额计算基数的税率		清缴7%	按不含税金额计算基数的税率		按含税金额计算基数的税率		不含税的税率	含税的税率
1	增值税	不含税		2%	2%	2%	1.83%	1.83%	7%	7%	7%	6.42%	6.42%	9.00%	8.26%
2	附加税	城建税	增值税	7%	0.14%	0.24%	0.13%	0.22%	5%	0.35%	0.70%	0.32%	0.64%	0.94%	0.86%
3		教育费附加		3%	0.06%		0.06%		3%	0.21%		0.19%			
4		地方教育费附加		2%	0.04%		0.04%		2%	0.14%		0.13%			
5	企业所得税（核定征收税负率按2.5%计）			0.20%	0.20%	0.20%	0.18%	0.18%	2.30%	2.30%	2.30%	2.11%	2.11%	2.50%	2.29%
6	其他	印花税		0.03%	0.03%	0.03%	0.03%	0.03%						0.03%	0.03%
		残疾人基金		0.10%	0.10%	0.10%	0.09%	0.09%						0.10%	0.09%
		工会基金		0.12%	0.12%	0.12%	0.11%	0.11%						0.12%	0.11%
		环境保护税		0.05%	0.05%	0.05%	0.05%	0.05%						0.05%	0.05%
7		合计			2.74%	2.74%	2.52%	2.52%		10.00%	10.00%	9.17%	9.17%	12.74%	11.69%

续表

建筑工程项目税费明细表（税率 9%，企业所得税采用核定征收）

序号	税种（名称）	计税基数	建筑经营地应缴税收			建筑企业注册地应缴税收			两地税收合计	
			预缴 2%	按不含税金额计算基数的税率	按含税金额计算基数的税率	清缴 7%	按不含税金额计算基数的税率	按含税金额计算基数的税率	不含税的税率	含税的税率
8		管理费用	管理费用根据市场情况确定							
9		共享财政奖返	奖返 1% 左右							
10		备注	1. 根据国家税务总局 2016 年 17 号公告 12 条的规定纳税人跨县（市、区）提供建筑服务在预缴之月起超过 6 个月没有在当地预缴税款可以在公司注册所在地缴纳，预缴部分如果在公司注册所在地缴纳可享受奖返。2. 有钢筋、水泥、混凝土、砖主材等进项票据实抵扣							

表 6－4　总部经济（基地）建筑工程项目税费（税率 9%；查账征收）执行参考标准

建筑工程项目税费明细表（税率 9%，企业所得税采用查账征收）

序号	税种（名称）	计税基数		建筑经营地应缴税收					建筑企业注册地地应缴税收					两地税收合计	
				预缴 2%	按不含税金额计算基数的税率		按含税金额计算基数的税率		清缴 7%	按不含税金额计算基数的税率		按含税金额计算基数的税率		不含税的税率	含税的税率
1	增值税	不含税		2%	2%	2%	1.83%	1.83%	7%	7%	7%	6.42%	6.42%	9.00%	8.26%
2	附加税	城建税	增值税	7%	0.14%	0.24%	0.13%	0.22%	5%	0.35%	0.70%	0.32%	0.64%	0.94%	0.86%
3		教育费附加		3%	0.06%		0.06%		3%	0.21%		0.19%			
4		地方教育费附加		2%	0.04%		0.04%		2%	0.14%		0.13%			
5	企业所得税（查账征收税负率按 1% 计算）			0.20%	0.20%	0.20%	0.18%	0.18%	0.80%	0.80%	0.80%	0.73%	0.73%	1.00%	0.92%
6	补定额定期的施工班组								0.50%	0.50%	0.50%	0.46%	0.46%	0.50%	0.46%

续表

建筑工程项目税费明细表（税率9%，企业所得税采用查账征收）

序号	税种（名称）	计税基数		建筑经营地应缴税收					建筑企业注册地地应缴税收					两地税收合计	
				预缴2%	按不含税金额计算基数的税率		按含税金额计算基数的税率		清缴7%	按不含税金额计算基数的税率		按含税金额计算基数的税率		不含税的税率	含税的税率
	补定额定期的施工班组代办费用								0.33%	0.33%	0.33%	0.30%	0.30%	0.30%	0.30%
7	其他	印花税（两次）		0.05%	0.05%	0.05%	0.05%	0.05%						0.05%	0.05%
		残疾人基金		0.10%	0.10%	0.10%	0.09%	0.09%						0.10%	0.09%
		工会基金		0.12%	0.12%	0.12%	0.11%	0.11%						0.12%	0.11%
		环境保护税		0.05%	0.05%	0.05%	0.05%	0.05%						0.05%	0.05%
8		合计			2.76%	2.76%	2.54%	2.54%		9.33%	9.33%	8.56%	8.56%	12.06%	11.09%
9		管理费用	管理费用根据市场情况确定												
10		共享财政奖返	奖返1%左右												
11		备注	1. 根据国家税务总局2016年17号公告12条的规定纳税人跨县（市、区）提供建筑服务在预缴之月起超过6个月没有在当地预缴税款可以在公司注册所在地缴纳，预缴部分如果在公司注册所在地缴纳可享受奖返。2. 查账征收采用“主材+在公司所在地注册N个定额定期的个体工商户施工各班组”的模式，其中主材包括钢筋、水泥、混凝土、砖。3. 主材等进项票据实抵扣												

表 6－5 总部经济（基地）建筑工程项目税费（税率 3%）执行参考标准

建筑工程项目税费明细表（税率 3%）

序号	税种（名称）		计税基数	建筑经营地应缴税收					建筑企业注册地地应缴税收					两地税收合计	
				预缴 3%	按不含税金额计算基数的税率		按含税金额计算基数的税率		清缴	按不含税金额计算基数的税率		按含税金额计算基数的税率		不含税的税率	含税的税率
1	增值税		不含税	3%	3%	3%	2.91%	2.91%						3.00%	2.91%
2	附加税	城建税		7%	0.21%		0.20%								
3		教育费附加	增值税	3%	0.09%	0.36%	0.09%	0.35%						0.36%	0.35%
4		地方教育费附加		2%	0.06%		0.06%								
5	企业所得税			0.20%	0.20%	0.20%	0.19%	0.19%	2.30%	2.30%	2.30%	2.23%	2.23%	2.50%	2.43%
6	其他	印花税		0.03%	0.03%	0.03%	0.03%	0.03%						0.03%	0.03%
		残疾人基金		0.10%	0.10%	0.10%	0.10%	0.10%						0.10%	0.10%
		工会基金		0.12%	0.12%	0.12%	0.12%	0.12%						0.12%	0.12%
		环境保护税		0.05%	0.05%	0.05%	0.05%	0.05%						0.05%	0.05%
7		合计			3.86%	3.86%	3.75%	3.75%		2.30%	2.30%	2.23%	2.23%	6.16%	5.98%
8		管理费用	管理费用根据市场情况确定												
9		备注	根据国家税务总局2016年17号公告12条的规定纳税人跨县（市、区）提供建筑服务在预缴之月起超过6个月没有在当地预缴税款可以在公司注册所在地缴纳，预缴部分如果在公司注册所在地缴纳可享受奖返												

6.3　大建安财税筹划平台典型案例

为了更好地阐释大建安财税筹划平台的框架、流程与操作方案，这里选取2个具有代表性的典型案例进行分析与解读，深入分析大建安财税筹划平台的实际运营效果。

6.3.1　案例1：始于规划阶段的大建安EPC案例

（1）案例说明。本项目是位于我国中部地区的一个商业综合项目，主要包括17栋商铺，共二层。本项目总占地面积为40186.31平方米（约合60.28亩），总建筑面积62430.36平方米，计容总建筑面积为52242.20平方米，不计容建筑面积为10188.16平方米。可销售面积为52242.20平方米，销售预计总收入约为41794万元。运营该项目的房地产开发公司原计划采用民营房地产开发企业的传统模式，找一家施工企业进行挂靠施工，将劳务作业分包给不同工种的包工头，所有的材料、施工机械、设备自己进行采购或租赁。对上述计划方案进行测算，结果表明由于一些建安成本分包给包工头，无法取得工程施工的相应发票，会因为成本缺失或无法获取合规发票而加重项目的总体税负。

引入大建安财税筹划平台，通过大建安EPC模式进行全盘规划，在高质量完成相关工程施工的基础上，利用总部经济（基地）合理合法地取得相关成本与费用票据。经测算，利用大建安EPC模式操作方案，增加综合净利润4509.37万元，综合净利润率提高了11.76%。

（2）案例基本数据及财税测算结果。本项目的基本数据及财税测算结果见表6-6、表6-7、表6-8、表6-9、表6-10、表6-11、表6-12、表6-13。

6.3.2　案例2：始于规划阶段的大建安EPC案例

（1）案例说明。某住宅项目位于南方某地级市，该项目共包括8栋住宅楼（含部分底商），其中4#—5#为21层住宅楼，其他为33层住宅楼，包括一层地下室。总占地面积为46935平方米（70.40亩），总建筑面积167434平方米，计容总建筑面积140427平方米，不计容建筑面积27007平方米。可销售面积为131043平方米，地下车位全部销售，销售总收入约为64400万元。

运营该项目的房地产开发公司原计划采用民营房地产开发企业的传统模式，找一家施工企业进行挂靠施工，将劳务作业分包给不同工种的包工头，所有的材料、施工机械、设备自己进行采购或租赁。对上述计划方案进行测算，结果表明由于一些建安成本分包给不同工种的包工头，无法取得工程施工的相应发票，会因为成本缺失或无法获取合规发票而加重了开发项目的总体税负。

引入大建安财税筹划平台，通过大建安EPC模式进行全盘规划，在高质量完成相关工程施工的基础上，利用总部经济（基地）合理合法地取得相关成本与费用票据。经测算，利用大建安EPC模式操作方案，增加综合净利润6356.76万元，综合利润率提高了10.76%。

（2）案例基本数据及财税测算结果。本项目的基本数据及财税测算结果见表6-14、表6-15、表6-16、表6-17、表6-18、表6-19、表6-20。

表 6－6　　商业综合项目采用大建安平台操作方案的财税结果比较表

序号	项目	原方案（未与大建安平台合作）		实施方案（与大建安平台合作）	
	方案说明	未增加装修工程，施工按定额价下浮 8%		按实际签订价格（含垫资、咨询托管、销售广告等）	
		数据	与销售收入比重（%）	数据	与销售收入比重（%）
1	销售收入（万元）	38342. 90	—	38342. 90	—
2	成本预算值（万元）	13436. 37	35. 04	29662. 68	77. 36
其中	（不含装修、土地）开发成本（元/平方米）	2029. 88	24. 88	2688. 68	32. 96
	主体建安成本（元/平方米）	1350. 46	16. 55	1467. 89	17. 99
	工程融资（元/平方米）	—	0. 00	260. 89	3. 20
	咨询（元/平方米）	—	0. 00	260. 89	3. 20
	销售、广告（元/平方米）	—	0. 00	800. 00	9. 81
	装饰装修（元/平方米）	—	0. 00	917. 43	11. 25
3	多获得附带合规发票的成本额（万元）	—	—	16226. 31	—
4	应交增值税（万元）	2413. 13	6. 29	1034. 07	2. 70
5	土地增值税（万元）	8884. 09	23. 17	1985. 74	5. 18
6	企业所得税（万元）	3955. 61	10. 32	1673. 62	4. 36
7	个人所得税（万元）	2373. 36	6. 19	1004. 17	2. 62
8	4 至 7 项税收总计（万元）	17626. 20	45. 97	5697. 60	14. 86
9	税收减少额（万元）	—	—	11928. 60	31. 11
10	增值额与扣除项目金额之比（%）	142. 27%	—	9. 45%	—
11	开发利润（万元）	7280. 33	18. 99	2982. 62	7. 78
12	综合利润（万元）	7280. 33	18. 99	11789. 70	30. 75
13	增加综合利润（万元）	—	—	4509. 37	11. 76

表 6－7　**开发成本与开发费用预测表（原方案）**

序号	科目名称	估计开发成本（元）	分类合计（元）	备注
1	土地价款	24112000.00	24112000.00	土地征用及拆迁补偿费（按40万元/亩，共60.28亩）
2	勘察、测绘费	300000.00	4930000.00	前期工程费（根据实际情况估算）
3	规划设计费	2250000.00		
4	三通一平	500000.00		
5	咨询费	500000.00		
6	临时设施费	250000.00		
7	规费	30000.00		
8	监理费	1000000.00		
9	其他	100000.00		
10	建筑工程	—	91897489.92	
11	安装工程	—		
12	装修工程（室内装修）	—		
13	基础设施费	3121518.00	3121518.00	（按50元/平方米，按建筑面积62430.36平方米估算）
14	公共配套设施费	1000000.00	1000000.00	（根据实际情况估算）
15	开发间接费用	2580000.00	2580000.00	（根据实际情况估算）
16	财务费用	1000000.00	1000000.00	（根据实际情况估算）
17	销售费用（广告）	2000000.00	2000000.00	（根据实际情况估算）
18	管理费用	1000000.00	1000000.00	（根据实际情况估算）
19	合计		131641007.92	

表 6－8　开发成本与开发费用分摊表（原方案）

项目	合计	普通住宅	非普通住宅	商铺	车位	分摊比例
可售面积（平方米）	52242. 20	0. 00	0. 00	52242. 20	0. 00	
分摊土地成本（元）	24112000. 00	0. 00	0. 00	24112000. 00	0. 00	461. 54
前期工程费（元）	4650943. 40	0. 00	0. 00	4650943. 40	0. 00	89. 03
建筑安装工程费（元）	84309623. 78	0. 00	0. 00	84309623. 78	0. 00	0. 00
基础设施费（元）	2863777. 98	0. 00	0. 00	2863777. 98	0. 00	54. 82
公共配套设施费（元）	1000000. 00	0. 00	0. 00	1000000. 00	0. 00	19. 14
开发间接费用（元）	2580000. 00	0. 00	0. 00	2580000. 00	0. 00	49. 39
财务费用（元）	1000000. 00	0. 00	0. 00	1000000. 00	0. 00	19. 14
销售费用（元）	2000000. 00	0. 00	0. 00	2000000. 00	0. 00	38. 28
管理费用（元）	1000000. 00	0. 00	0. 00	1000000. 00	0. 00	19. 14
增值税销项（元）	32338529. 17	—	—	—	—	—
增值税进项（元）	8207231. 57	—	—	—	—	—
应交增值税（元）	24131297. 60	—	—	—	—	—
城市维护建设税（元）	1689190. 83	0. 00	0. 00	1689190. 83	0. 00	32. 33
教育费附加（元）	723938. 93	0. 00	0. 00	723938. 93	0. 00	13. 86
地方教育费附加（元）	482625. 95	0. 00	0. 00	482625. 95	0. 00	9. 24

表 6-9　　税收测算表（原方案）

项目		行次	金额（元）							备注
			合计	普通住宅	非普通住宅	商业	车库	其他房产（商业、车库）	全部统一计算的情况	
一、销售收入		1	383428990.83	—	—	383428990.83	—	383428990.83	383428990.83	
二、扣除项目金额合计（2=3+4+11+14+18）		2	158267004.42	—	—	158267004.42	—	158267004.42	158267004.42	
1. 取得土地所有权所支付的金额		3	24112000.00	—	—	24112000.00	—	24112000.00	24112000.00	
2. 房地产开发成本（4=5+6+7+8+9+10）		4	95404345.16	—	—	95404345.16	—	95404345.16	95404345.16	
其中	土地征用及拆迁补偿费	5	—	—	—	—	—	—	—	
	前期工程费	6	4650943.40	—	—	4650943.40	—	4650943.40	4650943.40	
	建筑安装成本	7	84309623.78	—	—	84309623.78	—	84309623.78	84309623.78	
	基础设施费	8	2863777.98	—	—	2863777.98	—	2863777.98	2863777.98	
	公共配套设施费	9	1000000.00	—	—	1000000.00	—	1000000.00	1000000.00	
	开发间接费用	10	2580000.00	—	—	2580000.00	—	2580000.00	2580000.00	
3. 房地产开发费用（11=12+13）		11	11951634.52	—	—	11951634.52	—	11951634.52	11951634.52	凡不能按转让房地产项目计算分摊利息支出或不能提供金融机构证明的，全部使用自有资金没有利息支出，房地产开发费用在按“取得土地使用权所支付的金额”与“房地产开发成本”金额之和的 10% 以内计算扣除
其中	利息支出	12	—	—	—	—	—	—	—	
	其他房地产开发费用	13	11951634.52	—	—	11951634.52	—	11951634.52	11951634.52	

续表

项目		行次	金额（元）							备注
			合计	普通住宅	非普通住宅	商业	车库	其他房产（商业、车库）	全部统一计算的情况	
4. 与转让房地产有关的税金（14 = 15 + 16 + 17）		14	2895755.71	—	—	2895755.71	—	2895755.71	2895755.71	
其中	城市维护建设税	15	1689190.83	—	—	1689190.83	—	1689190.83	1689190.83	
	教育费附加	16	723938.93	—	—	723938.93	—	723938.93	723938.93	
	地方教育费附加	17	482625.95	—	—	482625.95	—	482625.95	482625.95	
5. 财政部规定的其他扣除项目		18	23903269.03	—	—	23903269.03	—	23903269.03	23903269.03	土地增值税特有
三、增值额		19	—	—	—	225161986.41	—	225161986.41	225161986.41	—
四、增值额与扣除项目金额之比		20	—	—	—	142.27%	—	142.27%	142.27%	—
五、适用税率		21	—	—	—	50.00%	—	50.00%	50.00%	—
六、速算扣除数		22	—	—	—	15.00%	—	15.00%	15.00%	—
七、应交土地增值税额		23	88840942.54	—	—	—	—	88840942.54	88840942.54	—
八、有关税收			—	—	—	—	—	—	—	—
1	增值税		—	—	—	—	—	—	—	—
	（1）增值税销项		32338529.17	—	—	—	—	—	—	—
	（2）增值税进项		8207231.57	—	—	—	—	—	—	—
	（3）应交增值税		24131297.60	—	—	—	—	—	—	—
2	企业所得税		—	—	—	—	—	—	—	—
	（1）收入		383428990.83	—	—	—	—	—	—	—
	（2）成本和税金		134363735.39	—	—	—	—	—	—	—
	（3）土地增值税		88840942.54	—	—	—	—	—	—	—

续表

项目		行次	金额（元）							备注
			合计	普通住宅	非普通住宅	商业	车库	其他房产（商业、车库）	全部统一计算的情况	
2	（4）净利润		158224312.90	—	—	—	—	—	—	—
	（5）企业所得税		39556078.22	—	—	—	—	—	—	—
3	个人所得税		23733646.93	—	—	—	—	—	—	—
4	税金合计		176261965.31	含增值税、土增税、企业所得税及个人所得税				—	—	—

表 6-10　开发成本与开发费用预测表（实施方案）

序号	科目名称	估计开发成本（元）	分类合计（元）	备注
1	土地价款	43401600.00	43401600.00	土地征用及拆迁补偿费（按 72 万元/亩，共 60.28 亩）
2	勘察、测绘费	—	—	（根据实际情况测算，含在大建安 EPC 项目范围内）
3	规划设计费	—		
4	三通一平	—		
5	咨询费	—		
6	临时设施费	—		
7	规费	—		
8	监理费	—		
9	其他	—		
10	建筑工程	—	245392862.40	
11	安装工程	—		
12	装修工程（室内装修）	—		
13	基础设施费	—	—	（根据实际情况测算，含在大建安 EPC 项目范围内）
14	公共配套设施费	—	—	（根据实际情况测算，含在大建安 EPC 项目范围内）
15	开发间接费用	—	—	（根据实际情况测算，含在大建安 EPC 项目范围内）

续表

序号	科目名称	估计开发成本（元）	分类合计（元）	备注
16	财务费用	—	—	（根据实际情况测算，含在大建安 EPC 项目范围内）
17	销售费用（广告）	—	—	（根据实际情况测算，含在大建安 EPC 项目范围内）
18	管理费用	—	—	（根据实际情况测算，含在大建安 EPC 项目范围内）
19	合计	—	288794462.40	

表 6-11　开发成本与开发费用分摊表（实施方案）

项目	合计	普通住宅	非普通住宅	商铺	车位	分摊比例
可售面积（平方米）	52242.20	—	—	52242.20	—	—
分摊土地成本（元）	43401600.00	—	—	43401600.00	—	830.78
前期工程费（元）	—	—	—	—	—	—
建筑安装工程费（元）	225131066.42	—	—	225131066.42	—	—
基础设施费（元）	—	—	—	—	—	—
公共配套设施费（元）	—	—	—	—	—	—
开发间接费用（元）	—	—	—	—	—	—
财务费用（元）	—	—	—	—	—	—
销售费用（元）	—	—	—	—	—	—
管理费用（元）	—	—	—	—	—	—
增值税销项（元）	30602465.17	—	—	—	—	—
增值税进项（元）	20261795.98	—	—	—	—	—
应交增值税（元）	10340669.20	—	—	—	—	—
城市维护建设税（元）	723846.84	—	—	723846.84	—	13.86
教育费附加（元）	310220.08	—	—	310220.08	—	5.94
地方教育费附加（元）	206813.38	—	—	206813.38	—	3.96

表 6－12 **税收测算表（实施方案）**

项目		行次	金额（元）							备注
			合计	普通住宅	非普通住宅	商业	车库	其他房产（商业、车库）	全部统一计算的情况	
一、销售收入		1	383428990.83	—	—	383428990.83		383428990.83	383428990.83	
二、扣除项目金额合计（2 =3 +4 +11 +14 +18）		2	350333346.65	—	—	350333346.65	—	350333346.65	350333346.65	
1. 取得土地所有权所支付的金额		3	43401600.00	—	—	43401600.00		43401600.00	43401600.00	
2. 房地产开发成本（4 = 5 +6 +7 +8 +9 +10）		4	225131066.42	—	—	225131066.42	—	225131066.42	225131066.42	
其中	土地征用及拆迁补偿费	5	—	—	—	—	—	—	—	
	前期工程费	6	—	—	—	—	—	—	—	
	建筑安装成本	7	225131066.42	—	—	225131066.42	—	225131066.42	225131066.42	
	基础设施费	8	—	—	—	—	—	—	—	
	公共配套设施费	9	—	—	—	—	—	—	—	
	开发间接费用	10	—	—	—	—	—	—	—	
3. 房地产开发费用（11 = 12 +13）		11	26853266.64	—	—	26853266.64	—	26853266.64	26853266.64	凡不能按转让房地产项目计算分摊利息支出或不能提供金融机构证明的，全部使用自有资金没有利息支出，房地产开发费用在按“取得土地使用权所支付的金额”与“房地产开发成本”金额之和的 10% 以内计算扣除
其中	利息支出	12	—	—	—	—	—	—	—	
	其他房地产开发费用	13	26853266.64	—	—	26853266.64	—	26853266.64	26853266.64	

续表

项目		行次	金额（元）							备注
			合计	普通住宅	非普通住宅	商业	车库	其他房产（商业、车库）	全部统一计算的情况	
4. 与转让房地产有关的税金（14 = 15 + 16 + 17）		14	1240880. 30	—	—	1240880. 30	—	1240880. 30	1240880. 30	
其中	城市维护建设税	15	723846. 84	—	—	723846. 84	—	723846. 84	723846. 84	需根据最终结果的增值税进项调整，结果影响不大
	教育费附加	16	310220. 08	—	—	310220. 08	—	310220. 08	310220. 08	
	地方教育费附加	17	206813. 38	—	—	206813. 38	—	206813. 38	206813. 38	
5. 财政部规定的其他扣除项目		18	53706533. 28	—	—	53706533. 28	—	53706533. 28	53706533. 28	土地增值税特有
三、增值额		19	—	—	—	33095644. 17	—	33095644. 17	33095644. 17	
四、增值额与扣除项目金额之比		20	—	—	—	9. 45%	—	9. 45%	9. 45%	
五、适用税率		21	—	—	—	30. 00%	—	30. 00%	30. 00%	
六、速算扣除数		22	—	—	—	0. 00%	—	0. 00%	0. 00%	
七、应交土地增值税额		23	19857386. 50	—	—	9928693. 25	—	9928693. 25	9928693. 25	
八、有关税收		24	—	—	—	—	—	—	—	
1	增值税	25	—	—	—	—	—	—	—	
	（1）增值税销项	26	30602465. 17	—	—	—	—	—	—	
	（2）增值税进项	27	20261795. 98	—	—	—	—	—	—	
	（3）应交增值税	28	10340669. 20	—	—	—	—	—	—	
2	企业所得税	29	—	—	—	—	—	—	—	
	（1）收入	30	383428990. 83	—	—	—	—	—	—	
	（2）成本和税金	31	296626813. 37	—	—	—	—	—	—	
	（3）土地增值税	32	19857386. 50	—	—	—	—	—	—	

续表

项目		行次	金额（元）							备注
			合计	普通住宅	非普通住宅	商业	车库	其他房产（商业、车库）	全部统一计算的情况	
2	（4）净利润	33	66944790.95	—	—	—	—	—	—	
	（5）企业所得税	34	16736197.74	—	—	—	—	—	—	
3	个人所得税	35	10041718.64	—	—	—	—	—	—	
4	税金合计	36	56975972.08	含增值税、土增税、企业所得税及个人所得税						

表 6－13　大建安模式承揽工程项目一览表（实施方案）

序号	项目名称	单位	暂估数量	暂估单价（元）	暂估合价（元）	备注
1	设计费	项	1.00	4500000.00	4500000.00	按国家规定的现行收费标准《工程勘察设计收费标准》进行计价
2	建筑安装工程	平方米	62430.36	1600.00	99888576.00	按照工程所在地最新预算定额及相关的费用定额进行计价
3	装饰装修工程	平方米	52242.20	1000.00	52242200.00	
4	室外工程（排水、排污、检查井、道路、大门、其他小品、铺装、消防等）	平方米	62430.36	100.00	6243036.00	
	小计				162873812.00	
5	工程融资产生的工程造价成本		162873812.00	10.00%	16287381.20	按工程总金额的10%计算
6	工程咨询、项目托管费用		162873812.00	10.00%	16287381.20	按建安总成本的10%计算
7	销售、宣传、广告费用		499442880.00	10.00%	49944288.00	按销售收入的10%计算
合计					245392862.40	

表 6-14 南方某项目财税方案比较表

编号	项目	原方案（未引入大建安 EPC 平台模式）		实施方案（引入大建安 EPC 平台模式）		备注
	方案说明	一般筹划，补充建安成本（定额下浮 8%）	与销售收入的比重（%）	通过筹划，补充缺项等建安成本（加垫资、咨询、管理）	占销售收入的比重（%）	
1	销售收入（万元）	59081.65	—	59081.65	—	
2	成本预算值（万元）	35603.41	60.26	43050.85	72.87	
其中	开发成本（不含装修、土地，元/平方米）	1845.22	53.25	2242.34	64.71	
	主体建安成本（元/平方米）	1462.19	42.19	1643.15	47.42	
	工程融资（元/平方米）	—	0.00	101.05	2.92	
	咨询（元/平方米）	—	0.00	184.34	5.32	
	装饰装修（元/平方米）	—	0.00	0.00	0.00	
3	多获得附带发票的合规成本额	—	—	7447.45	—	
4	应交增值税（万元）	2866.78	4.85	2257.44	3.82	
5	土地增值税（万元）	5113.78	8.66	499.70	0.85	
6	企业所得税（万元）	4591.11	7.77	3882.77	6.57	
7	个人所得税（万元）	2754.67	4.66	2329.66	3.94	
8	4至7项税收总计（万元）	15326.35	25.94	8969.58	15.18	
9	税收减少额（万元）	—	—	6356.76	10.76	
10	普通住宅增值额与扣除项目金额之比	41.25%	—	17.14%	—	
11	开发利润（万元）	8151.90	13.80	7061.22	11.95	
12	综合利润（万元）	8151.90	13.80	14508.66	24.56	
13	增加综合利润（万元）	—	—	6356.76	10.76	

表 6-15 **已发生开发成本（原始资料）**

序号	科目名称	一期已发生开发成本（元）	二期已发生开发成本（元）	一、二期已发生开发成本合计（元）	分类合计（元）	备注
1	[01.001] 土地价款	3280769.47	3645652.29	6926421.76	7024844.84	土地征用及拆迁补偿费
2	[01.002] 相关税费	98423.08	—	98423.08		
3	[02.001] 规划报建费	1579638.51	135077.30	1714715.81	36038106.12	前期工程费
4	[02.002] 设计勘探费	1633500.71	2754195.29	4387696.00		
5	[02.003] 五通一平	22282913.74	6752653.87	29035567.61		
6	[02.004] 附属工程	291643.96	314640.99	606284.95		
7	[02.006] 咨询、评估费	61948.06	66832.85	128780.91		
8	[02.008] 规费	38482.76	41517.24	80000.00		
9	[02.009] 排污费	58839.66	26221.18	85060.84		
10	[03.001] 建筑工程	20309897.58	15538467.61	35848365.19	136969333.78	建筑安装工程费
11	[03.002] 安装工程	4136128.38	1622861.33	5758989.71		
12	[03.004] 其他	68769.26	—	68769.26		
13	[03.005] 工程监理费	227947.71	245922.09	473869.80		
14	[03.006] 防雷安装工程	109843.99	118505.52	228349.51		
15	[03.007] 零星工程	1318749.03	1299704.41	2618453.44		
16	[03.008] 劳动保险费	2559265.86	2760702.49	5319968.35		
17	[03.009] 钢筋	17765319.44	18508616.30	36273935.74		
18	[03.010] 混凝土	13997092.49	13438767.73	27435860.22		
19	[03.011] 水泥	206402.96	378267.32	584670.28		
20	[03.012] 水电材料	6220121.26	984422.63	7204543.89		
21	[03.013] 综合材料	6843997.38	3182068.85	10026066.23		
22	[03.014] 装饰材料	2649653.98	2290656.83	4940310.81		
23	[03.015] 机械租赁费	157181.35	30000.00	187181.35		

续表

序号	科目名称	一期已发生开发成本（元）	二期已发生开发成本（元）	一、二期已发生开发成本合计（元）	分类合计（元）	备注
24	[04.005] 供电工程	857115.97	924702.21	1781818.18	1973796.39	基础设施费
25	[04.006] 其他	5670.85	5979.64	11650.49		
26	[04.007] 给排水工程	10037.35	170290.37	180327.72		
27	[03.003] 消防安装工程	762914.62	—	762914.62	14053729.49	公共配套设施费
28	[05.003] 防空易地建设费	2476930.00	3360740.00	5837670.00		
29	[06] 开发间接费用	3457310.76	3995834.11	7453144.87		开发间接费
	合计	113466510.17	82593300.45	196059810.62	196059810.62	

表6-16　　工程量清单（××××一、二期）（原方案）

序号	项目名称	单位	数量	单价（元）	合价（元）	备注
1	场地平整（含土石方开挖、平整等）	立方米	115000.00	78.27	9000000.00	固定总价，±0.000以上土石方开挖、平整，含土石方开挖、运输、堆土费用，不因土石方比例和工程量变化而调整
2	××××项目（不含地下室）	平方米	142889.08	1600.00	228622528.00	固定单价，按建筑面积计算，不包括土方开挖、桩基、消防、电梯、入户门、铝合金门窗工程、供电、公共部分装修，简装、材料部分甲方提供
3	××××项目地下室	平方米	27599.75	1800.00	49679550.00	固定单价，按建筑面积计算，材料部分甲方提供
4	公共部分装修（含照明）	平方米	170488.83	50.00	8524441.50	固定单价，按建筑总面积计算，不含物业办公室装修及（1、2、3、4#楼）入户大堂吊顶工程，材料部分甲方提供
5	消防工程（含防排烟）	平方米	170488.83	50.00	8524441.50	固定单价，按建筑总面积计算，材料部分甲方提供
6	园林绿化工程	平方米	9377.40	300.00	2813220.00	固定单价，按绿化面积计算，材料部分甲方提供
7	园林景观、道路、铺装工程	平方米	20449.30	200.00	4089860.00	固定单价，按整平总面积计算，材料部分甲方提供
8	公共排污、排水工程	平方米	20449.30	50.00	1022465.00	固定单价，按整平总面积计算，材料部分甲方提供

续表

序号	项目名称	单位	数量	单价（元）	合价（元）	备注
9	智能化工程（含监控）	项	1.00	1000000.00	1000000.00	固定总价，材料部分甲方提供
10	亮化工程	项	1.00	1000000.00	1000000.00	固定总价，材料部分甲方提供
	小计		—	—	314276506.00	—
			—	—	289134385.52	主体工程下浮8%
11	甲方提供的材料价款（扣除）		—	—	-100000000.00	暂估，以实际发生额为准
12	1#楼—6#楼主体劳务结算价款（扣除）		—	—	-42000000.00	暂估，以发包人与1#楼—6#楼主体劳务承包单位结算为准
合计					147134385.52	

表6－17　税收测算表（原方案）

项目	行次	金额（元）					备注
		合计	普通住宅	其他类型房地产（商业、车库合计）	商业	车库	
一、销售收入	1	590816509.54	449502472.84	141314036.70	82277889.91	59036146.79	
二、扣除项目金额合计（2=3+4+11+14+18）	2	420357011.14	318242212.58	102114798.56	26924997.14	75189801.42	
1. 取得土地所有权所支付的金额	3	—	—	—	—	—	账上已将土地成本购买计入土地征用及拆迁补偿费用中
2. 房地产开发成本（5+6+7+8+9+10）	4	321614669.98	243509673.80	78104996.18	20266687.39	57838308.78	

续表

项目		行次	金额（元）					备注
			合计	普通住宅	其他类型房地产（商业、车库合计）	商业	车库	
其中	土地征用及拆迁补偿费	5	7024844.84	6704511.92	320332.92	320332.92	—	根据规划地下车位不计入计容面积，不需要分摊土地成本
	前期工程费	6	36038106.12	28844900.14	7193205.98	1380259.46	5812946.52	
	建筑安装成本	7	265260904.15	197322293.52	67938610.62	18057056.79	49881553.83	
	基础设施费	8	—	—	—	—	—	该项费用已包含在施工承包合同中
	公共配套设施费	9	5837670.00	4672471.07	1165198.93	223582.76	941616.17	仅为防空易地建设费，其他项均包含在施工承包合同中
	开发间接费用	10	7453144.87	5965497.15	1487647.72	285455.45	1202192.27	根据规定企业应将计入开发成本的利息费用从开发成本中剔除
3. 房地产开发费用（11 = 12 + 13）		11	32161467.00	24350967.38	7810499.62	2026668.74	5783830.88	凡不能按转让房地产项目计算分摊利息支出或不能提供金融机构证明的，全部使用自有资金没有利息支出，房地产开发费用在按“取得土地使用权所支付的金额”与“房地产开发成本”金额之和的10%以内计算扣除
其中	利息支出	12	—		—			
	其他房地产开发费用	13	32161467.00	24350967.38	7810499.62	2026668.74	5783830.88	

续表

项目		行次	金额（元）					备注
			合计	普通住宅	其他类型房地产（商业、车库合计）	商业	车库	
4. 与转让房地产有关的税金（14 = 15 + 16 + 17）		14	2257940. 17	1679636. 64	578303. 53	578303. 53	0. 00	
其中	城市维护建设税	15	1317131. 77	979788. 04	337343. 73	337343. 73	0. 00	
	教育费附加	16	564485. 04	419909. 16	144575. 88	144575. 88	0. 00	
	地方教育费附加	17	376323. 36	279939. 44	96383. 92	96383. 92	0. 00	
5. 财政部规定的其他扣除项目		18	64322934. 00	48701934. 76	15620999. 24	4053337. 48	11567661. 76	土地增值税特有
三、增值额		19	170459498. 40	131260260. 26	39199238. 14	55352892. 77	-16153654. 63	
四、增值额与扣除项目金额之比（%）		20	—	41. 25%	38. 39%	205. 58%	-21. 48%	
五、适用税率（%）		21	—	30%	30%	60%	0%	
六、速算扣除数（%）		22	—	0. 00	0%	25%	0%	
七、应交土地增值税额		23	51137849. 52	39378078. 08	11759771. 44	33211735. 66	—	
八、有关税收								
1	增值税							
	（1）增值税销项		52541249. 82					
	（2）增值税进项		23873481. 37					
	（3）应交增值税		28667768. 45					
2	企业所得税							
	（1）收入		590816509. 54					
	（2）成本和税金		356034077. 14					
	（3）土地增值税		51137849. 52					

续表

项目		行次	金额（元）					备注
			合计	普通住宅	其他类型房地产（商业、车库合计）	商业	车库	
2	（4）净利润		183644582.88					
	（5）企业所得税		45911145.72					
3	个人所得税		27546687.43					
4	税金合计		153263451.12					

表 6－18　　大建安模式承揽工程量清单（××××一、二期）（实施方案）

序号	项目名称	单位	数量	单价（元）	合价（元）	备注
1	场地平整（含土石方开挖、平整等）	立方米	115000.00	78.27	9000000.00	固定总价，±0.000 以上土石方开挖、平整，含土石方开挖、运输、堆土费用，不因土石方比例和工程量变化而调整
2	××××项目（不含地下室）	平方米	142889.08	1600.00	228622528.00	固定单价，按建筑面积计算，不包括土方开挖、桩基、消防、电梯、入户门、铝合金门窗工程、供电、公共部分装修，简装、材料部分甲方提供
3	××××项目地下室	平方米	27599.75	1800.00	49679550.00	固定单价，按建筑面积计算，材料部分甲方提供
4	公共部分装修（含照明）	平方米	170488.83	50.00	8524441.50	固定单价，按建筑总面积计算，不含物业办公室装修及（1、2、3、4#楼）入户大堂吊顶工程，材料部分甲方提供
5	消防工程（含防排烟）	平方米	170488.83	50.00	8524441.50	固定单价，按建筑总面积计算，材料部分甲方提供
6	园林绿化工程	平方米	9377.40	300.00	2813220.00	固定单价，按绿化面积计算，材料部分甲方提供
7	园林景观、道路、铺装工程	平方米	20449.30	200.00	4089860.00	固定单价，按整平总面积计算，材料部分甲方提供
8	公共排污、排水工程	平方米	20449.30	50.00	1022465.00	固定单价，按整平总面积计算，材料部分甲方提供
9	智能化工程（含监控）	项	1.00	1000000.00	1000000.00	固定总价，材料部分甲方提供

续表

序号	项目名称	单位	数量	单价（元）	合价（元）	备注
10	亮化工程	项	1.00	1000000.00	1000000.00	固定总价，材料部分甲方提供
	小计			305350961.00	314276506.00	
11	甲方提供的材料价款（扣除）				-100000000.00	暂估，以实际发生额为准
12	1#楼—6#楼主体劳务结算价款（扣除）				-42000000.00	暂估，以发包人与1#楼—6#楼主体劳务承包单位结算为准
13	工程融资产生的工程造价成本		172276506.00	10.00%	17227650.60	按工程总金额的10%计算
14	项目总体咨询、项目管理费		314276506.00	10.00%	31427650.60	按建安工程的10%计算
合计					220931807.20	

表 6－19　税收测算表（实施方案）

项目	行次	金额（元）					备注
		合计	普通住宅	其他类型房地产（商业、车库合计）	商业	车库	
一、销售收入	1	590816509.54	449502472.84	141314036.70	82277889.91	59036146.79	
二、扣除项目金额合计（2 = 3 + 4 + 11 + 14 + 18）	2	508372284.70	383715018.31	124657266.40	32916444.69	91740821.71	
1. 取得土地所有权所支付的金额	3	—		—			账上已将土地成本计入土地征用及拆迁补偿费用中
2. 房地产开发成本（5 + 6 + 7 + 8 + 9 + 10）	4	389318726.56	293873370.52	95445356.05	24875493.20	70569862.85	

续表

项目		行次	金额（元）					备注
			合计	普通住宅	其他类型房地产（商业、车库合计）	商业	车库	
其中	土地征用及拆迁补偿费	5	7024844.84	6704511.92	320332.92	320332.92		地下车位不计入计容面积，不需要分摊土地成本
	前期工程费	6	36038106.12	28844900.14	7193205.98	1380259.46	5812946.52	
	建筑安装成本	7	332964960.73	247685990.24	85278970.49	22665862.60	62613107.89	
	基础设施费	8	—		—			该项费用已包含在施工承包合同中
	公共配套设施费	9	5837670.00	4672471.07	1165198.93	223582.76	941616.17	仅为防空易地建设费，其他项均包含在施工承包合同中
	开发间接费用	10	7453144.87	5965497.15	1487647.72	285455.45	1202192.27	根据规定企业应将计入开发成本的利息费用从开发成本中剔除
3. 房地产开发费用（11 = 12 + 13）		11	38931872.66	29387337.05	9544535.60	2487549.32	7056986.29	凡不能按转让房地产项目计算分摊利息支出或不能提供金融机构证明的，全部使用自有资金没有利息支出，房地产开发费用在按“取得土地使用权所支付的金额”与“房地产开发成本”金额之和的10%以内计算扣除
其中	利息支出	12	—		—			
	其他房地产开发费用	13	38931872.66	29387337.05	9544535.60	2487549.32	7056986.29	

续表

项目		行次	金额（元）					备注
			合计	普通住宅	其他类型房地产（商业、车库合计）	商业	车库	
4. 与转让房地产有关的税金（14 = 15 + 16 + 17）		14	2257940.17	1679636.64	578303.53	578303.53	0.00	
其中	城市维护建设税	15	1317131.77	979788.04	337343.73	337343.73	0.00	
	教育费附加	16	564485.04	419909.16	144575.88	144575.88	0.00	
	地方教育费附加	17	376323.36	279939.44	96383.92	96383.92	0.00	
5. 财政部规定的其他扣除项目		18	77863745.31	58774674.10	19089071.21	4975098.64	14113972.57	土地增值税特有
三、增值额		19	82444224.84	65787454.53	16656770.30	49361445.22	-32704674.92	
四、增值额与扣除项目金额之比（%）		20	—	17.14%	13.36%	149.96%	0.00%	
五、适用税率（%）		21	—	0.00	30%	50%	0%	
六、速算扣除数（%）		22	—	0.00	0%	15%	0%	
七、应交土地增值税额		23	4997031.09	0.00	4997031.09	24680722.61	—	
八、有关税收			—	—	—	—	—	
1	增值税							
	（1）增值税销项		52541249.82					
	（2）增值税进项		29966846.47					
	（3）应交增值税		22574403.36					
2	企业所得税							
	（1）收入		590816509.54					
	（2）成本和税金		430508539.39					
	（3）土地增值税		4997031.09					

续表

项目		行次	金额（元）					备注
			合计	普通住宅	其他类型房地产（商业、车库合计）	商业	车库	
2	（4）净利润		155310939.06					
	（5）企业所得税		38827734.76					
3	个人所得税		23296640.86					
4	税金合计		89695810.07					

第3篇

建筑、房地产业财税操作与风险防控

第 7 章

工程建设流程管理及政府监管

7.1 建筑行业基本情况

7.1.1 建筑行业及细分行业

建筑是指使用建筑材料建造建筑物、构筑物并对其进行修缮、装饰以及安装各种设备的劳务活动。其产品是各种工厂、矿井、铁路、桥梁、港口、道路、管线、住宅以及公共设施的建筑物、构筑物和设施。根据《国民经济行业分类》（GBT4754—2017），建筑行业包括房屋和土木工程建筑行业、建筑安装业、建筑装饰业、其他建筑行业等子行业。

建筑行业是国民经济的重要支柱产业之一，也是国家和地方税收收入的重要来源，与国民经济发展、人民生活改善有着密切关系。随着经济改革的深入和城市化进程的加快，建筑行业已经成为解决居民就业、增加百姓收入和拉动国民经济增长的重要行业。

根据《国民经济行业分类》（GBT4754—2011），建筑行业可分为以下 4 类：

（1）房屋和土木工程建筑行业包括工业、民用与公共建筑（建筑物、构筑物）工程。工程内容包括地基与基础工程土石方工程、结构工程、屋面工程、内外部的装修装饰工程上下水、供暖、电器、卫生洁具、通风、照明、消防、防雷等。

（2）建筑安装业包括线路安装，管道安装，设备安装，电力系统、通风系统安装。

（3）建筑装饰业包括从事对建筑物的内外装修和装饰的施工和安装活动。

（4）其他建筑行业包括施工前的准备活动，施工设备服务，工程中防声、防尘设施的安装与搭建，建筑围墙、围栏的装卸，以及其他未包括的建筑活动。

7.1.2 税制视角的建筑行业细分

根据《营业税改征增值税试点实施办法》规定，建筑服务是指各类建筑物、构筑物及其附属设施的建造、修缮、装饰，线路、管道、设备、设施等的安装以及其他工程作业的业务活动。包括工程服务、安装服务、修缮服务、装饰服务和其他建筑服务。

（1）工程服务。工程服务，是指新建、改建各种建筑物、构筑物的工程作业，包括与建筑物相连的各种设备或者支柱、操作平台的安装或者装设工程作业，以及各种窑炉和金属结构工程作业。

（2）安装服务。安装服务，是指生产设备、动力设备、起重设备、运输设备、传动设备、医疗实验设备以及其他各种设备、设施的装配、安置工程作业，包括与被安装设备相连的工作台、梯子、栏杆的装设工程作业，以及被安装设备的绝缘、防腐、保温、油漆等工程作业。

固定电话、有线电视、宽带、水、电、燃气、暖气等经营者向用户收取的安装费、初装费、开户费、扩容费以及类似收费，按照安装服务缴纳增值税。

（3）修缮服务。修缮服务，是指对建筑物、构筑物进行修补、加固、养护、改善，使之恢复原来的使用价值或者延长其使用期限的工程作业。

（4）装饰服务。装饰服务，是指对建筑物、构筑物进行修饰装修，使之美观或者具有特定用途的工程作业。

（5）其他建筑服务。其他建筑服务，是指上列工程作业之外的各种工程作业服务，如钻井（打井）、拆除建筑物或者构筑物、平整土地、园林绿化、疏浚（不包括航道疏浚）、建筑物平移、搭脚手架、爆破、矿山穿孔、表面附着物（包括岩层、土层、沙层等）剥离和清理等工程作业。

7.1.3 建筑行业的产品表现形式

建筑行业的产品表现形式包括工厂、矿井、铁路、桥梁、港口、道路、管线、住宅以及公共设施各类建筑物，主要有以下几项分类方法：（1）按耐久年限等级可分为重要的建筑和高层建筑（耐久100年以上）、一般性建筑（耐久50—100年）、次要建筑（耐久25—50年）、临时性建筑（耐久15年以下）；（2）按使用性质可分为居住建筑、公共建筑、工业建筑、农业建筑；（3）按层数或总高度分类可分为低层住宅（1—3层）、多层住宅（4—6层）、中高层住宅（7—9层）、高层住宅（10层及以上）；（4）按建筑结构分类可分为砖木结构建筑、砖混结构建筑、钢筋混凝土结构建筑、钢结构建筑；（5）按建筑物的施工方法可分为现浇现砌式建筑，预制、装配式建筑，部分现浇现砌、部分装配式建筑。

建筑行业产品具有固定性、单件性和多样性、形体庞大和使用寿命长、产权不完整性等特点。

（1）固定性。建筑工程的位置是固定不变的，必须在建设单位指定的地点进行施工，并与土地连成一体，位置一经确定一般不能移动。

（2）单件性和多样性。建筑产品由于具有不同的功能、结构和用途，只能按照建设单位和单张图纸的要求组织单件生产，一般不能像工业企业那样批量生产。单件性的特点使得建筑产品在用途、性质、结构和标准上千差万别、多种多样。

（3）形体庞大和使用年限长。建筑产品由于一般体积庞大，占用空间大，消耗的资源和社会劳动量大，施工产值高，使用年限长，一般作为固定资产或无形资产管理。

（4）产权不完整性。建筑工程由于与土地相连，价值中包含建设单位投入的资金，所以施工企业不能对整个工程拥有所有权，而只能对其承包工程投入部分拥有债权，拥有为使建设单位支付工程价款而暂时占有的留置权，以及解决债务纠纷在建筑工程上的优先受偿权，不像工业企业那样对库存产品拥有所有权。

建筑行业生产经营受其产品特点的影响，施工过程通常包括以下4个程序：A. 先地下，后地上；B. 先土建，后设备；C. 先主体，后围护；D. 先结构，后装饰。

7.1.4　行业特点

建筑行业主要的经营方式是建设单位与建筑企业签订施工合同，通过不同形式建立承、发包关系，按合同要求组织施工。最常见的工程承包方式分为包工包料、包工部分包料及包工不包料 3 种；另外，建筑行业还存在转包、挂靠等不合法经营模式，转包或被挂靠企业会收取一定比例的管理费。

与其他行业相比，建筑行业有鲜明的特征，主要包含以下几点：

（1）生产的流动性。主要表现在两个方面：一是生产人员和机具，甚至整个施工机构都要随施工对象坐落位置的变化而流动，转移区域或地点；二是在一个产品的生产过程中，施工人员和机具随施工部位的不同而沿着施工对象上下、左右流动，不断地变换操作场所。为了适应施工条件的经常变化，施工机具多是比较小型或便于移动的，手工操作也较多，在一定程度上影响了建筑行业技术的发展。

（2）生产的单件性。由于建筑物或构筑物的功能要求不同，所处的自然条件和社会经济条件各异，每个工程都有独特的工程设计和施工组织设计，产品价格也必须分别确定并单独进行成本核算。

（3）生产周期长。较大工程的工期常以年计，施工准备也需要较长时间。因此，在生产中往往要长期占用大量的人力、物力和资金，不可能在短期内提供有用的产品。

（4）露天和高空作业多，受自然气候条件的影响大。建筑施工绝大多数为露天作业，一栋建筑物从基础、主体结构、屋面工程到室外装修等，露天作业约占整个工程的 70%。大多数工种仍以手工操作为主，劳动繁重、体力消耗大，加上作业环境恶劣，如光线、雨雪、风霜、雷电等影响，导致操作人员注意力不集中，致使违章操作的现象十分普遍。

7.2　工程建设流程管理

7.2.1　工程建设筹建阶段

工程建设的前期阶段主要指的是在工程建设的初期，建设单位形成投资意向，通过对投资机会的研究和决定，形成书面文件，上报主管部门和发展改革委进行审批，进而立项的过程。主要包括编制项目建议书和可行性研究报告，并通过立项审批。

（1）项目建议书。一般应包括以下几方面的内容：A. 项目提出的必要性和依据；B. 产品方案、拟建规模和建设地点的初步设想；C. 资源情况、建设条件、协作关系等的初步分析；D. 投资估算和资金筹措设想；E. 项目的进度安排；F. 经济效益和社会效益的估计。

（2）建设工程选址意见书。通过招标拍卖挂牌方式取得国有土地使用权的建设项目，无并联审批项目的报送材料：A. 书面申请（原件 1 份）；B.《国有土地使用权出让合同》复印件 1 份，须核对原件；C. 1∶500 现状地形图（原件 2 份，附电子文档）。

非招标拍卖挂牌方式取得国有土地使用权的建设项目，《建设工程选址意见书》的审批，申请人须向规划部门提交下列申请材料：（1）书面申请（原件 1 份）；（2）土地权属证明（复印件 1 份，限在自有土地权属范围内申请建设的工程项目）；（3）1∶500 现状地形图

（原件2份，附电子文档）；（4）项目建议书批复文件或书面意见（原件1份，限政府投资项目书面意见仅用于投资行政主管部门同意合并审批项目建议书与项目可行性研究报告的建设项目）；（5）相关协议（原件1份，限联建的建设项目）；（6）开发办批文及相关协议（原件1份，限转让的建设项目）；（7）开发资质证书（复印件1份）。

（3）建设用地。报送材料：A.《建设项目用地预审申请表》（原件1份）；B. 建设项目用地预审申请报告（原件1份，内容包括建设项目基本情况、选址情况、拟用地总规模和拟用地类型；项目须使用土地利用总体规划确定城市建设用地范围外的农用地的，还应包括补充耕地初步方案）；C. 属政府投资项目的，须提供项目建议书批复文件和项目可行性研究报告（1份，项目建议书与项目可行性研究报告合并审批的，只提供项目可行性研究报告文本）；D. 区县（自治县、市）国土资源管理部门对建设项目用地的初审意见（1份，项目跨区的，应提供项目所涉及的各区县［自治县、市］国土资源管理部门的初审意见）；E. 1∶500现状地形图（2份）。

（4）环境影响评价文件报审。报送材料：A.《建设项目环境影响评价文件审批申请表》（原件2份）；B. 环境影响登记表或由有资质的单位编制的环境影响报告表或环境影响报告书（原件2份，附电子文档）；C. 评估机构关于环境影响报告书或环境影响报告表的技术评估报告（原件1份，建设项目填报环境影响登记表的，申请人不提供技术评估报告）。

（5）可行性研究报告。可行性研究报告一般应包括以下基本内容：A. 项目提出的背景、投资的必要性和研究工作依据；B. 需求预测及拟建规模、产品方案和发展方向的技术经济比较和分析；C. 资源、原材料、燃料及公用设施情况；D. 项目设计方案及协作配套工程；E. 建厂条件与厂址方案；F. 环境保护、防震、防洪等要求及其相应措施；G. 企业组织、劳动定员和人员培训；H. 建设工期和实施进度；I. 投资估算和资金筹措方式；J. 经济效益和社会效益。

（6）项目申请报告核准。报送材料：A. 城市规划行政主管部门出具的规划选址意见书；B. 建设用地预审报审材料（或国土房管部门已出具的建设项目用地预审意见或国有土地使用权出让合同）；C. 环境影响评价文件报审材料；D. 涉及国有资产或土地使用权出资的，须由有关部门出具确认文件；E. 涉及特许经营的项目，须提供有权部门出具的批准意见；F. 其他特殊规定必备的材料（但主办部门不得以此为由要求申请人办理其他部门的许可、审批、备案手续）。

（7）立项。政府投资项目可行性研究报告及其审批请示，或企业投资项目核准申请报告（可行性研究报告和项目申请报告须由合格的咨询机构编制）一式五份，并附相应的附件资料；项目申请单位提交申请应为书面形式，可采取当面送达或挂号邮寄送达的方式。

7.2.2 工程建设准备阶段

该阶段的内容包括为勘察、设计、施工创造条件所做的建设现场、建设队伍、建设设备等方面的准备工作。具体包括报建，委托规划、设计，获取土地使用权，拆迁、安置，工程发包与承包等。

（1）报建备案手续。建筑工程立项后，建设单位应向建筑行政主管部门申请办理报建备案手续。建设单位可持已下达的立项批文，到市建委领取《工程项目报建申请表》《工程项目管理资质申报表》和《基建手续鉴证表》，按要求填写后，连同工程技术管理人员职称证件（复印件）到市建委办理建设单位资质审查及报建登记手续。

（2）建设用地规划许可证。建设单位应按照规划局提出的规划设计条件委托规划设计院编制规划设计总图，然后报市规划局审核规划设计总图。规划局可据此核定用地面积，确定用地红线范围，发给建设单位《建设用地规划许可证》。

（3）申请土地开发使用权。建设单位申请用地环节行政审批，应到建设项目所在地的区国土房管部门递交申请。依法属市国土房管局或其上级行政机关审批权限的，由区国土房管部门受理后在规定的时间内将初步审查意见连同全部申请材料逐级上报。单独选址建设项目确需使用土地利用总体规划确定的城市建设用地范围外的土地，涉及农用地的，应申请办理单独选址项目新增建设用地审批。

（4）拆迁安置。建设单位在取得用地使用权后，向当地拆迁主管部门提出书面申请。拆迁主管部门对拆迁申请进行审查，批准拆迁的，房屋拆迁主管部门发给拆迁申请人《房屋拆迁许可证》，建设单位可据此组织实施拆迁。

（5）建设工程规划设计方案。建设单位在取得土地使用权后，根据市规划局提出的设计要求，委托建筑设计院编制设计方案。

（6）初步设计审批。办理建设工程初步设计审批，申请人应先将初步设计图纸提交主办部门预审，主办部门收件后，应向申请人出具申请材料接收凭证，并自收件之日起 10 日内出具合格或需要修改的预审意见。

（7）项目初步设计概算审批。附报送由有资质的单位编制的项目总投资概算报告及审批请示外，还须提交以下附件：A. 具有相应资质的设计单位所完成的项目初步设计全套图纸及设计说明书；B. 设计单位或具有相应概预算编制资质单位的项目投资概算表；C. 其他特殊规定必备的材料。

（8）施工图设计审批。初步设计审查通过后，建设单位委托设计院进行施工图设计，并将施工图报市建委审批，然后由市规划局发建筑核位红线。施工图设计审批通过后，建设单位同时办理公安消防、园林、气象、人防、市政、交通等部门的手续，可到招标办组织办理材料、设备供应商的招投标手续，并向财政缴纳相关建设费用。

（9）建设单位招投标。施工发包前，建设单位应当持立项批准文件等有关材料申请办理建设工程发包方式备案手续。

（10）办理建筑工程施工许可证。市重点建筑项目、国家和市批准立项的建设项目以及跨区、县（市）的大中型建设项目，由建设单位向市人民政府建设行政主管部门申请；其他建设项目由建设单位向项目所在地的区、县（市）人民政府建设行政主管部门申请。

（11）报送开工报告暨年投资计划申请文件。项目具备开工条件后，建设单位应按照项目建议书的申报程序向市发展改革委报送开工报告暨年度投资计划申请文件。

7.2.3　工程建设施工阶段

建设单位为了保证项目施工顺利进行须进行相关的管理工作，可分为施工准备的管理和施工阶段的管理，其中，在施工阶段的管理主要指的是做好工程建设项目的进度控制、投资控制和质量控制。

（1）图纸会审。图纸会审，由建设单位主持，监理单位参加，设计单位向施工单位进行设计技术交底以达到明确要求、彻底弄清设计意图、发现问题、消灭差错的目的。然后，再由建设、监理单位、设计单位、施工单位共同对施工图进行会审，做出会审（审核）记录，最后共同签章生效。

（2）施工现场准备。主要包括以下内容：A. 施工现场的补充勘探及测量放线；B. 施工道路及管线；C. 施工临时设施的建设；D. 落实施工安全与环保措施。

（3）工程建设项目的进度控制。主要包括以下内容：A. 所动用的人力和施工设备是否能满足完成计划工程量的需要；B. 基本工作程序是否合理、实用；C. 施工设备是否配套，规模和技术状态是否良好；D. 如何规划大型机具、设备、材料运输通道；E. 工人的工作能力如何；F. 工作空间、风险分析；G. 预留清理现场的时间、材料、劳动力的供应计划是否符合进度计划的要求；H. 分包商选择与工程控制计划；I. 临时工程施工计划；J. 合同管理、技术资料管理、竣工、验收计划；K. 可能影响进度的施工环境和技术问题。

（4）工程建设项目的投资控制。投资控制指的是在工程建设的全过程中，根据项目的投资目标，对项目实行经常性的监控，针对影响项目投资的各种因素而采取一系列技术、经济、组织等措施，随时纠正投资发生的偏差，把项目投资的发生额控制在合同规定的限额内。

（5）工程建设项目的质量控制。A. 事前质量控制，即施工前准备阶段进行的质量控制。它是指在各工程对象正式施工开始前，对各项准备工作及影响质量的各因素和有关方面进行的质量控制。也就是对投入工程项目的资源和条件的质量控制。

B. 事中质量控制，就是在施工过程中进行的质量控制。事中质量控制的策略是：全面控制施工过程，重点控制工序质量。

C. 事后控制，它是指对于通过施工过程所完成的具有独立的功能和使用价值的最终产品（单位工程或工程项目）及其有关方面的质量进行控制。也就是对已完工程项目的质量检验、验收控制。

7.2.4 工程竣工验收备案

工程竣工验收备案是验收环节的主办事项，由市建设行政主管部门（以下简称“主办部门”）负责实施。申请人申请办理主办事项，应向主办部门提出申请并同时提交下列申请材料：(1)《建设工程竣工验收备案申请书》(必须注明联系人和电子邮件地址)；(2)《建设工程竣工验收意见书》；(3)《建设工程施工许可证》；(4)《施工图设计文件审查报告》；(5)《建设工程档案验收意见书》；（6）《××市民用建筑节能工程竣工验收备案表》；(7) 施工单位出具的《工程竣工报告书》；（8）监理单位出具的《工程质量评价报告》；(9) 勘察单位出具的《勘察文件质量检查报告》；(10) 设计单位出具的《设计文件质量检查报告》；(11) 施工单位出具的《工程质量保修书》；(12) 施工单位提供的建设单位已按合同支付工程款的证明；(13) 经房地产开发行政主管部门核定的《××市房地产开发建设项目手册》；(14) 商品房工程应提供《新建商品房使用说明书和质量保证书》；(15) 市政基础设施工程应提供有关质量检测和功能性试验资料；(16) 必须提供的其他材料（但主办部门不得以此为由要求申请人办理其他部门的许可、审批、备案手续）。

城市规划部门所需的申请材料：（1）建设工程竣工图（其中，建筑工程只提交建施图）。(2) 具有相应资质的测绘单位测量绘制的1∶500建设工程竣工实测地形图；属市政管线工程的，提交经××市测绘产品质量监督站验收合格的管线竣工图和测量资料。(3) 具有相应资质的测绘单位编制的房屋竣工测量报告。

公安消防部门所需的申请材料：(1) 各阶段审核意见书；(2) 市建设行政主管部门认定的施工图审查机构出具的施工图审查合格报告；(3) 建筑工程消防安全质量验收报告表（附建设单位出具的《建设工程竣工验收消防质量合格承诺书》、设计单位出具的《建设工程施工图消防设计质量合格承诺书》、施工单位出具的《建设工程消防施工质量合格承诺书》、监理单位出具的《建设工程消防质量监理合格承诺书》)；(4) 填写《建筑工程消防验收申请表》，表上须加盖建设单位公章；(5) 消防工程施工企业资质等级证书，应注明"此件与原件核对无误"，并加盖施工单位公章；(6) 填写《消防产品选用清单》表格，并提供产品合格证明；(7) 市建设行政主管部门认定的施工图审查机构审查合格的施工图。

环保部门所需的申请材料（根据建设项目的具体情况分为环保验收或环保预验收）：建设项目竣工环境保护验收申请表（根据建设项目的具体情况分为4种形式）：(1) 建设项目竣工环境保护验收和污染物排放申请表（适用于以污染物排放为主的建设项）；(2) 建设项目竣工环境保护验收申请登记卡（适用于以生态影响为主、填写环境影响登记表的建设项目）；(3) 建设项目竣工环境保护验收申请表（适用于以生态影响为主、编制环境影响报告表的建设项目）；(4) 建设项目竣工环境保护验收申请报告（适用于以生态影响为主、编制环境影响报告书的建设项目）。

7.2.5　工程保修阶段

工程保修期从工程竣工验收合格之日起计算。工程在保修期限内出现质量缺陷，建设单位应当向施工单位发出保修通知。施工单位接到保修通知后，应当到现场核查情况，在保修书约定的时间内予以保修。发生涉及结构安全或者严重影响使用功能的紧急抢修事故，施工单位接到保修通知后，应当立即到达现场抢修。发生涉及结构安全的质量缺陷，建设单位或者房屋建筑所有人应当立即向当地建设行政主管部门报告，采取安全防范措施；由原设计单位或者具有相应资质等级的设计单位提出保修方案，施工单位实施保修，原工程质量监督机构负责监督。保修完成后，由建设单位或者房屋建筑所有人组织验收。涉及结构安全的，应当报当地建设行政主管部门备案。施工单位不按工程质量保修书约定保修的，建设单位可以另行委托其他单位保修，由原施工单位承担相应责任。保修费用由质量缺陷的责任方承担。

7.3　建筑行业的政府监管

7.3.1　政府监管部门

建筑行业政府管制是指政府行业主管部门及其授权机构依据建筑法规对建筑行业所采取的各种管理措施和行为。目前，我国中央一级建筑行业的监管由国务院多个部门共同完成，住房和城乡建设部负责房屋建筑和市政基础设施的监管；交通、铁道、水利、国资委等部门履行各自职权范围内的行业管理职责。省级建设行政主管部门和其他专业经济管理部门也相应设立建筑行业监管机构，并按照项目投资来源划分各自的监管领域。这种状况一直向下延伸到地市级和县市级政府机构。

（1）建设部门（建设厅、建管局等）：办理施工许可手续、按规定申报。

（2）安质监站：积极配合安质监站对施工现场的检查和考评，及时整改施工中存在的安全、质量问题，及时做好工程的竣工备案工作。

（3）技监部门：办理塔吊等特种设备的告知手续，接受技监部门的监督检查，及时整改监督检查中发现的问题。

（4）市政配套：配合业主办理市政供水供电的手续，主动做好市政供水供电接驳。

（5）公安部门：建立综合治理小组，对涉及施工现场的治安、环卫、消防等问题按有关规定进行管理，确保不因上述方面的问题影响工程的顺利进行。

（6）劳动部门：按规定做好劳动保护工作。

（7）环保部门：遵守环保部门规定，治理好扬尘、噪声等问题，接受环保部门的监督，积极配合环保部门对施工现场的考核和检查。

（8）卫生防疫部门：遵守卫生防疫有关规定，及时协调办理各项卫生防疫检查工作。

（9）人防办：人防工程施工完毕后，要及时协调人防部门进行人防验收工作。

（10）市（区）实验室：按规定做好相关材料的送样检测检验及见证取样工作。

7.3.2 建筑行业的主要法律法规

我国针对建筑行业的监管制定了非常多的法律、法规及规范性文件，主要文件如下：

（1）针对建筑业监管的主要法律、法规及规范性文件。包括《中华人民共和国建筑法》《中华人民共和国招标投标法》《建设工程质量管理条例》《建筑工程安全生产管理条例》《建筑行业企业资质管理规定》《外商投资建筑行业企业管理规定》《房屋建筑和市政基础设施工程施工招标投标管理办法》《工程建设项目施工招标投标办法》《公路工程施工招标投标管理办法》《水利工程建设项目施工招标投标管理规定》等。

此外，我国针对勘察设计、监理行业的监管还制定了特别规定：针对勘察设计行业的特别规定包括《建设工程勘察设计管理条例》《建设工程勘察设计市场管理规定》《建设工程设计招标投标管理办法》《工程建设项目勘察设计招标投标办法》《建设工程勘察设计资质管理规定》《建设工程勘察质量管理办法》《勘察设计注册工程师管理规定》等。

针对监理行业的特别规定包括《注册监理工程师管理规定》《工程监理企业资质管理规定》等。

（2）关于境外建筑承包经营的主要法律法规。包括《中华人民共和国对外贸易法》《对外承包工程管理条例》《对外承包工程项目投标（议标）许可暂行办法》《对外劳务合作经营资格管理办法》《对外承包工程项下外派劳务管理暂行办法》等。

（3）建筑行业企业相关业务资质要求。根据《中华人民共和国建筑法》及其他相关法律、法规的规定，从事建设工程咨询、勘察设计、施工及监理业务的企业，仅可在符合其资质等级的范围内从事建筑活动。建筑企业资质实行有升有降的动态管理。

A. 施工总承包、专业承包和劳务分包的资质。根据《建筑行业企业资质管理规定》，我国将建筑企业资质分为施工总承包、专业承包、劳务分包 3 个序列，各个序列有不同的专业类别和级别。所有建筑企业都必须持有相应的资质等级证书，并且只能承揽资质范围内的工程建设任务。

取得施工总承包资质的企业，可以对工程实施施工总承包或者对主体工程实施施工承包。施工总承包企业可以对所承接的工程全部自行施工，也可以将非主体工程或者劳务作业分包给具有相应专业承包资质或者劳务分包资质的企业。

取得专业承包资质的企业，可以承接施工总承包企业分包的专业工程或者建设单位按照规定发包的专业工程。专业承包企业可以对所承接的工程全部自行施工，也可以将劳务作业分包给具有相应劳务分包资质的劳务分包企业。

取得劳务分包资质的企业，可以承接施工总承包企业或者专业承包企业分包的劳务作业。

B. 勘察设计企业的资质。根据《建设工程勘察设计企业资质管理规定》，建设工程勘察、设计企业资质分为工程勘察资质和工程设计资质。工程勘察资质分为工程勘察综合资质、工程勘察专业资质、工程勘察劳务资质。工程设计资质分为工程设计综合资质、工程设计行业资质、工程设计专项资质。

C. 工程监理企业的资质。根据《工程监理企业资质管理规定》，工程监理企业的资质分为综合资质、专业资质和事务所资质。其中，专业资质按照工程性质和技术特点划分为若干工程类别。综合资质和事务所资质不分级别。专业资质分为甲级、乙级，其中，房屋建筑、水利水电、公路和市政公用专业资质可设立丙级。

D. 对外承包工程及对外劳务合作资质。根据《中华人民共和国对外贸易法》《对外承包工程管理条例》及其他相关规定，对外承包工程实行经营资格许可制度，凡从事对外承包工程业务的企业，须事先向商务部申请对外经济合作经营资格。根据《中华人民共和国对外贸易法》《对外劳务合作经营资格管理办法》等规定，从事对外劳务合作的企业须经商务部许可，须依法取得对外劳务合作经营资格。

（4）有关招标及投标的规定。

A. 必须进行招标及投标的项目。根据《中华人民共和国招标投标法》，在中华人民共和国境内进行下列工程建设项目包括项目的勘察、设计、施工、监理以及与工程建设有关的重要设备、材料等的采购，必须进行招标：大型基础设施、公用事业等关系社会公共利益、公众安全的项目；全部或者部分使用国有资金投资或者国家融资的项目；使用国际组织或者外国政府贷款、援助资金的项目。

招标分为公开招标和邀请招标。国务院发展计划部门确定的国家重点项目和省、自治区、直辖市人民政府确定的地方重点项目不适宜公开招标的，经国务院发展计划部门或者省、自治区、直辖市人民政府批准，可以进行邀请招标。

B. 投标。投标人应当具备承担招标项目的能力；国家有关规定对投标人资格条件或者招标文件对投标人资格条件有规定的，投标人应当具备规定的资格条件。建筑、勘察、设计及监理企业作为投标人可以单独投标，也可由两个以上法人或组织组成一个联合体共同投标。

C. 中标。招标人根据评标委员会编制的书面评标报告和提出的推荐意见确定中标人，或者由授权评标委员会直接确定中标人。中标人必须最大限度地满足招标文件中规定的各项综合评价标准；能够满足招标文件的实质性要求，并且经评审投标的价格合理（投标价格低于成本的除外）。中标人确定后，招标人应当向中标人发出中标通知书，并同时将中标结果通知所有未中标的投标人。中标通知书对招标人和中标人具有法律效力。

第 8 章

建筑业财务核算与税务处理

8.1　主要财务核算内容

建筑施工行业的财务核算有一定的特殊性，多以项目为对象，一个项目设置为一项独立账套，待到项目竣工时汇总决算。建筑施工行业企业在遵循《企业会计制度》的同时，还应遵照《施工企业会计核算办法》的要求进行核算。

8.1.1　行业代表性的核算重点

（1）工程施工。本科目核算施工企业实际发生的工程施工合同成本和合同毛利，本科目期末借方余额，反映尚未完工工程施工合同成本和合同毛利。

成本项目一般包括以下 5 个明细科目：

A. 材料费：指施工过程中耗用的构成工程实体的原材料、辅助材料、构配件、零件、半成品的费用和周转材料的摊销及租赁费用。

B. 人工费：指企业从事建筑安装工程施工人员的工资、奖金、职工福利费、工资性质的津贴、劳动保护费等。

C. 机械使用费：指施工过程中使用自有施工机械所发生的机械使用费和租用外单位施工机械的租赁费，以及施工机械安装、拆卸和进出场费。

D. 其他直接费：包括施工过程中发生的材料二次搬运费、临时设施摊销费、生产工具用具使用费、检验试验费、工程定位复测费、工程点交费、场地清理费等。

E. 间接费用：指企业各施工单位（如工程处、施工队、工区等）为组织和管理施工生产活动所发生的各项支出，包括施工单位管理人员工资、奖金、职工福利费、行政管理用固定资产折旧费及修理费、物料消耗、低值易耗品摊销、取暖费、水电费、办公费、差旅费、财产保险费、检验试验费、工程保修费、劳动保护费、排污费及其他费用。

其中，属于人工费、材料费、机械使用费和其他直接费等直接成本费用，直接计入有关工程成本，间接费用可先在本科目（合同成本）下设置“间接费用”明细科目进行核算，月份终了，再按一定分配标准，分配计入有关工程成本。

（2）周转材料。周转材料是指施工企业在施工过程中能够多次使用，并可基本保持原来的形态而逐渐转移其价值的材料，主要包括钢模板、木模板、脚手架和其他周转材料等。

本科目核算施工企业库存和在用的各种周转材料的实际成本或计划成本，下设“在库周转材料”“在用周转材料”和“周转材料摊销”3 个明细科目。施工企业应当根据具体情况对周转材料采用一次转销、分期摊销、分次摊销或者定额摊销的方法。采用一次转销法的，可以不设置以上 3 个明细科目。A. 一次转销法。一般应限于易腐、易糟的周转材料，于领用时一次计入成本、费用。B. 分期摊销法。根据周转材料的预计使用期限分期摊入成本、费用。C. 分次摊销法。根据周转材料的预计使用次数摊入成本、费用。D. 定额摊销法。根据实际完成的实物工作量和预算定额规定的周转材料消耗定额，计算确认本期摊入成本、费用的金额。

（3）机械作业。本科目核算施工企业及其内部独立核算的施工单位、机械站和运输队使用自有施工机械和运输设备进行机械作业（包括机械化施工和运输作业等）所发生的各项费用。

成本项目一般分为：人工费、燃料及动力费、折旧及修理费、其他直接费、间接费用（为组织和管理机械作业生产所发生的费用）。

施工企业及其内部独立核算的施工单位，从外单位或本企业其他内部独立核算的机械站租入施工机械，按照规定的台班费定额支付的机械租赁费，直接记入“工程施工”科目，不通过本科目核算。

（4）工程物资。“工程物资”科目核算包括为工程建设准备的材料、尚未交付安装的需要安装的设备、在仓库存放的不需要安装的设备，以及预付设备款和建设期间根据项目概算购入为生产准备的器具等的实际成本。工程用材料、设备不论是先进入仓库存放还是直接运抵施工现场使用，均应办理验收手续，通过本科目进行核算。公司物资部直接供给施工单位用于工程建设的材料不通过本科目核算。

企业为在建工程准备的各种物资，应当按照实际支付的价款核算。实际支付的价款包括买价、相关税金、运输费、保险费、设备检验费等相关费用。

工程物资按照各种物资的种类进行明细核算。本科目应设置以下明细科目：A. 工程材料；B. 工程设备；C. 预付设备款；D. 为生产准备的工具。

各单位应建立严格的采购、保管、领用制度，确保工程物资的安全完整。物资保管部门应按类别、品种和规格设置保管账，详细登记各项物资的增减变动情况，财务部门必须对保管账进行定期稽核，保证记录正确无误。

（5）在建工程。企业的在建工程，包括施工前期准备、正在施工中的建筑工程、安装工程、设备购置、其他工程支出等。工程项目较多且工程支出较大的企业，应当按照工程项目的性质分项核算。在建工程应当按照实际发生的支出确定其工程成本，并单独核算。

建筑工程是指建设单位按项目概算内容发生的建造房屋、建筑物、构筑物等土建工程所发生的实际成本支出（不包括按照合同规定支付给施工企业的预付备料款和预付工程款）。主要包括：A. 各种房屋和建筑物以及列入房屋工程预算内的暖气、卫生、通风、照明、煤气、消防等设备的价值及其装饰油饰工程，列入建筑工程预算内的各种管道、电力、电信、电缆导线的敷设工程。B. 设备基础、支柱、工作台、梯子等建筑工程，各种窑炉的砌筑工程等。C. 地下建筑等特殊工程等。

安装工程是指建设单位按项目概算内容发生的在建设期间进行设备安装所发生的人工、材料、机械作业等费用（不包括被安装设备本身的价值）。主要包括以下内容：A. 生产、动力、起重、运输、传动、传导、通信和实验等各种需要安装设备的装置、装配工程，与设备相连的工作台、梯子、栏杆的安装工程，被安装设备的绝缘、防腐、保温、油漆等工程。

B. 为测定安装工程质量，对单体设备、系统设备进行单机试运行和系统联动无负荷试运行所发生的支出（投料试运行所发生的支出不包括在内）。

（6）设备购建。设备购建是指建设单位按照项目概算内容发生的各种设备的实际成本，包括需要安装设备和不需要安装设备。

需要安装设备是指必须将其整体或几个部位装配起来，安装在基础上或建筑物支架上才能使用的设备，有的虽不要基础，但必须经过组装过程，并可在一定范围内移动使用的设备也包括在内。

需要安装设备必须同时具备以下 3 个条件，才能作为“正式开始安装”，计算基本建设实际支出：A. 设备的基础和支架已经完成；B. 安装设备所需的图纸资料已经齐备；C. 设备已运到安装现场，开箱检验完毕，吊装就位，并继续进行安装。

不需要安装设备是指不必固定在一定位置或支架上就可以使用的各种设备。

（7）待摊工程费用。待摊工程费用是指建设单位在建设期间按项目概算内容发生的按照规定应分摊计入有关固定资产成本的各项费用支出。主要包括：建设单位管理费、筹资费用、各种税金、土地征用迁移补偿费、地质勘查勘探费、设计费、可行性研究费、监理费、设计审查费、合同公证及工程质量监督费、国外设计及技术资料费、出国联络及外事费、联合试运转费、生产准备及培训费、厂区绿化费、研究试验费、临时设施费及措施设施费、旧有工程拆除和补偿费、维修费、政府规费、审计费、坏账损失、工程损失、其他待摊工程费用支出等。

有关主要项目内容解释如下：建设单位管理费包括材料、工资及附加费、劳动保险费、水电费、折旧费、修理费、办公费、租赁费、差旅费、会议费、招待费、保险费、运输费、警卫消防费、通信服务费及与工程有关的其他管理性质的支出。企业在筹备生产期间发生的开办性费用支出，与建设单位管理费不易分清的，均计入建设单位管理费。

筹资费包括应由建设项目负担的借款利息、债券利息及发行费用、汇兑损益及其他筹资方式的筹资费用。发生的利息收入冲减本项费用。

各种税金是指项目建设期间支付的不能明确归属对象的各项税金，包括土地使用税、耕地占用税、契税、车船使用税、印花税等。

联合试运转费是指单项工程（车间）在完工验收以前，进行投料试车所发生的试车费用，试车收入冲减本项目。

工程损失是指由于自然灾害等原因造成的单项工程或单位工程报废损失、工程物资的盘亏及毁损等。发生的工程损失必须按规定程序报批，经批准报废单项工程的净损失，作为增加建设成本处理。

其他费用是指除上述以外的其他应计入工程成本的费用支出，如供电、供暖、供水等费用支出等。

8.1.2 行业财务核算的特点

建筑行业与其他行业相比，其生产的产品、生产经营活动等都具有许多显著的特点，而这些特点又决定了建筑企业会计具有与其他行业会计不同的特点。

（1）采取分级管理、分级核算。施工生产的流动性，决定了企业的施工及管理人员、施工机具、材料物资等生产要素，以及施工管理、后勤服务等组织机构，都要随工程地点的转移而流动。因此，施工企业在组织会计核算时，要适应施工分散、流动性大等特点，采取分级管理、分级核算，使会计核算与施工生产有机地结合起来，充分调动各级施工单位搞好生产的积极性；同时，要更加重视施工现场的施工机具、材料物资等的管理和核算，及时反映它们的保管和使用情况，以避免集中核算造成会计核算与施工生产脱节现象。

此外，施工生产流动性的特点，还决定了企业施工队伍每转移到一个新的施工现场，都要根据施工的需要搭建各种临时设施。因此，施工企业还须做好有关临时设施的搭建，施工过程中的价值摊销、维修、报废、拆除等方面的会计核算工作。

（2）单独计算每项工程成本。建筑产品的多样性和施工生产的单件性等特点，决定了施工企业不能根据一定时期内发生的全部施工生产费用和完成的工程数量来计算各项工程的单位成本，而必须按照承包的每项工程分别归集施工生产费用，单独计算每项工程成本。即建筑产品的多样性和施工生产的单件性，决定了施工企业的工程成本核算对象经常发生变化，施工生产费用的归集和分配必须紧紧围绕着确定的工程成本核算对象来进行，严格遵循收入与费用配比的会计原则。同时，由于不同建筑产品之间的差异大、可比性差，不同建筑产品之间的实际成本不便进行比较，因此，施工企业工程成本的分析、控制和考核不是以可比产品成本为依据，而是以预算成本为依据。此外，施工企业除了主要计算建筑安装工程成本之外，还需要计算其附属工业产品成本、机械施工及运输单位的机械作业成本以及企业内部非独立核算的辅助生产部门所生产的产品成本和提供劳务的成本等。

（3）工程价款结算方法独特。建筑施工企业的建筑产品造价高、周期长等特点，决定了施工企业在施工过程中须垫支大量的资金。因此，对工程价款结算，不能等到工程全部竣工后才进行，这样势必会影响施工企业的资金周转，从而影响施工生产的正常进行。所以，除工期较短、造价较低的工程采用竣工后一次结算价款外，大多采用按月结算、分段结算等方法。为了进一步解决施工企业垫支资金较多的问题，须向发包单位或建设单位预收工程款和备料款，待办理工程价款结算时，再予以扣还。

此外，由于施工周期长，对于跨年度施工的工程，施工企业还需要根据工程的完工进度，采用完工百分比法分别计算和确认各年度的工程价款结算收入和工程施工费用，以确定各年的经营成果。

（4）成本开支受自然力影响。由于建筑产品体积庞大，决定了施工企业一般只能露天施工，有些施工机械和材料也只能露天堆放，受自然力侵蚀的影响很大。因此，成本核算应考虑风、霜、雨、雪等气候因素造成的停窝工损失；施工机械除使用磨损外，受自然力侵蚀而造成的有形损耗也较为严重，其折旧率相对较高；在进行材料核算时，也要考虑因自然损耗造成的损失。

8.2　建筑业增值税政策及其税务处理

8.2.1　建筑业增值税的基本规定

（1）纳税人的相关规定。

A. 在中华人民共和国境内（以下称“境内”）提供建筑服务的单位和个人，为增值税纳税人，应当按照相关规定缴纳增值税。

单位，是指企业、行政单位、事业单位、军事单位、社会团体及其他单位。

个人，是指个体工商户和其他个人。

B. 建筑企业与发包方签订建筑合同后，以内部授权或者三方协议等方式，授权集团内其他纳税人（以下称“第三方”）为发包方提供建筑服务，并由第三方直接与发包方结算工程款的，由第三方缴纳增值税并向发包方开具增值税发票，与发包方签订建筑合同的建筑企业不缴纳增值税。发包方可凭实际提供建筑服务的纳税人开具的增值税专用发票抵扣进项税额①。

C. 单位以承包、承租、挂靠方式经营的，承包人、承租人、挂靠人（以下统称“承包人”）以发包人、出租人、被挂靠人（以下统称“发包人”）名义对外经营并由发包人承担相关法律责任的，以该发包人为纳税人。否则，以承包人为纳税人。

D. 境外单位或者个人在境内提供建筑服务应税行为，在境内未设有经营机构的，扣缴义务人（接受建筑服务的单位或个人）按照下列公式计算应扣缴税额：

应扣缴税额 = 购买方支付的价款 ÷（1 + 税率）× 税率

E. 物业服务企业为业主提供的装修服务，按照“建筑服务”缴纳增值税。

政策依据：《财政部　国家税务总局关于明确金融、房地产开发、教育辅助服务等增值税政策的通知》（财税〔2016〕140 号）。

F. 纳税人将建筑施工设备出租给他人使用并配备操作人员的，按照“建筑服务”缴纳增值税。

政策依据：《财政部　国家税务总局关于明确金融、房地产开发、教育辅助服务等增值税政策的通知》（财税〔2016〕140 号）。

G. 一般纳税人销售自产机器设备的同时提供安装服务，应分别核算机器设备和安装服务的销售额，安装服务可以按照甲供工程选择适用简易计税方法计税。

一般纳税人销售外购机器设备的同时提供安装服务，如果已经按照兼营的有关规定，分别核算机器设备和安装服务的销售额，安装服务可以按照甲供工程选择适用简易计税方法计税。

纳税人对安装运行后的机器设备提供的维护保养服务，按照“其他现代服务”缴纳增值税。

政策依据：《国家税务总局关于明确中外合作办学等若干增值税征管问题的公告》（税务总局公告 2018 年第 42 号）。

H. 纳税人销售活动板房、机器设备、钢结构件等自产货物的同时提供建筑、安装服务，不属于《营业税改征增值税试点实施办法》（财税〔2016〕36 号文件印发）第四十条规定的混合销售，应分别核算货物和建筑服务的销售额，分别适用不同的税率或者征收率。

政策依据：《国家税务总局关于进一步明确营改增有关征管问题的公告》（税务总局公告 2017 年第 11 号）。

I. 建筑工程总承包单位为房屋建筑的地基与基础、主体结构提供工程服务，建设单位

---

① 参见《国家税务总局关于进一步明确营改增有关征管问题的公告》（税务总局公告 2017 年第 11 号）。

自行采购全部或部分钢材、混凝土、砌体材料、预制构件的，适用简易计税方法计税。

政策依据：《财政部　国家税务总局关于建筑服务等营改增试点政策的通知》（财税〔2017〕58 号）。

（2）纳税人（开票人）确定。

A. 对于符合《国家税务总局关于进一步明确营改增有关征管问题的公告》（税务总局公告 2017 年第 11 号）规定的情形，或建筑企业以总公司名义中标及签订建筑合同，由其下属分公司作为建筑服务实施方。建筑企业与发包方签订建筑合同时，可注明授权为发包方提供建筑服务的集团内其他纳税人名称，主动避免可能存在的四流不一致（建筑服务、发票、资金、合同）涉及的风险问题。

参考模板 8－1

【授权书（参考条款）】

授权书

××有限公司（社会统一信用代表：××××）

我司【××建筑有限公司】中标××项目，为了方便项目更好地执行、缴纳税款以及开具增值税发票，我司在项目所在地××成立××有限公司××分公司（社会统一信用代表：××××）。现授权【××有限公司××分公司】全权负责履行该项目（包括但不限于工程施工、现场管理、开具增值税发票、工程款结算等）。

【××有限公司××分公司】向贵司所做的任何承诺、保证、函件、签字、确认等均视为我司的行为，我司均予以认可，如产生责任和纠纷由我司自行承担。

特此授权。

授权公司：××××

授权公司社会统一信用代表：××××

法定代表人：××××

年　　月　　日

参考模板 8－2

【补充合同（参考条款）】

××项目建筑工程施工合同

合同编号：×××××××

发包人（全称）：××××

承包人（全称）：××××

依照《中华人民共和国合同法》《中华人民共和国建筑法》及其他有关法律、行政法规，遵循平等、自愿、公平和诚实信用的原则，双方就××项目签署《×××××××××》（合同编号：×××××××，以下简称“原合同”）。甲乙双方就其中未尽事宜经充分协商，达成一致，形成本补充协议。

1. 为了方便项目更好地执行、缴纳税款以及开具增值税发票，我司在项目所在地××

成立××有限公司××分公司（社会统一信用代表：××）。现授权【××有限公司××分公司】全权负责履行该项目（包括但不限于工程施工、现场管理、开具增值税发票、工程款结算等）。

2.【××有限公司××分公司】向贵司所做的任何承诺、保证、函件、签字、确认等均视为我司的行为，我司均予以认可，如产生责任和纠纷由我司自行承担。

3. 本协议作为原合同的补充，本协议未尽事宜按原合同执行，本协议及原合同未尽事宜，由双方友好协商解决，双方可以签订补充协议，补充协议是原合同的组成部分，具有与原合同同等的法律效力。

……

B. 建筑企业以总公司名义签订建筑合同，由其下属分公司提供建筑服务并收取款项，也可由实际提供服务的分公司开票给总公司，再由总公司开票给发包方。

（3）税率、预征率和征收率。税率，是税额与课税对象之间的数量关系或比例关系，是指课税的尺度。我国增值税实行比例税率。

A. 税率。一般纳税人发生建筑服务应税行为适用一般计税方法计税，适用税率为9%。

境外单位或者个人在境内提供建筑服务应税行为，在境内未设有经营机构的，扣缴义务人（接受建筑服务的单位或个人）按照下列公式计算应扣缴税额：应扣缴税额 = 购买方支付的价款 ÷（1 +9%）×9%。

政策依据：《财政部　税务总局　海关总署关于深化增值税改革有关政策的公告》（财政部、税务总局、海关总署公告2019年第39号）。

B. 预扣率。一般纳税人跨县（市、区）提供建筑服务，适用一般计税方法计税的，以取得的全部价款和价外费用扣除支付的分包款后的余额，按照2%的预征率计算应预缴税款。

一般纳税人跨县（市、区）提供建筑服务，选择适用简易计税方法计税的，以取得的全部价款和价外费用扣除支付的分包款后的余额，按照3%的征收率计算应预缴税款。

小规模纳税人跨县（市、区）提供建筑服务，以取得的全部价款和价外费用扣除支付的分包款后的余额，按照3%的征收率计算应预缴税款。

其中，跨县（市、区）的范围按照当地省市税务机关的规定。

C. 征收率。一般纳税人发生老项目、甲供材及清包工建筑服务应税行为选择适用简易计税方法计税，征收率为3%。

小规模纳税人发生建筑服务应税行为适用简易计税方法计税，征收率为3%。

（4）建筑企业其他收入适用税率及征收率。

A. 出租固定资产。有形动产租赁服务适用税率13%，征收率3%；不动产租赁服务适用税率9%，征收率5%。

B. 转让建筑材料。转让建筑材料适用税率13%，征收率3%。

C. 提前竣工奖和延期付款利息收入。属于提供建筑服务的价外费用，适用税率9%，征收率3%。

D. 向挂靠、承包单位按照工程造价的一定比例收取的管理费。属于其他现代服务适用税率6%，征收率3%。

E. 销售自己使用过的固定资产。

a. 小规模纳税人销售自己使用过的固定资产，按下列公式确定销售额和应纳税额（3%减按 2% 征收）：

销售额 = 含税销售额/(1 + 3%)

应纳税额 = 销售额 × 2%

政策依据：《国家税务总局关于增值税简易征收政策有关管理问题的通知》（国税函〔2009〕90 号）第四条第二款）。

b. 一般纳税人销售自己使用过的 2009 年 1 月 1 日以后购进或者自制的固定资产，按照适用税率征收增值税。

c. 2008 年 12 月 31 日以前未纳入扩大增值税抵扣范围试点的一般纳税人，销售自己使用过的 2008 年 12 月 31 日以前购进或自制的固定资产，按照 3% 征收率减按 2% 征收增值税。

d. 2008 年 12 月 31 日以前已纳入扩大增值税抵扣范围试点的一般纳税人，销售自己使用过的在本地区扩大增值税抵扣范围试点以前购进或者自制的固定资产，按照 3% 征收率减按 2% 征收增值税；销售自己使用过的在本地区扩大增值税抵扣范围试点以后购进或者自制的固定资产，按照适用税率征收增值税。

e. 一般纳税人（原营业税纳税人）销售自己使用过的、纳入“营改增”试点之日前取得的固定资产，按照现行旧货相关增值税政策执行。

f. 根据《国家税务总局关于增值税简易征收政策有关管理问题的通知》（国税函〔2009〕90 号）第一条及《国家税务总局关于简并增值税征收率有关问题的公告》（国家税务总局公告 2014 年第 36 号）第三条，一般纳税人销售自己使用过的固定资产，适用按简易办法依 3% 征收率减按 2% 征收增值税政策的，应开具普通发票，不得开具增值税专用发票。

g. 根据《国家税务总局关于营业税改征增值税试点期间有关增值税问题的公告》（国家税务总局公告 2015 年第 90 号）第二条，纳税人销售自己使用过的固定资产，适用简易办法依照 3% 征收率减按 2% 征收增值税政策的，可以放弃减税，按照简易办法依照 3% 征收率缴纳增值税，并可以开具增值税专用发票。

（5）销售额确定。销售额，是指纳税人发生应税行为取得的全部价款和价外费用，不含增值税税款，财政部和国家税务总局另有规定的除外。

价外费用，是指价外收取的各种性质的收费，但不包括以下项目：

A. 代为收取政府性基金或者行政事业性收费。

B. 以委托方名义开具发票代委托方收取的款项。纳税人按照人民币以外的货币结算销售额的，应当折合成人民币计算，折合率可以选择销售额发生的当天或者当月 1 日的人民币汇率中间价。纳税人应当在事先确定采用何种折合率，确定后 12 个月内不得变更。

（6）增值税纳税义务发生时间。

A. 基本规定。纳税人发生应税行为并收讫销售款项或者取得索取销售款项凭据的当天；先开具发票的，为开具发票的当天。

收讫销售款项，是指纳税人销售服务、无形资产、不动产过程中或者完成后收到的款项。

取得索取销售款项凭据的当天，是指书面合同确定的付款日期；未签订书面合同或者书面合同未确定付款日期的，为服务、无形资产转让完成的当天或者不动产权属变更的当天。

B. 特殊规定。纳税人提供建筑服务，被工程发包方从应支付的工程款中扣押的质押金、保证金，未开具发票的，以纳税人实际收到质押金、保证金的当天为纳税义务发生时间。

政策依据：《国家税务总局关于在境外提供建筑服务等有关问题的公告》（税务总局公告2016年第69号）。

8.2.2 建筑业特殊业务的税务处理

（1）分包款。

A. 纳税人提供建筑服务适用简易计税方法的，以取得的全部价款和价外费用扣除支付的分包款后的余额为销售额。

B. 纳税人跨县（市、区）提供建筑服务，适用一般计税方法计税或简易计税方法的，以取得的全部价款和价外费用扣除支付的分包款后的余额，按照2%/3%的预征率计算应预缴税款。

C. 分包扣除凭证。纳税人按照上述规定从取得的全部价款和价外费用中扣除支付的分包款，应当取得符合法律、行政法规和国家税务总局规定的合法有效凭证，否则不得扣除。

政策依据：《国家税务总局关于发布〈纳税人跨县（市、区）提供建筑服务增值税征收管理暂行办法〉的公告》（国家税务总局公告2016年第17号）。

D. 预缴或简易计税纳税扣除分包款的范围。预缴或简易计税纳税扣除分包款的范围必须是提供建筑服务，如对方开具的是劳务派遣服务的发票不允许扣除。

（2）兼营行为。试点纳税人销售货物、加工修理修配劳务、服务、无形资产或者不动产适用不同税率或者征收率的，应当分别核算适用不同税率或者征收率的销售额，未分别核算销售额的，按照以下方法适用税率或者征收率：

A. 兼有不同税率的销售货物、加工修理修配劳务、服务、无形资产或者不动产，从高适用税率。

B. 兼有不同征收率的销售货物、加工修理修配劳务、服务、无形资产或者不动产，从高适用征收率。

C. 兼有不同税率和征收率的销售货物、加工修理修配劳务、服务、无形资产或者不动产，从高适用税率。

一般纳税人销售自产机器设备的同时提供安装服务，应分别核算机器设备和安装服务的销售额，安装服务可以按照甲供工程选择适用简易计税方法计税。

一般纳税人销售外购机器设备的同时提供安装服务，如果已经按照兼营的有关规定，分别核算机器设备和安装服务的销售额，安装服务可以按照甲供工程选择适用简易计税方法计税。

纳税人对安装运行后的机器设备提供的维护保养服务，按照“其他现代服务”缴纳增值税。

政策依据：《国家税务总局关于明确中外合作办学等若干增值税征管问题的公告》（税务总局公告2018年第42号）。

一般纳税人既销售不动产，又提供经纪代理服务，如果该纳税人能够分别核算上述两项应税行为的销售额，则销售不动产适用9%的增值税税率，提供经纪代理服务适用6%的增值税税率；如果该纳税人没有分别核算上述两项应税行为的销售额，则销售不动产和提供经纪代理服务均从高适用9%的增值税税率。

对上述情况，应分别核算，要求“三分开”：

一分开：不同业务内容的合同价款分别定价，并在合同中明确注明；

二分开：发票分开（尽量按照不同税目税率分别开两张或多张发票）；

三分开：会计核算分开，营业收入下不同二级科目核算。

（3）混合销售。

A. 基本规定。一项销售行为如果既涉及服务又涉及货物，为混合销售。从事货物的生产、批发或者零售的单位和个体工商户的混合销售行为，按照销售货物缴纳增值税；其他单位和个体工商户的混合销售行为，按照销售服务缴纳增值税。

从事货物的生产、批发或者零售的单位和个体工商户，包括以从事货物的生产、批发或者零售为主，并兼营销售服务的单位和个体工商户在内。

是按照销售货物缴纳增值税，还是按照销售服务缴纳增值税，不按货物或者服务的在应税行为的销售额比例孰高原则，仅按照提供销售行为纳税人的性质判断。

B. 判断标准。混合销售行为成立的行为标准有两点：一是其销售行为必须是一项；二是该项行为必须即涉及服务又涉及货物。其“货物”是指增值税条例中规定的有形动产，包括电力、热力和气体；服务是指属于改征范围的交通运输服务、建筑服务、金融保险服务、邮政服务、电信服务、现代服务、生活服务等。

我们在确定混合销售是否成立时，其行为标准中的上述两点必须是同时存在，如果一项销售行为只涉及销售服务，不涉及货物，这种行为就不是混合销售行为；反之，如果涉及销售服务和涉及货物的行为，不是存在一项销售行为之中，这种行为也不是混合销售行为。

对于建筑业纳税人采用包工包料方式提供建筑服务应定性为混合销售，按照建筑服务征税。

工程勘察勘探、建筑图纸审核、工程造价鉴证、工程监理等业务是建筑业可能提供的服务，均属于提供现代服务应税行为，与建筑服务应分别适用不同税率，同时提供或者一项业务中既有建筑服务又有上述工程勘察勘探等现代服务，不属于混合销售，属于兼营行为，纳税人应分别准确核算适用不同税率或者征收率的销售额的情况，或者从高适用税率或征收率。

（4）视同销售。《增值税暂行条例实施细则》第四条规定，单位或者个体工商户的下列行为，视同销售货物：

A. 将货物交付其他单位或者个人代销；B. 销售代销货物；C. 设有两个以上机构并实行统一核算的纳税人，将货物从一个机构移送其他机构用于销售，但相关机构设在同一县（市）的除外；D. 将自产或者委托加工的货物用于非增值税应税项目；E. 将自产、委托加工的货物用于集体福利或者个人消费；F. 将自产、委托加工或者购进的货物作为投资，提供给其他单位或者个体工商户；G. 将自产、委托加工或者购进的货物分配给股东或者投资者；H. 将自产、委托加工或者购进的货物无偿赠送其他单位或者个人。

财税〔2016〕36号文第十四条规定，下列情形视同销售服务、无形资产或者不动产：（一）单位或者个体工商户向其他单位或者个人无偿提供服务，但用于公益事业或者以社会公众为对象的除外。（二）单位或者个人向其他单位或者个人无偿转让无形资产或者不动产，但用于公益事业或者以社会公众为对象的除外。（三）财政部和国家税务总局规定的其他情形。

财税〔2016〕36号文第十条规定，销售服务、无形资产或者不动产，是指有偿提供服务、有偿转让无形资产或者不动产，但属于下列非经营活动的情形除外：A. 单位或者个体工商户聘用的员工为本单位或者雇主提供取得工资的服务。B. 单位或者个体工商户为聘用的员工提供服务。

《国家税务总局关于土地价款扣除时间等增值税征管问题的公告》（国家税务总局公告2016年第86号）规定，纳税人出租不动产，租赁合同中约定免租期的，不属于《营业税改征增值税试点实施办法》（财税〔2016〕36号文件）第十四条规定的视同销售服务。

《财政部 国家税务总局 国务院扶贫办关于扶贫货物捐赠免征增值税政策的公告》（财政部、税务总局、国务院扶贫办公告2019年第55号）规定：2019年1月1日至2022年12月31日，对单位或者个体工商户将自产、委托加工或购买的货物通过公益性社会组织、县级及以上人民政府及其组成部门和直属机构，或直接无偿捐赠给目标脱贫地区的单位和个人，免征增值税。在政策执行期限内，目标脱贫地区实现脱贫的，可继续适用上述政策。

（5）销售折让、中止或者退回处理。纳税人适用一般计税方法计税的，因销售折让、中止或者退回而退还给购买方的增值税额，应当从当期的销项税额中扣减；因销售折让、中止或者退回而收回的增值税额，应当从当期的进项税额中扣减。

当期扣减：从当期的销项税额中扣减或从当期的进项税额中扣减。

建筑业因结算原因，多开了增值税发票，开红字增值税发票（不能让业主开具增值税发票），应当从当期的销项税额中扣减。

（6）建筑行业特殊“收入”。

A. 向分包工程企业收取分包管理费收入。大型建筑企业将工程分包给部分施工企业，向分包企业收取分包款项的同时，收取一定比例的分包工程管理费，直接冲减“工程施工”成本，未按规定计算增值税收入，存在少缴增值税、城市维护建设税及附加、印花税的风险。

税务稽查一般通过核查企业“工程施工、应付账款、其他应收款、其他应付款”等科目，结合分包合同，查看是否存在收取分包管理费等价外费用，是否少缴相关税金。

开票建议：*其他现代服务*管理费　税率：6%/3%

B. 质量奖、提前竣工奖、延期付款利息收入。建筑施工企业取得与工程有关的额外收入如质量奖、提前竣工奖、延期付款利息等未按规定计提销项税，存在未缴纳增值税、城市维护建设税及附加的风险。

税务稽查一般核查企业“其他应收款、其他应付款、应收账款”等往来科目明细账，看收取建设单位支付的质量奖、提前竣工奖或其他工程价外费用，是否按照规定计提销项税。

开票建议：*建筑服务*质量奖/提前竣工奖/延期付款利息　税率：9%/3%

C. 垫资从事工程施工收到对方付给的利息收入。企业垫资从事工程施工收到对方付给的利息，未作为收入的价外费用，而是红字冲减财务费用，存在未缴纳增值税、城市维护建设税及附加的风险。

税务稽查一般关注“财务费用、营业外收入、主营业务成本”等科目，核实企业建筑工程合同等资料，重点核查工程完工进度和付款情况，审核是否将收到垫资工程施工对方给予的利息，与增值税收入合并一起计算缴纳企业增值税，是否存在未按规定足额缴纳增值税的问题。

开票建议：*建筑服务*垫资利息　税率：9%/3%

D. BT、BOT、PPP项目应未分别核算各服务项目收入的风险。建筑企业纳税人投资BT、BOT、PPP项目，项目建成移交后，未按照实际运营中取得的全部价款和价外费用，根据实际提供的服务项目所对应的征收率或者税率计算缴纳增值税。

税务稽查时，对于BT项目，如果合同中对工程投资金额和投资回报分别进行明确约定的，投资方和业主方共同确认的工程投资金额由投资方按照"建筑行业"计算缴纳增值税，取得的回报收入按照"利息收入"缴纳增值税。如果合同中对工程投资金额和投资回报没有分别进行明确约定的，投资方取得的全部收入按照"建筑服务"缴纳增值税。

纳税人投资BOT、PPP项目，以项目建成后实际运营中取得的全部价款和价外费用，根据实际提供的服务项目所对应的征收率或者税率计算缴纳增值税。

BT、BOT、PPP项目建成以后，纳税人为项目资产提供管理和维护等服务取得的全部价款和价外费用，分别核算各服务项目收入的，按照各服务项目所对应的征收率或者税率计算缴纳增值税。纳税人未分别核算各服务项目收入的，一律从高适用征收率或者税率。

E. 资质晋升、优质工程、科技创新等各项补贴、补助、奖励。企业取得的资质晋升、优质工程、科技创新等各项补贴、补助、奖励等财政性资金未申报缴纳企业所得税。

税务稽查人员一般会重点查看企业的"递延收益""其他应收款""其他应付款"等往来科目，核实有无取得政府财政补贴、奖励未计收入情形。

政策依据：《财政部 国家税务总局关于财政性资金行政事业性收费政府性基金有关企业所得税政策问题的通知》（财税〔2008〕151号）第一条；《财政部 国家税务总局关于专项用途财政性资金企业所得税处理问题的通知》（财税〔2011〕70号）。

8.2.3　增值税进项税额抵扣

（1）进项税额抵扣满足的条件。进项税额抵扣必须同时满足以下条件：A. 纳税人是一般纳税人；B. 纳税人支付或者负担的增值税额；C. 不属于不能抵扣情形；D. 取得符合规定的抵扣凭证；E. 按期申报抵扣进项税额。

（2）进项抵扣凭证汇总表。进项抵扣凭证汇总情况见表8-1、图8-1。

表8-1　　进项抵扣凭证汇总表

序号	抵扣凭证	抵扣政策	备注
1	专用发票	发票上注明的增值税额	二手车可开
		农产品3%的专票：发票上注明的金额和9%的扣除率计算进项税额	
2	机动车销售统一发票	发票上注明的增值税额	
3	进口增值税专用缴款书	发票上注明的增值税额	
4	农产品销售发票	买价和9%的扣除率计算进项税额	

续表

序号	抵扣凭证	抵扣政策	备注
5	农产品收购发票	买价和9%的扣除率计算进项税额	
6	电子发票	旅客运输服务：发票上注明税额	
		通行费ETC：发票上注明税额	
		自产自销农产品（免税）：买价和9%的扣除率计算进项税额	
7	解缴税款的完税凭证	注明的增值税额	
8	桥、闸通行费发票	发票上注明的金额÷（1+5%）×5%	
9	航空运输电子客票行程单	（票价+燃油附加费）÷（1+9%）×9%	旅客身份信息
10	铁路车票	票面金额÷（1+9%）×9%	旅客身份信息
11	公路、水路等其他客票	票面金额÷（1+3%）×3%	旅客身份信息

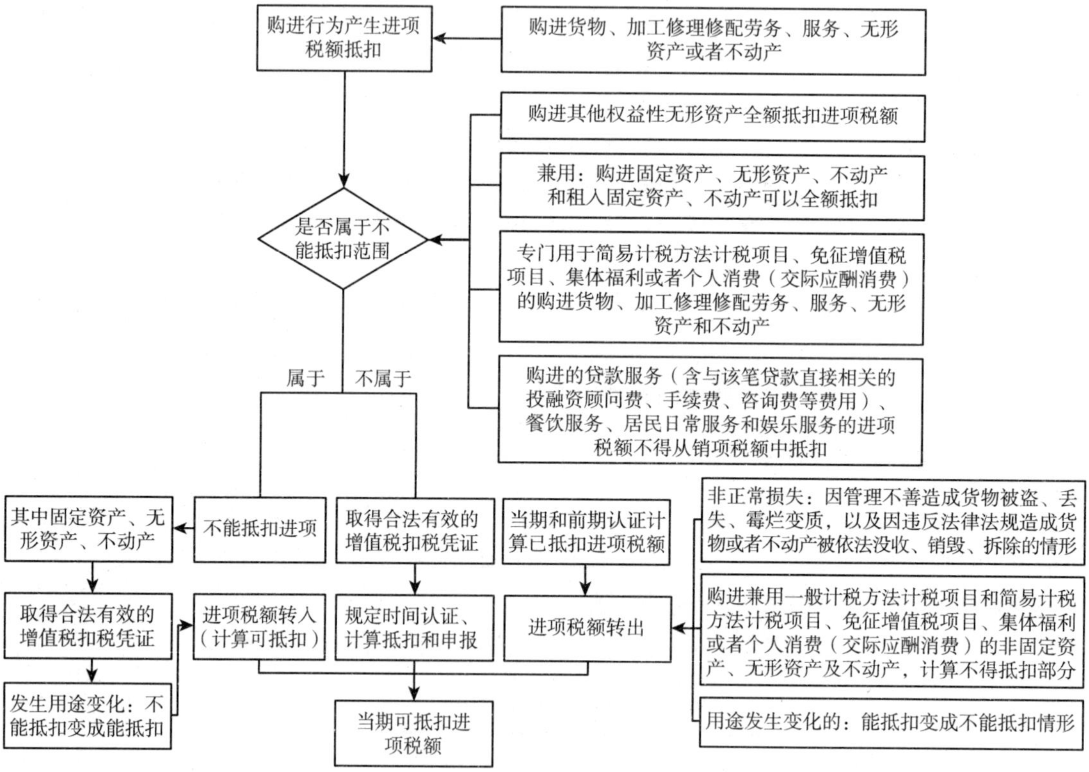

图8－1 进项税额抵扣示意图

实战操作8－1

“甲供材”税务决策：如何保证业主利益

原则：保证业主利益最大化，业主假定采用一般计税方法测算税负。

假若建设单位购买的建筑安装工程服务含税额为100元，其中可以取得13%增值税专用发票的材料含税额为A，则：

（1）如果采用包工包料的方式，业主向施工企业支付100元所取得的进项税额为：$100 \div (1+9\%) \times 9\% = 8.26$

（2）如果因“甲供工程”采用简易计税方式，则业主向建筑公司支付 $100-A$ 可以取得的进项税额为：$(100-A) \div (1+3\%) \times 3\%$

业主购买材料取得的进项税额：$A \div (1+13\%) \times 13\%$

（3）业主税负平衡点如下：

$(100-A) \div (1+3\%) \times 3\% + A \div (1+13\%) \times 13\% = 8.26$

则：$A = 62.23$

结论：当业主可以直接采购获得13%进项税额专用发票含税额占总的工程额比例大于62.23%，业主才会获得进项税抵扣优势。故在与业主商谈甲供时，可依此结论与业主沟通是否采用甲供材方式。

8.2.4 建筑业预缴税款

收到预收款时，所有项目都需要预缴，本地项目在机构所在地预缴，异地项目在发生地预缴。

纳税义务发生时为异地项目，需要在建筑服务发生地预缴税款。而本地项目，不需要在建筑服务发生地预缴税款，直接在机构所在地申报纳税。

预缴税款不需要考虑是否开票，合同约定时间以及工程进度等因素，纳税人应明确收到预收款即产生预缴税款的义务。

（1）基本规定。

A. 预收款预缴增值税政策。纳税人提供建筑服务取得预收款，应在收到预收款时，以取得的预收款扣除支付的分包款后的余额，按照规定的预征率预缴增值税。

按照现行规定应在建筑服务发生地预缴增值税的项目，纳税人收到预收款时在建筑服务发生地预缴增值税。按照现行规定无须在建筑服务发生地预缴增值税的项目，纳税人收到预收款时在机构所在地预缴增值税。

适用一般计税方法计税的项目预征率为2%，适用简易计税方法计税的项目预征率为3%。

政策依据：《财政部 国家税务总局关于建筑服务等营改增试点政策的通知》（财税〔2017〕58号）。

B. 跨县（市、区）提供建筑服务纳税义务发生预缴增值税政策。纳税人跨县（市、区）提供建筑服务，按照以下规定预缴税款：a. 一般纳税人跨县（市、区）提供建筑服务，适用一般计税方法计税的，以取得的全部价款和价外费用扣除支付的分包款后的余额，按照2%的预征率计算应预缴税款。b. 一般纳税人跨县（市、区）提供建筑服务，选择适用简易计税方法计税的，以取得的全部价款和价外费用扣除支付的分包款后的余额，按照3%的征收率计算应预缴税款。c. 小规模纳税人跨县（市、区）提供建筑服务，以取得的全部价款和价外费用扣除支付的分包款后的余额，按照3%的征收率计算应预缴税款。

纳税人跨县（市、区）提供建筑服务预缴税款时间，按照财税〔2016〕36号文件规定的纳税义务发生时间和纳税期限执行。

政策依据：《国家税务总局关于发布〈纳税人跨县（市、区）提供建筑服务增值税征收管理暂行办法〉的公告》（税务总局公告2016年第17号）。

C. 建筑企业预缴企业所得税政策。建筑企业所属二级或二级以下分支机构直接管理的项目部（包括与项目部性质相同的工程指挥部、合同段等）不就地预缴企业所得税，其经营收入、职工工资和资产总额应汇总到二级分支机构统一核算，由二级分支机构按照国税发〔2008〕28号文件规定的办法预缴企业所得税。

《国家税务总局关于印发〈跨地区经营汇总纳税企业所得税征收管理办法〉的通知》（国家税务总局公告2012年第57号）规定，汇总纳税企业实行“统一计算、分级管理、就地预缴、汇总清算、财政调库”的企业所得税征收管理办法。汇总纳税企业应当自年度终了之日起5个月内，由总机构汇总计算企业年度应纳所得税额，扣除总机构和分支机构已预缴的税款，计算出应缴应退税款。

当企业设立分支机构时，由于设立初期分支机构面临高昂的成本支出，所以亏损的概率较高，通常采用分公司的形式较为合适，可以享受和总部收益盈亏互抵的好处。经过两三年的经营，分公司开始转亏为盈时，再把分公司变更注册为子公司，这样可以降低分支机构对总机构的法律影响。

（2）预缴增值税税款的时间。建筑服务预缴增值税的预缴时间为：

A. 采取预收款方式提供建筑服务的应在收到预收款时预缴增值税。

B. 采取非预收款方式提供建筑服务预缴增值税的时间：a. 提供建筑服务过程中或者完成后收到款项；b. 签订书面合同约定付款日期的，为书面合同确定的付款日期；c. 未签订书面合同或者书面合同未确定付款日期的，为服务、无形资产转让完成的当天或者不动产权属变更的当天。

C. 先开具发票的，为开具发票的当天。

（3）预缴税款计算。适用一般计税方法计税的项目预征率为2%，适用简易计税方法计税的项目预征率为3%。

A. 一般计税方式。应预缴税款＝（全部价款和价外费用－支付的分包款）÷（1＋9%）×2%；2019年4月1日及之后，建筑服务的增值税税率由10%降为9%。

B. 简易计税方式。应预缴税款＝（全部价款和价外费用－支付的分包款）÷（1＋3%）×3%。

C. 注意事项。a. 纳税人取得的全部价款和价外费用扣除支付的分包款后的余额为负数的，可结转下次预缴税款时继续扣除；b. 纳税人应按照工程项目分别计算应预缴税款，分别预缴；c. 可以扣除的分包款，应当取得符合法律、行政法规和国家税务总局规定的合法有效凭证，否则不得扣除。其中，合法有效凭证是指：

——从分包方取得的2016年4月30日前开具的建筑业营业税发票。上述建筑业营业税发票在2016年6月30日前可作为预缴税款的扣除凭证。

——从分包方取得的2016年5月1日后开具的，“备注”栏注明建筑服务发生地所在县（市、区）项目名称的增值税发票。

——国家税务总局规定的其他凭证。

（4）预收账款开具发票（两种情况）。

A. 开具“不征税发票”。

税收编码：*建筑服务预收款*预收款；

发票性质：收据，业主预付款入账，不是企业所得税税前扣除凭证；

开具发票环节：在预售环节开具不征税的发票后，在纳税义务发生时间开具适用税率的发票，原不征税发票无须收回（不需要换票），也无须冲红；

申报环节：免税栏负数；

企业所得税 + 会计口径：不确认收入；

预缴增值税：预缴。

B. 开具正常税率发票（包括专票）。

税收编码：*建筑服务*工程款；

发票性质：发票，业主预付款入账，是企业所得税税前扣除凭证；

申报环节：正常申报；

企业所得税 + 会计口径：不确认收入；

预缴增值税：预缴；

开具发票：申报增值税（抵预缴增值税）。

（5）预收账款预缴税款会计处理。

A. 开具不征税发票。

收到款项时：

借：银行存款

　　贷：预收账款

　　　　应交税费——待转销项税额（一般计税方法）

　　　　应交税费——待转销项税额（简易计税方法）

预缴税款时：

借：应交税费——预缴增值税（一般计税方式）

　　应交税费——简易计税（简易计税方式）

　　贷：银行存款

就地缴纳城市维护建设税和教育费附加。

依据财税〔2016〕74 号规定，在建筑服务发生地预缴增值税时，以预缴增值税税额为计税依据，并按预缴增值税所在地的城市维护建设税适用税率和教育费附加征收率就地计算缴纳城市维护建设税和教育费附加。

注意：在向建筑服务发生地主管税务机关预缴增值税时，同时应按实际预缴的增值税为计税依据预缴城建税、地教育费和地方教育费附加。

借：税金及附加

　　贷：应交税费——应交城建税

　　　　　　　　——应交教育附加

　　　　　　　　——应交地方教育附加

借：应交税费——应交城建税

　　　　　　——应交教育附加

　　　　　　——应交地方教育附加

　　贷：银行存款

月末结转预缴税款：

借：应交税费——未交增值税（一般计税方式）

　　贷：应交税费——预缴增值税（一般计税方式）

B. 预收款开具有税率的发票。

收到款项时：

借：银行存款

　　贷：预收账款

　　　　应交税费——应交增值税（销项税额）（一般计税方式）

　　　　应交税费——简易计税（简易计税方式）

预交税款时：

借：应交税费——预交增值税（一般计税方式）

　　应交税费——简易计税（简易计税方式）

　　贷：银行存款

对预交增值税时就地缴纳的和在机构所在地缴纳的城市维护建设税和教育费附加进行账务处理。

借：税金及附加

　　贷：应交税费——应交城建税

　　　　　　　　——应交教育附加

　　　　　　　　——应交地方教育附加

借：应交税费——应交城建税

　　　　　　——应交教育附加

　　　　　　——应交地方教育附加

　　贷：银行存款

实际缴纳应纳税额时：

借：应交税费——未交增值税

　　应交税费——预交增值税

　　贷：银行存款

（6）预缴税款管理。

A. 很多省市已经可以在网上办税系统预缴增值税，发生本市内跨区提供建筑服务或房地产企业采用预收款方式销售自行开发的房地产项目，可通过本模块办理预缴申报业务。

B. 异地项目在向建筑服务发生地主管税务机关预缴税款时，须填报《增值税预缴税款表》，并出示以下资料：与发包方签订的建筑合同复印件（加盖纳税人公章）、与分包方签订的分包合同复印件（加盖纳税人公章）、从分包方取得的发票复印件（加盖纳税人公章）。

政策依据：《国家税务总局关于营改增试点若干征管问题的公告》（国家税务总局公告2016年第53号）。

C. 《国家税务总局关于发布〈纳税人跨县（市、区）提供建筑服务增值税征收管理暂行办法〉的公告》（国家税务总局公告2016年第17号）第五条规定，纳税人应按照工程项目分别计算应预缴税款，分别预缴。

第八条规定，纳税人跨县（市、区）提供建筑服务，向建筑服务发生地主管税务机关预缴的增值税税款，可以在当期增值税应纳税额中抵减，抵减不完的，结转下期继续抵减。

因此，建筑企业在异地提供不同项目建筑服务，须分项目预缴税款，每月正常申报增值税时，预缴税款抵减应纳税额不需要分项目抵减，可以跨项目抵扣，不管是不是简易计税还是一般计税项目。

注意：纳税人以预缴税款抵减应纳税额，应以完税凭证作为合法有效凭证。

【知识链接 8 -1】

多预缴税款如何办理退税

企业跨区域提供建筑服务时按规定预缴了增值税，如果后期工程竣工决算后因工程决算金额小于前期已开具增值税发票金额，需要开具建筑服务的红字增值税发票去冲减销售额而导致多预缴了增值税，多预缴的增值税须办理退税，须向哪里办理退税，是机构所在地还是建筑服务经营地？

政策依据：《2019 年减税降费政策答复汇编》（国家税务总局）

141. 跨区域经营的增值税小规模纳税人异地所缴地方税费如何退税？

跨区域经营的增值税小规模纳税人享受地方税费减半优惠时存在的问题，企业在业务发生地报验后预缴申报附加税时未享受减征优惠，回到注册地申报时由于报验地未享受优惠，但实际应享受，造成注册地申报正常填写数据后在申报表“本期应补（退）税（费）额”处形成负数多缴，存在多缴税款的退税应在注册地退税还是申请报验地退税？

答：应申请报验地退税。原则是在哪儿缴，就在哪儿退。

依据上述国税总局对于跨区域异地多预缴地方税费答复可知，在哪里预缴的税费就在哪办理退税，那么，依据国税总局的答复口径，企业在建筑服务经营地多预缴了增值税，则到建筑服务经营地办理退税；企业在机构所在地多预缴了增值税，则到机构所在地办理退税，即多预缴的增值税须在预缴地办理退税。

第9章

EPC项目的合同管理与财税风险防控

9.1 EPC项目特点及其资质认定

9.1.1 EPC工程总承包项目的概念

EPC工程总承包项目是一种集设计、采购、施工建设于一体的新型工程项目总承包模式，凸显出国际项目管理的先进理念。在我国“一带一路”倡议下，EPC工程总承包拓展了工程建设的业务内容与范围，推动了国内外市场份额不断扩大。

EPC工程总承包项目指的是总承包商接受业主的委托，按照合同约定对项目的设计、采购、实施等进行全方位、一体化的承包，其不是简单的E、P、C组合或E+P+C的机械相加，而是不同业务流程的高度融合。EPC工程总承包项目统一协作，可避免不同流程之间的脱节。一般而言，EPC项目的业主和总承包商都承担监理的职责，业主监督的是总承包商，总承包商又可将项目分包出去，并对分承包商进行监理。但是，由于EPC工期较长，涉及的境外国家和机构较多且包含多个环节，其合同管理与财税管理的环节增加，操作层面的复杂性增强。

9.1.2 EPC工程总承包与传统工程建设的比较

（1）合同法律关系方面。传统工程建设是将设计、采购、施工这几个环节分别授予不同的主体来开展，采用条块分割的模式，各个主体只承担相应的一项任务，彼此间的协调性较差，没有统筹性的管理，会存在不同环节的对接问题。其法律关系如图9-1所示。

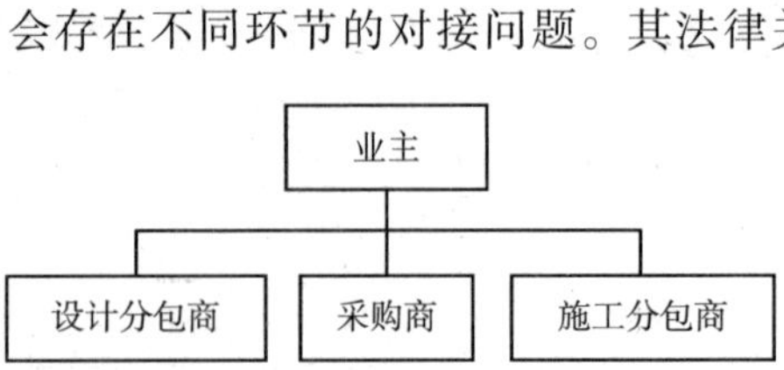

图9-1 传统工程建设的法律关系

而EPC工程总承包是将项目的3个重要环节整合在一起，一并交予一个承包商来开展，统一指挥，能够确保实施的连接性和整体性，及时解决不同环节出现的问题，如图9-2所示。由于EPC涉及3个重要环节，EPC总承包商承担的风险也是比较大的。

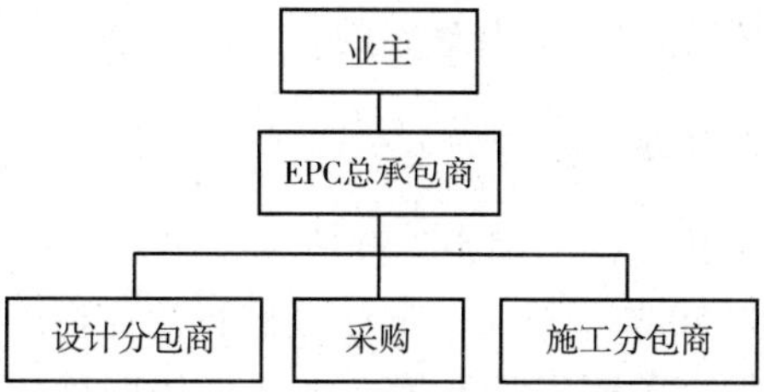

图 9－2　EPC 总承包项目的法律关系

（2）施工流程方面。传统工程项目建设一般是由政府方授权行业主管部门进行公开招标，竞标成功者会负责设计或者施工中的某一项工作，采购一般由政府或相关部门统一进行。这里既可以是境内的也可以是境外的项目，其流程如图 9－3 所示。

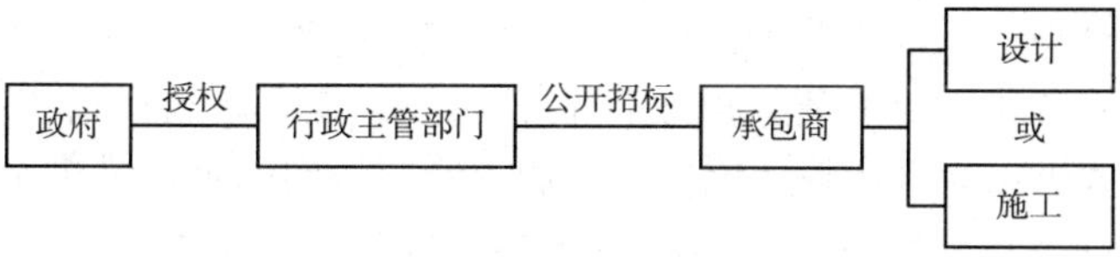

图 9－3　传统工程建设的流程

EPC 工程总承包项目的授权和公开招标过程同传统工程建设一致，但是承包商竞标成功后取得的是设计、采购和施工的全流程，如图 9－4 所示。

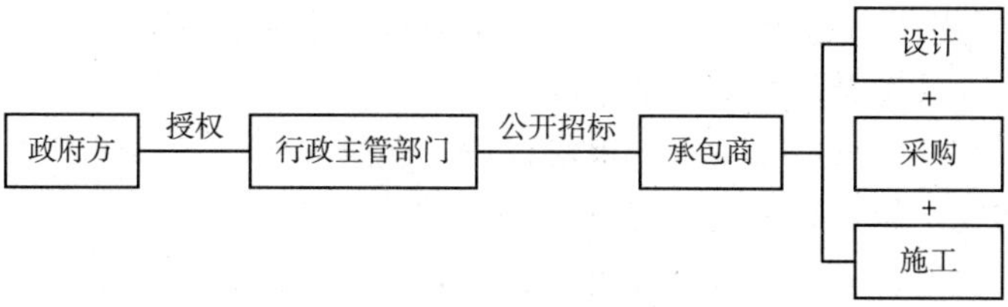

图 9－4　EPC 总承包项目的流程

9.1.3　EPC 工程总承包项目的特点

（1）总承包商负担较高的风险和报酬。与传统工程建设相比，由于 EPC 工程总承包商的工作范围涵盖了设计、采购、施工以及试运行等多个流程，且施工范围点多面广，会受到不同环节多维因素的影响，诸如设计过程、资源配置等，因而工程项目的不确定性较大；同时，分包业务的责任也交由总承包商承担，其面临的风险很大，但同时也会有更高的收入。

（2）采用固定总价计价。EPC 工程总承包项目的合同计价方式通常采用的是固定总价，业主按固定的价格与总承包商签订合同，将风险转移至总承包商处。采用这种计价模式一般不受市场因素或者管理费用的影响，为业主核算成本、确定投资金额以及估算预期的经济效益提供了参考。

（3）业主对项目的介入较少。在 EPC 总承包项目中，业主将项目发包给总承包商后，大部分的风险和职责都转移至总包商处，业主自身较少参与具体工程的实施，只是对项目的整体运行过程和设计要求提供宏观的标准，并对总包商的实施过程进行监管和控制。因此，业主对工程的介入并不多，但有权利享有最终的成果。

9.1.4 EPC 项目资质的认定

2019 年 12 月，住房城乡建设部、国家发展改革委印发《房屋建筑和市政基础设施项目工程总承包管理办法》，自 2020 年 3 月 1 日起正式施行。这标志着部分施工、设计资质可以互认，推动了 EPC 项目的进一步推广和发展。该文件还明确规定，主要工程材料、设备、人工价格与招标时基期价相比，波动幅度超过合同约定幅度的部分，风险由建设单位承担。

（1）施工企业申请设计资质。具有施工总承包一级及以上的施工企业可以申请相应类别工程设计甲级资质，按照工程设计资质的相同申报渠道申请，按照工程设计甲级资质标准的相同条件进行考核。

工程设计甲级资质标准要求的企业业绩可以由涵盖工程设计业务的工程总承包业绩替代。其中，具有建筑工程、市政公用工程施工总承包一级资质的企业，直接申请相应的建筑行业甲级资质、市政行业甲级资质、市政行业（燃气工程、轨道交通工程除外）甲级资质时，企业自行完成或者以联合体形式完成的工程总承包业绩，可以作为企业业绩申报。企业业绩、个人业绩执行《住房城乡建设部办公厅关于进一步推进勘察设计资质资格电子化管理工作的通知》（建办市〔2017〕67 号）第三条的规定，申请建筑行业甲级资质、市政行业甲级资质、市政行业（燃气工程、轨道交通工程除外）甲级资质的企业，未进入全国建筑市场监管公共服务平台的企业业绩和个人业绩，在资质审查时不作为有效业绩认定。

（2）设计企业申请建筑业企业资质。已取得工程设计综合资质、行业甲级资质的企业，可以直接申请相应类别施工总承包一级资质，企业自行完成或者以联合体形式完成的相应规模工程总承包业绩可以作为其工程业绩申报。

具有工程设计综合资质、建筑行业甲级资质、建筑工程专业甲级资质、市政行业甲级资质、市政行业（燃气工程、轨道交通工程除外）甲级资质的企业，可以直接申请相应的建筑工程、市政公用工程施工总承包一级资质，企业自行完成或者以联合体形式完成的工程总承包业绩，可以作为其工程业绩申报。

除以上 2 种情形外，工程设计企业应按照《建筑业企业资质实施意见》中首次申请的要求申请建筑业企业资质。

总之，《房屋建筑和市政基础设施项目工程总承包管理办法》明确了发包（招标）条件和招标文件的内容要求，允许联合体投标并明确了联合体中标后的签约模式，明确了工程总承包项目的资质要求并鼓励申报“双资质”，明确了工程总承包项目的风险分担原则。所以，设计、施工企业资质互认体现出“设计 + 施工”一体化的发展趋势，对工程总承包作出较为清晰的规定，有利于推动 EPC 项目的进一步实施与完善，当然对其管控也将更加全面和细化。

9.2 EPC 项目的合同管理

EPC 项目之所以能在工程项目中不断兴起并占据一席之地，其主要原因在于部分工程业主期望能够在项目进行之初对预期能够获得的收益予以明确。为此，工程业主倾向于将更多的风险转移给总承包方，并通过支付风险溢价的方式弥补承包方承担风险的代价。因此，在 EPC 项目前期对合同风险的识别与合理规避是非常关键的任务，如何在合同订立时对未来存在的争议与分歧予以明确，需要业主和总承包方共同协商，充分识别合同风险，并通过合同条款的明晰，尽可能地减少合同纠纷。

9.2.1　EPC 项目的合同类型

合同在 EPC 项目中起着至关重要的作用。总承包商接手项目后，不必亲自完成每一个环节，即可以将一部分工作分包出去。根据总承包商承担职能的不同，EPC 主要有 5 种类型，分别是交钥匙总承包（EPC）、设计—施工（DB）、采购—施工（PC）、设计—采购（EP）和建设—转让（BT）①。

比较常见的是交钥匙总承包合同，总承包商在最终完成工程建设进行项目移交时要对项目的整体功能和性能负责，这种模式也被称为直接分包。设计—施工（DB）是由业主采购所需的材料和设备，总承包商承担项目的设计和施工环节，并对项目质量、造价、工期和安全等负责。建设—转让（BT）不仅负责项目的设计、采购和施工，前期的投融资也是由总承包商完成的，待项目竣工后，经过试运行且验收合格后，业主将项目的经费支付给总承包商。

国际 EPC 项目同样也使用上述 5 种模式，虽然总承包商主要承担的责任有所区别，但总体运作流程大致是相同的。图 9－5 展示了国际 EPC 项目总体运作流程，具体包括招投标、合同谈判签约、设计、采购、施工和试运行等各个环节。

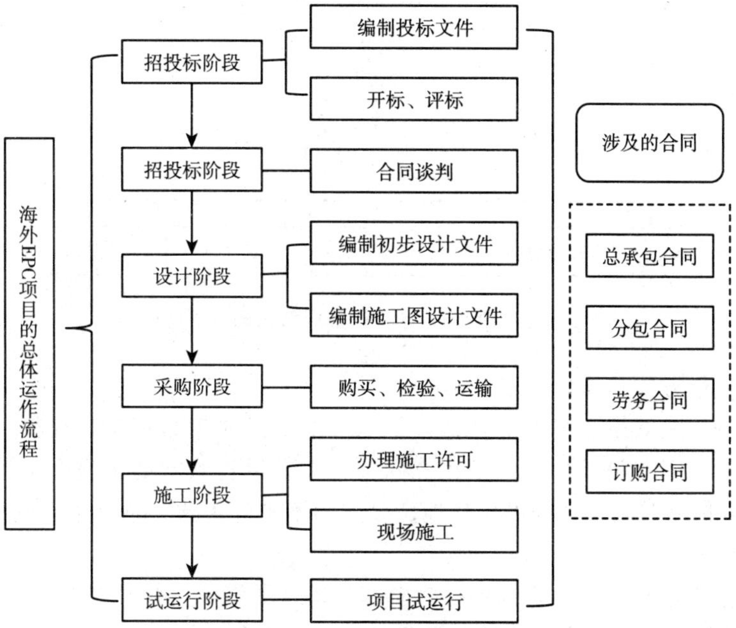

图 9－5　国际 EPC 项目的运作总流程

① 支斌．EPC 工程总承包项目运作模式及其适用性的思考［J］．山西建筑，2020，46（10）：189－190.

9.2.2 EPC 项目的合同管理策略

EPC 项目管理涉及多个传统交叉环节，情况复杂且多变。虽然 FIDIC 银皮书提供了通用合同，但是由于不同项目发包方有不同的合同内容，合同管理依然需要更加谨慎。特别是整个项目过程中存在诸多的社会关系，其中包括发包方、施工单位、勘察设计单位、材料设备供应商、银行、保险公司、监督机构等，故承接项目时，总承包方应该充分识别项目中的潜在风险，并合理评估自身的抗风险能力，在合同条款中就需要尽可能地明确各方的责任义务，尽可能地满足各方需求，将风险降至低水平。以下将针对项目各环节的重大风险点分别阐述合同管理的相关策略（见图 9 - 6、图 9 - 7）。

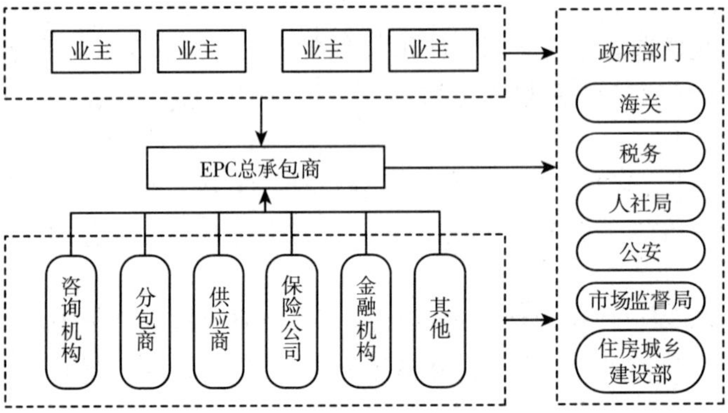

图 9 - 6 国际 EPC 合同关系

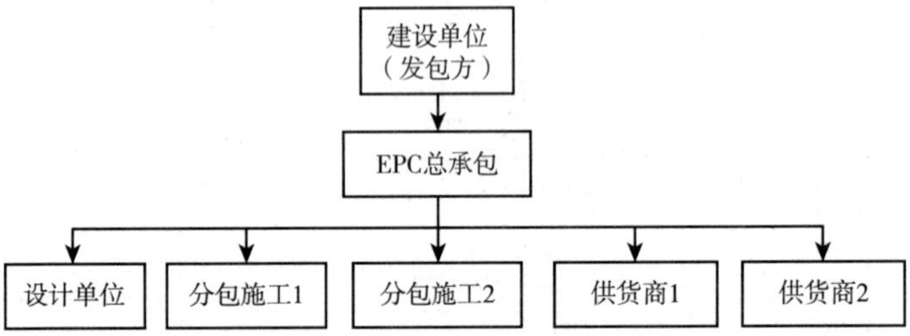

图 9 - 7 EPC 合同结构图

（1）平衡发包方与总承包方权利义务。

在 EPC 的项目模式下，虽然业主是为了尽可能的规避项目风险，获得可预期收益目的才采用 EPC 工程总承包模式的。但是在合同关系上，甲乙双方属于完全平等的权利义务关系。对于发包方依靠其项目合同的优势地位设立的不平等条款，总承包方应当识别并且通过协商谈判予以修正。

例如，某电厂 EPC 总承包合同中，对整套启动所需燃料进行了如下约定："整套启动试运行期间所需的燃煤、燃油由业主按限额量供应，超出限额的部分由总承包商承担费用。①"这一条款只规定了承包方的责任义务，但却没有规定总承包方的权利。其只规定了超额部分

① 袁鑫，陈丽翠 . EPC 总承包项目合同条款严谨性探讨［J］. 建筑经济，2014，35（06）：29 - 31.

由总承包商承担费用，但未对节约情况作出规定。承包方可通过增加补充条款，要求“节约部分归属承包方所有”等合约条款使自身权利义务实现平衡。

（2）明确总承包方索赔权利。在整个 EPC 项目的施工过程中，总承包商承担的责任较大，要对工程的质量、进度和工期等负责。但是，总承包商也享有业主对其履行责任的权利，如果业主对总承包商的权益造成损失，总承包商有权要求赔偿。在现实经济活动中，通常会出现以下索赔情形：

A. 业主没有在约定的时间内交付所需的物资和设备等，或者没有及时提供施工所需的现场，使得承包商的施工不能正常开展，延误工期，也可能带来劳务人员工资的支付损失等问题，为总承包商增加额外的资金负担，此时承包商可以要求业主给予合理的赔偿。

B. 业主对工程项目的要求发生变更，比如业主可能由于某些原因在签订合同之后要求加快工程进度或者提高设备和物资的质量等，总承包商不得不花费更多的人力和财力来满足业主的要求，给自身造成经济损失，并承受更大的风险。例如，为了缩短工期需要投入更多的机器设备和周转材料，为了提高质量需要购进价格更高的物资等，这些是因为业主临时变更工程项目要求而产生的额外的成本费用，总承包商可以要求赔偿。

C. 业主提供的信息有误。虽然 EPC 项目中，业主把建造和采购环节等众多风险转移给总承包商，但是整体的决策和要求还是由业主把控的，对项目的总体要求和最终成果起决定性作用。如果在施工过程中，业主提供的项目位置信息或者工程执行标准和相关数据有误，总承包商依据这些不准确的信息执行，会造成施工的失误，由此造成的损失或者后续改进所花费的成本，可以向业主寻求赔偿。

D. 业主未按约定支付工程款。如果业主没有在合同规定的时限内支付工程款，催告后仍不支付，造成工期延误或者垫资的，总承包商有权停工并且要求业主支付赔偿。

（3）注意分包合同的严谨性。将总工程中部分工程作业进行分包，是 EPC 工程模式下关系到工程质量的好坏以及项目进度是否能够按照预定时间计划完成的重要部分。对于作为整个分包环节的逻辑起点，分包合同的签订决定了后期分包工作的质量。建立合理规范的工程分包制度就显得尤为重要。

A. 分包合同的合法性：对于工程分包，为了维持工程作业的市场秩序，政府相继出台了《建筑法》《建筑工程施工发包与承包违法行为认定查处管理办法》等规定加以严格明确，并且严令禁止了多项违法分包的情况，例如，禁止承包单位将其承包的工程分包给个人，禁止施工总承包单位将施工总承包合同范围内工程主体结构的施工分包给其他单位，等等。故在承包方将所承包的工程项目进行分包时需要重点注意分包合同的合法性，严格审核被分包商的资质，并对被分包商承接到工程后的施工作业与再次分包等情况作出明确规定，对由被分包方可能存在的违法违规行为通过合同条款予以禁止。

B. 分包合同的无缝对接。EPC 模式将设计、采购、施工等多项工程作业环节有机地联系在一起，做到三者的连同与协作。故在总承包商在对整体项目进行各个分包切割时，应当对设计、采购、施工的各环节进行总体筹划，避免出现分包合同工期冲突、管理不善等原因导致的彼此矛盾和相互脱节的问题出现。例如，在某一 EPC 项目中，建筑施工合同规定的开工日期为 5 月 1 日，但是相关设备、材料采购的控制节点却在 5 月 15 日，这将造成施工过程由于必要设备、材料采购的不及时而被迫进行延期处理。

（4）价款支付。由于 EPC 项目涉及多个环节，总承包商对整个项目的全流程进行建设，承担的资金风险较高，这时就需要确保业主能够及时、足额地将工程款项支付给总承包商，减轻其现金流及财务压力：

A. 总承包商在与业主签订总包合同时，最好能够约定业主须支付一定的预付款和质保金，并按照成本支出或者完工进度支付工程款。在一般情况下，约定的预付款不低于总价款的10%，质保金不低于3%，其余工程款按照工程进度支付。若能够保证预付款和工程款支付，总承包商就可避免过多垫付资金的风险以及承担的利息费用，从而有效降低施工的总成本。

B. 在约定合同的生效时间时，最好不要选择合同的签订日，而是选择业主向总承包商支付全部预付款之后，由此减轻总包商所承担的风险。

C. 如果合同中涉及支付担保问题，最好要求业主提供无条件的、见索即付的担保，确保能够拿到相应的担保赔偿款项。

D. 在签订合同条款时，总承包商最好对业主的延期付款规定罚息，并要求其承担一定的违约责任。另外，总承包商要重点关注业主的资金来源渠道是否安全可靠，是否有足够的支付能力，评估其流动比率、现金流量比率以及资产负债率情况，在业主具备付款能力的前提下签订合同。另外，总承包商还要争取工程价款优先受偿的权利，最大限度地保证自身的合法权益。

（5）合同变更。EPC 项目在签订合同时要对后续合同变更的情形加以规定。EPC 合同价款一般采用固定总价支付的方式，这意味着如果工程不发生大的变动，业主向总承包商支付的价款是确定的①。而 EPC 项目的工期一般较长，实际实施过程中可能会根据具体情况加以调整，如果不对合同变更的情形作出规定，一旦发生变动需要额外的工程款却无合同依据，会使总承包商处于不利地位。因此，双方在签订合同时，要考虑后续可能发生的情况。对于材料采购地点和材质要求、设计的大概标准、质量要求、施工范围、施工顺序以及完工时间等设置一个弹性变动区间，如果变动超出预期，需要业主追加款项。总之，签订 EPC 项目合同时要对施工过程发生变动的情况达成一致，并落实到合同的书面文字，避免双方因此发生争议。

（6）项目停工。EPC 项目的持续周期较长，在施工过程中会存在多种不确定因素。如果工程期间业主不能及时、足额地支付款项，会引发总承包商的工程延误或者垫付资金、成本增加等问题。为了避免这一现象，总承包商可以在签订合同时设置停工条款，明确规定如果在款项应支付日期后多少天内，经总承包商催告，仍然没有支付工程款项，造成的工程延误责任由业主负担，且总承包商可以随时中断施工，直到业主付清应付的工程款项。当然，总承包商的停工也要建立在业主逾期未支付工程款项，且总承包商主动提醒，最终业主依旧没有支付的前提下，即总承包商也不得随意停工。

（7）明确税收和保险的负担方。EPC 项目中各个环节涉及的税种很多，特别是国际 EPC 项目，国内国外的税费缴纳问题更加复杂，这就要求各方在签订协议时对税款缴纳作出合理的预估并确定由谁来承担。例如，对国际 EPC 项目中的所得税税收抵免，应当按照《关于企业境外承包工程税收抵免凭证有关问题的公告》（国家税务总局公告 2017 年第 41

① 廖洪伟，齐宏宇. EPC 总承包项目的避险纳税筹划［J］. 中国石油企业，2012（10）：107－109.

号）规定，通过境外承包工程项目完税凭证分割单（总分包方式）等书面单据作为境外所得完税证明或纳税凭证进行税收抵免。对于其中的合理分配比例，需要通过各方根据项目实际情况按实际取得的收入、工作量等因素确定合理比例并在合同中予以明确。

另外，大多数的 EPC 项目要求承包商在工程开工前购买保险，但是由于大型的 EPC 合同同时存在整体框架性合同和细分合同，对于部分细分合同则是按照框架合同在项目中的进展视情况进行签订，但是承包商在项目发生初期，难以区分细分合同，往往存在对于框架合同设立了保险条款，在各项细分合同中未设立保险合同的情况，所以在签订合同时无论是框架合同还是细分合同都需要明确合同条款，避免因遗漏导致潜在的合同纠纷。

最后，保险的缴纳也需要划分清楚，明确投保的险种、受益人、保险的责任范围等。如果条件允许，业主或总承包商也可通过购买商业保险等措施，进一步降低 EPC 工程合同的风险。

（8）项目结算。当前的 EPC 项目大多由政府投资建设，所以项目竣工后，一方面业主与总承包商进行款项的结算，另一方面政府审计部门或者其他相关部门也会对项目进行审核。政府的审计过程通常持续时间很长，导致项目的尾款在短期内很难拿到，增加了总承包商的资金负担和风险。因此，总承包商在与业主订立合同时，可以约定尽量避免将政府审计结束的时间点作为最终竣工结算的确认时间。

（9）争议条款的解决。在整个 EPC 项目的执行中，难免会出现资金、税收、安全责任等方面的争议，面对这种情况，最好由双方协商解决，如果无法达成一致，可引入外界法律救援，例如，选择仲裁或者诉讼方式，使双方的权利得到法律层面的保护。

（10）合同文件管理。为了保障工程项目的有序进行，一般发包方会在项目开工后的前期要求承包商递交质量保证计划书、工期计划书等文件，这些文件是制约项目后期继续开展的关键性合同文件。对于这些文件，承包商应当事先准备或及时准备，防止因前期合同文件准备不足制约项目进展。

9.3　EPC 项目涉及的税种及增值税政策

9.3.1　EPC 项目涉及的税种分析

境外 EPC 项目涉及多个税种，主要包括境内外增值税、所得税、关税、汇出利润所得税、预提税等。

（1）增值税。对境内增值税，“营改增”后，我国对居民企业在境外开展的部分活动采取了零税率的税收优惠政策。在设计阶段，规定境内单位向境外单位提供的完全在境外消费的设计服务适用零税率。在采购阶段，对出口企业出口货物或者加工修理修配劳务采用出口退税制度。在施工阶段，境内企业向境外企业提供建筑服务，如果及时办理了减免税的备案手续，可以按照规定享受相应的减免税制度。

对境外增值税，通常勘察设计、采购货物以及建筑安装等活动归属于项目所在国增值税的征税范围，需要根据各国的具体规定及时地进行申报，如果有税收优惠政策，允许在合理合法的范围内享受。

(2) 所得税。在企业所得税方面，我国目前已经和世界上100多个国家签订了双边税收协定，以避免双重征税问题。企业在提供跨境EPC总承包项目时，应事先了解协定的相关内容，准确申报境内外的所得税；如果我国与项目所在国没有签订税收协定，则允许进行境内的所得抵免，此时可能会存在一定程度的双重征税问题。

在个人所得税方面，主要涉及我国派遣到国外人员的工资薪金问题。一般来说，如果在国外工作的时间超过6个月，则会被视为当地的税收居民，需要按照当地税法规定缴纳个人所得税，通常适用累进税率；国外工作时间不超过6个月的需要根据各国的不同情况缴纳一定比例的个人所得税。我国对于个人的境外劳务派遣所得，实行分国分项抵免①。

(3) 关税。对出口关税，绝大部分货物实行免税优惠政策，符合资质条件的企业还可以申报出口退税。对进口关税是站在项目所在地的角度来看的，各国对不同类型的货物采取不同的税率，需要及时了解进口关税的税率及相关政策，并考察不同材质或者品质的物品适用的税率差异，特别是对于那些需要以业主的名义购进的货物，需要同业主就货物的清单、额度、数量等进行协商和确认，保证货物的成本费用正常核算和税前列支。

(4) 利润汇回的所得税。许多国家对汇出的利润通常征收10%的所得税。跨国经营的工程项目的利润需要从项目所在国汇出，需要支付一定的税收成本；而且，在那些汇率浮动比较大或者外汇管制比较严格的国家，工程项目利润的汇出还可能面临着一些金融风险，因此，要合理控制利润的留存地。

(5) 预提税。预提税是依据工程合同收入源泉扣缴的所得税，一般在支付工程进度款时会扣缴并上交给当地的税务部门，可以抵减境外的所得税，不会对总的税收负担产生影响，只是纳税时间问题，但会对企业的现金流量产生一定的影响。

9.3.2 EPC项目适用的增值税规定

(1) 适用增值税政策的基本规定。“营改增”后，我国增值税的纳税人是在境内销售货物、服务、无形资产或者不动产的单位和个人。承担EPC项目的主体通常是一般纳税人。如果兼营货物、服务、无形资产或不动产，应当分别划分其收入金额，并适用不同的税目税率；若没有划分收入，则从高适用税率。如果属于混合销售，则按照主营业务适用的税目税率征收增值税。

EPC项目主要涉及设计、采购和施工，分别属于设计服务（适用6%税率）、购买货物（根据物品不同适用13%或9%税率）、建筑安装等服务（适用9%税率），若涉及跨区域提供建筑服务还需要在项目所在地预缴增值税。

(2) 预缴增值税的政策规定。“营改增”后，我国税法对一般纳税人和小规模纳税人适用的增值税预缴政策作出不同的规定。选择采用一般计税方法的，应以取得的全部价款和价外费用作为销售额计算缴纳税款。纳税人应以取得的全部价款和价外费用扣除支付的分包款后的余额，按照2%的预征率在建筑服务发生地预缴税款；选择适用简易计税方法的，应以取得的全部价款和价外费用扣除支付的分包款后的余额为销售额，按照3%的征收率计算应纳税额。

---

① 杨晓宇．浅谈境外EPC项目的税务管理［J］．现代商业，2015（06）：225－227.

小规模纳税人应以取得的全部价款和价外费用扣除支付的分包款后的余额为销售额，按照 3% 的征收率计算应纳税额。纳税人按照上述计税方法在建筑服务发生地预缴税款后，向机构所在地主管税务机关进行纳税申报。

（3）简易计税的增值税政策规定。“营改增”后，在 3 种情形下纳税人可以选择采用简易计税的方式，分别是以清包工方式提供建筑服务、甲供工程和为建筑工程老项目提供建筑服务。

清包工是指施工方纯提供建筑服务的形式，即施工方不采购建筑工程所需的材料或只采购辅助材料，并收取人工费、管理费或者其他费用的建筑服务。

甲供工程是指业主提供大宗材料，施工方进行建筑服务，即全部或部分设备、材料、动力由工程发包方自行采购的建筑工程。

建筑工程老项目包括 3 种情况：一是指《建筑工程施工许可证》注明的合同开工日期在 2016 年 4 月 30 日前的建筑工程项目；二是指《建筑工程施工许可证》未注明合同开工日期，但建筑工程承包合同注明的开工日期在 2016 年 4 月 30 日前的建筑工程项目；三是未取得《建筑工程施工许可证》的，建筑工程承包合同注明的开工日期在 2016 年 4 月 30 日前的建筑工程项目。

由于简易计税方法的税负在一定程度上小于原征收营业税方式的税负，所以总承包方要关注自己所承包的工程是否符合该情形，能否适用简易计税方法。同时要注意，采用简易计税方法计税时，取得的与该项工程有关的增值税专用发票的进项税额是不允许抵扣的，应做进项税额转出处理①。

9.4 EPC 项目的财税风险及防控策略

9.4.1 EPC 项目的财务风险

（1）成本与收益风险。由于 EPC 总承包合同通常采用固定总价的模式来规定总承包商的报酬，因此，总承包商所取得的总收益是确定不变的，那么影响利润的唯一因素就是项目成本，EPC 总承包商可能面临成本增加导致利润降低的风险，原因如下：

A. 在项目投标阶段，总承包商的投标小组为了争取中标，往往会提出降低价格以吸引业主、增加中标率。在整个投标的阶段，投标小组很少会有专业的财务人员参与，缺少成本核算，投标小组可能不顾未来项目成本波动的风险而过度压低价格，对整个项目的推进带来不利影响，难以保证项目最终利润。

B. 与项目施工紧密相关的原材料，如水泥、钢材、砂石等，其市场价格处于不断的波动之中。若在项目施工时原材料市场价格发生大幅度提高，导致成本增加，总承包商受制于合同约定的工期只能以高价购进原材料，以保证项目如期完工②。增加的成本无法从约定的工程造价中获得补偿，企业只能自行承担亏损。

---

① 张磊．营改增后 EPC 总承包工程项目的纳税筹划分析［J］．企业改革与管理，2017（11）：132－133.

② 周秀丽．EPC 承包方式中财务风险管理探讨［J］．产业创新研究，2020（09）：58－59.

（2）流动性风险。对于承包商而言，现金流是决定项目顺利实施并完工的重要因素，一旦承包商的资金链断裂，项目就面临无法按时按质完工的风险。EPC 项目是集设计、采购、建设于一体的总承包项目，对承包商的现金能力提出了更高的要求。

A. 在 EPC 项目的招投标阶段，业主作为甲方享有较大的话语权，往往倾向于在合同中增加有利于自身的规定，除了尽可能调低价格之外，对于付款方式、付款进度以及违约赔偿方面都尽可能使自身利益最大化。例如，业主更希望延后合同付款期限，减少前期支付的比例，这无疑会减少总承包商在项目初期的现金流量，如果总承包商没有足够的经济实力，将无法保证项目如期完工，并面临巨额违约赔偿。

B. 总承包商通常不会自行承担项目的整个流程中的各个阶段，而是选择再分包，对分包商的选择也会为总承包商带来风险点，EPC 项目的特点之一就是将该风险由业主转移到总承包商身上。对分包商的选择必须要衡量其资金能力和业务能力。分包商资金链中断，或是缺少建筑资质会导致项目建设质量不达标，还会导致总承包工程无法按照约定交付。但在现实中选择分包商时，很少有专业评估人员的参与，因此，分包项目存在较大隐患。

9.4.2 境内 EPC 项目的税务风险

（1）兼营/混合销售的争议。EPC 项目涵盖了设计、采购、和建筑施工三项业务，从增值税的角度来看，无法将它完全归于一类业务，将三项业务拆开来看，设计适用现代服务业 6% 的税率，设备采购适用货物销售 13% 的税率，施工适用建筑服务 9% 的税率。增值税如何处理，是摆在税务机关面前的一道难题，对企业同样是一种风险，因为不同的征收方法会带来不同的税负。目前针对 EPC 项目如何征收增值税问题，主要有以下三种处理方法：

A. 按照混合销售行为缴纳增值税。根据“营改增”相关规定：“一项销售行为如果既涉及服务又涉及货物，为混合销售。”对于从事货物的生产、批发或者零售的单位和个体工商户的混合销售行为，按照销售货物缴纳增值税；其他单位和个体工商户的混合销售行为，按照销售服务缴纳增值税。如果 EPC 项目被税务机关认定为混合销售服务，那么全部价款均应该按照销售服务来缴纳税款，适用建筑服务 9% 的税率。

B. 按照兼营行为缴纳增值税。纳税人兼营销售货物、劳务、服务、无形资产或者不动产，各销售额适用不同税率或者征收率。根据兼营行为的规定，若纳税人分别核算适用于不同税率和征收率的销售额，则按照各自的税率和征收率分别征收，若未分别核算的，从高适用税率。这意味着总承包商若分别核算各业务收入，则设计适用 6% 的税率，设备采购适用 13% 的税率，施工适用 9% 的税率；若未分别核算，全部适用 13% 的税率。

C. 按照“建筑服务”缴纳增值税。还有一种比较直接的观点认为，EPC 项目应该直接按照建筑业缴纳增值税，比如，深圳市国税局在《深圳市全面推开“营改增”试点工作指引（之一）》中明确指出：建筑企业受业主委托，按照合同约定承包工程建设项目的设计、采购、施工、试运行等全过程或若干阶段的 EPC 工程项目，应按建筑服务的税率缴纳增值税，税率为 9%。

以上三种征税方式中，税负最高的应是未经分别核算的兼营行为处理方法，全部价款都适用 13% 的税率；混合销售行为和“建筑服务”两者的增值税负是一致的，这两种处理方式与分别核算的兼营行为相比税负孰高孰低，取决于各业务的价款在总价款中所占的比重高低。如果总承包商未提前了解施工当地对 EPC 项目的增值税处理办法，且未经事前税负测算，就容易出现增值税缴纳风险。

（2）进项税额无法抵扣的风险。总承包商还面临无法取得增值税进项税额抵扣的风险，跨地区提供建筑服务需要先预缴增值税，占据了企业一大笔现金流量。而企业将各项业务进行再分包，分包商往往是小规模纳税人，且设计服务可以选择适用简易计税方法，总承包商无法获得进项税额抵扣。另外，在工程结算时，因合同流与资金流方向不一致而造成进项税无法抵扣的情况，增加了项目的税负。

（3）未按时确认收入的风险。新收入准则修改了可变对价的规定，将可变对价的评判标准从“能可靠计量”变为“极可能”，同时把控制权的转移作为评定收入时点的标准。在实务中，企业通常将整个项目作为单项履约事项，或者分为两项或三项，因此，企业可能因对新收入准则不了解等原因而无法判断自己是否符合准则中确认收入的要求，而造成未按时或未足额缴税的风险①。

9.4.3　境外 EPC 项目的税务风险

EPC 总承包项目环节复杂且耗费巨大，在各国税制下涉及多方面的法律与税务问题，其纳税活动也变得十分复杂。从目前中国企业承包国际 EPC 项目的情况看，服务对象多为非洲、南美洲、亚洲等洲的发展中国家，各国的法律体系和税收制度都还不太健全，税法中关于 EPC 项目的规定还存在一定的模糊性，增加了我国在境外开展 EPC 项目的税务风险。国际 EPC 项目的税务风险还有一部分来源于资金、货物、贸易等方面，因为境外 EPC 项目涉及资金、货物在多国之间频繁往来，若安排不当则容易出现税务风险，从而导致多付出税款。下面，我们从 EPC 总承包项目的各个环节分析国际 EPC 项目的税务风险。

（1）项目投标阶段的税务风险。

A. 合同签订过程中的税务风险。施工企业签订的 EPC 招标合同中通常包含与纳税义务相关的规定，主要涉及流转税。业主可能利用施工企业对本国税法的不熟悉，利用合同条款中关于税款的复杂、模糊的约定而使施工企业承担更多的税款，或将本该由自身承担的税负转嫁施工企业。因此，我国企业在承包国际项目之前先熟悉当地法律和税制是十分必要的，应该做到基本掌握合同中所涉税款的计算方法，对于存在疑问的税款约定不能轻易应允。更重要的是，对当地各税种进行深入了解有助于企业辨析各种税的最终负税人应该是哪方，避免平白替业主纳税。如果业主要求施工企业先垫付税款，那么也必须明确约定资金的返还时间和金额。

此外，各国税制中对于无常设机构的外国企业大多存在税款代扣代缴的规定，业主对施工企业所得的代扣代缴通常在最终结算之前进行，扣缴税款是按照总价款和暂定税率来确定，因此，扣缴的税款很可能多于或少于企业的应纳税款，在工程正式结算后企业可要求税务机关返还多缴纳的税款。但这笔多缴的税款资金很可能影响企业的现金流，对企业的资金周转产生不利影响，企业也需要将这一点纳入考虑范围。

B. 合同拆分过程中的税务风险。EPC 总承包项目可以被拆分成多笔业务，企业一般会将业务分别在境内和境外实施，也就是 EPC 项目中的 onshore（在岸）和 offshore（离岸）

---

① 邱丽娟 . EPC 项目在新收入准则会计核算及税收筹划［J］. 财会学习，2020（06）：170 - 171 + 175.

部分[①]。在岸部分主要包括境内物资采购和设计服务，离岸部分则主要是当地的施工、运营项目。

其一，两国税务差异。从流转税方面来看，总承包施工企业在物资采购、设计服务、建筑服务等环节需要缴纳增值税（营业税）和关税。我国“营改增”之后已实现增值税全覆盖，但设计服务、土建服务等在项目所在国可能需要缴纳营业税，此时就需要横向比较两国税收负担，根据《跨境应税行为适用增值税零税率和免税政策的规定》，纳税人向境外提供的研发服务和设计服务适用零税率政策，工程所需要的原材料、设备等用品可享受增值税、消费税的退税优惠，几乎可获全额退税。因此，纳税人需要横向比较两国流转税的税负，再决定物资采购活动在境内还是境外进行，以及在合同中如何安排土建服务与设计服务的金额，否则容易面临税负增大的风险。另外，纳税人在考虑是否在我国采购物资再出口时，还需要综合衡量我国的出口退税力度和所在国的进口关税，两者能否相抵，或是能否抵补在岸采购与离岸采购的成本差异。

其二，混合合同划分。在各国税制中，混合合同都容易引起税收风险，EPC 项目的复杂性决定了企业必然频繁签订混合合同。在我国，混合合同是指合同约定事项同时适用增值税不同税目、税率的合同，在其他国家可能是指同时涉及增值税和营业税的合同。世界各国对混合合同都有着类似的规定，即要求纳税人合理划分不同项目的营业收入，若无法划分则一并适用高税率。因此，企业若不合理拆分合同金额，就容易面对较高的税率。但如果企业为降低税负蓄意提高适用低税率的合同价款，那么也容易引发征税机关的税务稽查，甚至还会引致高额罚款。

（2）项目运营阶段的税务风险。项目开始运营之后，总承包企业面临申请出口退税、管理分包商、申请纳税申报和缴纳税款等涉税活动，各国的税务管理制度中对发票开具、纳税申报时间和缴纳期限等都有严格规定，企业若不谨慎处理则会遭受处罚。

A. 企业在境外开展 EPC 总承包项目施工，要先取得所在国政府规定的相关资质证明，并向所在国有关部门进行登记，避免因无相关资质而被当地部门叫停的情况。

B. 各国对发票的开具和管理方式存在不同的规定。比如，在我国发票是由政府统一印制，各企业按照需要认领。但在有些国家，发票并不是由政府统一印制而是由企业根据政府部门的要求自行印制，总承包商应该严格按照政府的规定印制、开具发票。如果涉及进项税额抵扣，总承包商应按时向税务机关进行发票认证，避免造成进项税额无法抵扣的风险。

C. 许多国家的纳税期限与我国不同，我国通常以月度和年度作为纳税周期，但以印度为例，纳税周期为 7 天。各国纳税申报的方式、申报期限、税款缴纳方式、代扣代缴方式与我国不同，总承包企业不能想当然地仍然采取与我国相同的做法，从而引致严重的滞纳金等处罚。

税务风险在项目运营阶段最为集中，陌生的经营环境会带来截然不同的税收环境，总承包商难免会受国内纳税方式的惯性思维影响，从而造成未按时申报或纳税、发票不合法等违规行为。因此，企业有必要聘请熟悉当地税收营商环境的专业税务人员跟进 EPC 项目，尽管需要花费委托成本，但能够有效避免更高昂的税务罚款。

---

① 段显兰．跨国工程总承包项目的税收筹划研究［D］．河北经贸大学，2019.

（3）项目退出阶段的税务风险。EPC项目的实施通常需要几个月甚至几年的时间，所涉金额巨大，即使在业主验收完工、总承包商撤出该国的情况下，税务机关仍有可能对该项目进行税务检查或要求补缴税款。例如，2011年发生的印度尼西亚税务机关向我国参与印尼1000万千瓦加速电站建设计划的部分企业发送补缴税款的通知①，其中所涉EPC项目大多已验收完成或接近尾声，但此时印尼税务机关突然要求将最终税率由3%调整至4%，税率的增加给我国企业带来巨大的税负压力。

类似事件的发生有些是由客观原因导致，例如，当地税收营商环境突然变化。但也有些是因企业的主观原因导致，企业在退出项目时应完成相关注销登记，将开具的临时银行账户进行注销。另外，总承包商还应配合税务机关完成正常的税务审查，编写自查报告。在项目清算时对税款进行最后清算，确定该补缴或返还的税款都已到位，即要求总承包商尽量做到细致谨慎，不留任何税收隐患。

9.4.4　EPC项目的财税风险防控策略

（1）财务风险防控策略。

A. 合理选择项目。总承包商在选择项目进行投标之前，需要对自身能力和项目风险进行较为详细的评估，选择与自身能力相匹配的项目。企业应在自身的建筑资质许可范围内进行选择，不能超越自身资质。另外，更重要的是，企业要对自身资金能力有一个准确的定位。在评估项目时，要充分了解项目在各个阶段的现金支付情况，核算项目各个阶段需要的原材料和生产设备等，对各类物资的市场供应状况进行研究，考虑季节性因素、区域性因素对供应产生的影响。在对自身和项目进行合理评估之后选择风险可控的项目，并同时做好风险防范预案。

B. 合理评估分包商。在分包过程中，需要总承包商谨慎审核分包商的资金能力、整体实力、承担风险能力以及信用水平，避免分包商带来的风险。在进行分包时，总承包商需要根据整体项目工程的责任相关规定转移至分包商，确保总承包商和分包商的相关责任明确，以保证项目后期不会发生争议。

C. 套期保值降低采购风险。即使企业在签订投标合同之前对材料市场价格风险进行了充分的研究，也无法保证一些不可预见的外部冲击对市场价格带来的影响，因此，对于占比重大的材料、设备，企业可以选择通过买卖期权、期货等衍生金融工具，采用套期保值的方法进行风险规避，降低未来市场价格波动对成本造成的冲击。

D. 加强预算管理。在防范风险方面，加强预算管理至关重要。财务人员需要在完成周密的项目投资可行性报告的基础上，编制预算管理计划，完善对现金流的全面监测与管控。在编制工程预算时要注意考虑预付项目和应收项目对不同时期的影响，EPC总承包项目所确认的投资成本、合同资产、合同负债等项目在各期有较大的差异，需要对各期进行分别列示以满足预算管理的需要，企业应根据施工进度不断调整工程预算，全面把控资金情况。

EPC总承包项目的法律风险主要体现在合规性方面，由于EPC总承包合同涉及环节多，且牵扯到业主、总承包商、分包商等三方当事人，因此，法律规定相对比较复杂，项目开展

① 支红妍．中国企业海外工程项目涉税风险——印尼补征部分EPC项目“最终税”案例启示［J］．国际商务财会，2018（01）：21－24.

过程中会不断遇到各种法律风险。

（2）境内 EPC 项目税务风险防控策略。

A. 总承包企业做好 EPC 项目的税务核算。第一，合理拆分合同。将合同各项目分开核算有利于降低总税负。总承包企业拟投标 EPC 工程项目，首先要充分了解项目所在地对 EPC 总承包项目征收增值税的规定，在此基础上，做好 EPC 项目的财务核算与税务管理，如果当地将 EPC 项目认定为兼营行为，那么在 EPC 合同中要划分总价款，分别列示设计、设备、施工价款金额，以及各项价款的支付进度，避免被全额按照高税率征税。如果能向税务机关申请，尽量争取按照最有利于自身的方法缴纳。如果业主同意，还可考虑与业主单位就设计、设备、施工业务分别签订承包合同，总之，避免因未分别核算导致税务机关从高适用税率的风险。

第二，合理调整合同各项金额。EPC 项目最大的优点在于实现了设计、采购、建筑三项服务的深度融合，因此，在总价款不变的情况下，三者存在相互调整的空间。在不违反会计制度、税收规定的前提下，以税负最小化的原则调整三项服务的项目报价，可适当增加 E（设计）部分的价款，降低 P（采购）、C（施工）部分的价款。因此，企业要着力提升设计阶段服务的科技含量，优化配置设计、设备、施工三种资源，合理划分设计、采购、施工三部分的价款，以降低 EPC 项目整体税负。

B. 总承包企业应灵活应用会计准则。在将 EPC 项目整体作为单项履约事项时，应采用投入产出法确定履约进度，主要依据为投入的材料、人工成本、发生的其他项目相关的费用投入总成本占预计总成本计算履约进度。如果将采购业务独立出来作为单项履约事项，则对采购事项可以依据到货时间来确认，也可以依据工程完工时间进行一次性的确认收入，其他部分依然按照前述方法确定履约进度。及时确认收入，缴纳税款。

C. 尽量增大进项税额抵扣。第一，合理选择分包商。分包商应尽量选择一般增值税纳税人，保证总承包商有充足的进项税额可以抵扣，但无法开具增值税专用发票的情况下往往有价格优势，因此，总承包商要对项目报价和税负进行综合考量，根据实际情况选择分包商，以实现税后利益最大化。另外，还应关注分包商的资质是否齐全，如果资质不齐全，那么即使开具增值税专用发票也可能无法认证。

第二，保留 P 部分的进项税额抵扣。在 EPC 项目中，进项抵扣最多的是 P（采购）部分，出售方为一般纳税人时，总承包商采购原材料、设备可以带来 13% 的进项抵扣。如果总承包商将采购和建工一并交给分包商负责，那么只能按照分包商 9% 的税率抵扣。因此，总承包商在进行分包时尽量亲自负责 P 部分，如果由分包商负责采购，则尽量由总承包商和销售方直接签订合同，销售方直接向总承包商开具发票，但这种情况下可能会损害分包商的利益，需要总承包商进行协调解决。

D. 加大研发力度注入科技含量。EPC 项目当中存在大量技术难点，总承包企业可自行进行科技研发，也可与其他企业共同合作开发，无论以哪种形式，总承包企业都可以根据可归于自身的实际研发支出享受 75% 的加计扣除和 175% 的加计摊销。另外，E（设计）部分通常含有较高的技术含量，可能涉及专有技术转让合同，我国税法规定 500 万元以下的技术转让所得免税，500 万元以上的减半征收，因此，对于已完成的技术成果，EPC 项目中总承包商可以与业主签订技术转让合同，就能使总价款中占比较大的一部分享受免税或减半征收的待遇。

E. 大数据技术推动“四流合一”。EPC 项目业务范围广泛，时间跨度大，牵涉主体多且行业跨度大，企业如何把控整个业务流程是 EPC 项目的总承包商普遍面临的困境。我国将建筑业增值税的征管体系可以概括为“四流合一”，即合同流、物流、发票流、资金流。大数据技术能够为企业搭建全流程业务管理平台，企业应该积极利用大数据技术服务于“四流合一”的管理体系，搭建大数据平台进行 EPC 项目中的合同管理，对合同订立、完工进度、收入确认、现金流量以及发票开具情况进行详细的监控和预测，以合同流为中心实现全流程的业务管理。大数据技术可服务于 EPC 项目中的风险监测以及税收筹划方案的制订，为企业降低税负、防范风险。

（3）境外 EPC 项目税务风险防控策略。总承包企业在各国进行税收筹划的首要原则应该是符合所在国税法的规定，如果存在违法筹划行为，或者仅仅是涉足法律的灰色地带，都会为企业留下无穷的税务检查和罚款风险，即使项目验收后已撤出该国，也容易被税务机关“秋后算账”，届时将面临巨额滞纳金。总承包企业应在合法的基础上在项目投标阶段、运营阶段、退出阶段积极开展税务风险防控活动。

A. 项目投标阶段的税务风险防控建议。这一阶段企业最重要的事项是签订合同，此时总承包商与业主之间存在严重的信息不对称，这一阶段的税务风险大多都是来源于此，因此，为避免签订合同时可能因对该国税收法律不熟悉造成的利益损失风险，总承包商应该主动了解对方国家的税收营商环境，多方进行调研。

第一，多渠道了解该国税收营商环境。其一，企业应该尝试多渠道来了解该国税制。企业应翻阅该国税收法律法规，仔细分析该国税制特点，通常各国税收法律法规都会通过互联网公布；咨询当地的中国大使馆、中资企业协会、当地的中资企业等，全面了解该国可能遇到的税收风险；充分利用当地的专业机构，比如委派当地的专业机构跟进项目，则可避免大部分税务风险，因为中介机构往往拥有专业的知识技能，熟悉当地营商环境，同时可能拥有一些特殊的人脉资源，在关键时刻能够帮助企业摆脱困境。其二，企业需要全面了解掌握项目所在国的工商法和税法。该国开征什么税种，流转税、所得税各自的税率、计税依据是什么；同时，将该国各税种进行划分，逐一分析、比较其税负水平与我国的税负水平的差异，这样有助于总承包商进行相关业务划分的决策；更重要的是，需要了解各税种的真正负税人应该是谁，避免承担不必要的税款。需要深入了解该国的纳税方式，哪些税种需要业主进行代扣代缴，哪些需要自行缴纳。还需要了解该国对国际承包商的项目组成立是否有相关的资质许可要求，是否需要在当地设立子公司或分公司，是否需要相应的税务登记等情况，避免不必要的麻烦。

第二，主动申请适用双边税收协定。企业需要了解该国与我国是否签订有双边税收协定，这是进行税收筹划的关键一环。在双边税收协定下，跨国企业能够享受到多重优惠政策：其一，税收协定中通常存在对资本利得、特许权使用费减免预提所得税的规定，这能为企业节省一大笔税金；其二，税收协定下通常会放宽对协定国企业认定常设机构的标准，因此，承包商在协定国的经营所得有更大的可能不被征税；其三，在税收协定中也有个人所得税的优惠约定，总承包商在协定国开展项目的过程中的人员工资享受个税优惠；其四，通过税收优惠，跨国企业能够最大限度地避免双重征税，因为协定中通常会约定避免双重征税的处理办法，甚至有些协定中还存在税收饶让的规定，企业在项目所在国获得的税收减免将被视同正常纳税，在我国可以获得税收抵免。企业为享受税收协定带来的优惠政策，就需要全面了解相关优惠的享受条件，补足证明材料，降低税负。

第三，合理选择纳税主体形式。总承包企业应当在熟悉该国税收营商环境的基础上，选择合适的纳税主体存在形式。总承包企业可以选择设立子公司、分公司，或仅仅设立办事处，这取决于总承包商对设立成本和对应主体可享受的税收待遇的综合衡量，尽管设立办事处的成本最低，但可能无法享受许多针对分公司和子公司的优惠政策。同时，总承包企业对合同签订主体也要进行选择，EPC 项目中的合同可被拆分成多个合同，总承包企业可以根据需要客观需要和本企业的战略发展规划来安排各个合同的签约主体，比如，设计部分和采购部分可以由国内的母公司签订，而土建部分由项目所在国的机构来签订。

B. 项目运营阶段的税务风险防控建议。这一阶段总承包企业的风险点集中在涉税行为的合规性方面。在这一阶段，总承包企业有两项重要的涉税活动：申请税收抵免及协定中的其他税收优惠和申请我国的出口退税。申请税收抵免和其他协定优惠需要企业向所在国开具“中国税收居民身份证明”，并向相关国家出具该证明，因此，总承包企业应及时向相关部门提出申请，并按照规定准备身份材料，时间应早于企业向有关部门提出适用协定中的税收优惠申请的时间；申请出口退税则更加复杂，不仅需要企业准备采购货物的增值税专用发票、出口报关单，还需要 EPC 项目的相关合同复印件等；另外，对各材料的提交时限也有严格的规定。总承包商应当尽早完成资料准备，按时向税务机关报送，以确保不存在违规风险。

加强项目运营过程中税务基础管理，建议总承包企业采用电子化的管理系统，既能高效地管理会计账簿、凭证等资料，又能保证企业按时、高效地进行纳税申报。总承包商应当注重对税务人员专业素质的培养，安排税务人员学习项目所在国税法，并参与实战积累经验，可以考虑成立专门的税务考察团队，在项目开展之前到所在国家进行较长时间的实地考察。总承包商在必要时也可以考虑聘请当地的专业机构和人员，利用当地的信息优势，为自身防范税务风险。

C. 项目退出阶段的税务风险防控建议。在项目完工之后的退出阶段，企业面临的税务风险主要来自日后再次被税务部门检查的可能。因此，企业在项目退出时要做好一切收尾工作，不留税收隐患。首先，一般国家都有对会计账簿、凭证以及相关票据的保留时间规定，在我国，出口退税相关的单据凭证要保留 5 年，因此，总承包商要将该项目所涉资料根据两国法律予以保留，以备日后检查。其次，关于项目公司或办事处是否存续的问题，企业应该根据该国法律规定和自身发展需要来决定，比如，企业未来希望继续与该国业主合作其他项目，那么很有必要将其存续，但如果企业计划退出该国市场，应当及早注销该主体，以免日后再次被税务机关认定为纳税主体。再次，最重要的一点是及时向税务机关进行清算，核销相关税务票证，缴清所有税款，向税务机关索要项目完税凭证、代扣代缴完税凭证，注销税务登记。最后，企业可将项目过程中所涉及的全部账簿、票证资料进行整理归纳，进行翻译之后向国内母公司或总公司汇报，由于 EPC 项目开展时间长、金额巨大，会涉及各方面的问题和情况。因此，跨国企业总结 EPC 项目的实战经验，将为日后的国际 EPC 项目提供重要借鉴。

第10章

房地产项目的土地增值税清算与汇算清缴

10.1 房地产项目的土地增值税清算

土地增值税清算，是指纳税人在符合土地增值税清算条件后，依照税收法律、法规及土地增值税有关政策规定，计算房地产开发项目应缴纳的土地增值税税款，并填写“土地增值税清算申报表”，向主管税务机关提供有关资料，办理土地增值税清算手续，结清该房地产项目应缴纳土地增值税税款的行为。

10.1.1 土地增值税清算及清算时点

土地增值税清算对象是指税务主管机关认可的需要进行土地增值税清算的单位工程或若干单位工程的组合。

《土地增值税暂行条例实施细则》第八条规定，土地增值税以纳税人房地产成本核算的最基本的核算项目或核算对象为单位计算。《国家税务总局关于房地产开发企业土地增值税清算管理有关问题的通知》（国税发〔2006〕187号）第一条规定：“土地增值税以国家有关部门审批的房地产开发项目为单位进行清算，对于分期开发的项目，以分期项目为单位清算。开发项目中同时包含普通住宅和非普通住宅的，应分别计算增值额。”

《土地增值税清算管理规程》（国税发〔2009〕91号）第十七条规定，清算审核时，应审核以下要点：（1）房地产开发项目是否以国家有关部门审批、备案的项目为单位进行清算；（2）对于分期开发的项目，是否以分期项目为单位清算；（3）对不同类型房地产是否分别计算增值额、增值率，缴纳土地增值税。不同开发产品是否可以作为一个成本对象要考虑以下因素：（1）是否属于同一国有土地使用证界定的土地范围；（2）是否属于同一建设工程规划许可证报建的工程；（3）是否属于相同的房产类型；（4）开工、竣工时间是否接近。开发产品的报批时间、开竣工时间和成本核算对象的选择是房地产企业的可控因素，其中，会计成本核算对象的选择对土地清算对象的确定会产生直接的影响。单位工程因开工时间、销售时间、工程规划等因素的不同，售价和成本会存在差异，增值率也会不同，因此，清算对象选择范围的不同会导致土地增值税税负的差异。一般来说，同一清算对象包含的单位工程越多，土地增值税的税负就越轻。不同清算对象组合也会形成不同的土地增值税税负。

【例10－1】鸿禧房地产公司2016年3月开发“营改增”前取得的一块面积为11万平方米的土地，用于开发鸿禧小区，支付土地出让金及契税等共计1100万元，开发产品为普通住宅、商铺和储藏间；储藏间位于地下，有产权（地下建筑物不计容）。经工程部和财务部测算：开发普通住宅可售面积12万平方米，占地10万平方米，开发成本18000万元；商铺可售面积3000平方米，占地1万平方米，开发成本570万元；储藏间可售面积2000平方米，开发成本1950万元。预计可实现销售收入36200万元，其中，住宅31000万元，商铺4300万元，地下储藏间900万元。城市维护建设税税率为7%，教育费附加费征收率为3%，地方教育附加费征收率为2%。对这3种开发产品的不同组合进行土地增值税清算预测：方案一是3种开发产品分别作为3个清算对象，分别进行土地增值税清算；方案二是普通住宅作为一个清算对象，商铺和地下储藏间作为一个清算对象。

土地增值税以房地产成本核算的最基本核算项目或核算对象为单位计算。因此，若不同的开发产品作为一个清算对象，则必须在成本核算时作为一个成本核算对象进行成本核算。不同的开发产品是否能作为一个清算对象，除会计核算因素外，还要考虑当地税务机关的规定。

下面是河南省的政策规定。《河南省地方税务局关于调整土地增值税核定征收率有关问题的公告》（河南省地方税务局公告2011年第10号）第三条规定，房地产开发企业对购房者随房屋一并购买的地下室、车库，在预征收土地增值税时，采用随房确定的原则：销售房屋为普通标准住宅的，地下室、车库按照普通标准住宅确定；销售房屋为非普通标准住宅或其他房地产项目的，地下室、车库按照非普通标准住宅或其他房地产项目确定。待清算时，应将地下室、车库收入并入除住宅以外的其他房地产项目。房地产开发企业对购买者未购买房屋但单独购买了地下室、车库、阁楼的，按照其他房地产项目征收土地增值税。

《河北省地方税务局关于对地方税有关业务问题的解答》第二条规定：国税发〔2006〕187号文件第一条中“国家有关部门”一般应以发改部门发放的《河北省固定资产投资项目备案证》或《河北省固定资产投资项目核准证》所载内容为依据，如证书中标注不详细或备注中明确“以规划部门最终审批条件为准”的，则应结合规划部门审批的《建设用地规划许可证》和《建设工程规划许可证》来确定清算单位和项目分期。仍有许多地区对诸如地下室和车库的清算问题没有作出明确规定，这为土地增值税的清算及税收筹划留下了空间。

【知识链接10-1】

土地增值税清算的“两分法”和“三分法”

1. 两分法

土地增值税清算时，按照开发产品业态不同，清算时分为两大类型开发产品分别进行清算，即把所有的开发产品划分为普通住宅和其他商品房（非普通住宅+公寓+写字楼+商业+别墅+酒店+车库+地下室+阁楼）两大类，并分别进行土地增值税清算。这种方法主要在北京、辽宁、宁夏、浙江、西安、安徽、江西等地税务局采纳。比如，《北京市地方税务局关于明确土地增值税有关问题的公告》（北京市地方税务局公告2013年第8号）第三条规定：房地产开发项目进行土地增值税清算时，开发项目中包含多种类型房屋的，按照财政部、国家税务总局有关文件规定，应区分为普通住宅和其他商品房两类分别计算增值额。

2. 三分法

土地增值税清算时，按照开发产品业态不同，清算时划分为三种类型开发产品分别进行清算，即把所有的开发产品划分为普通住宅、非普通住宅（公寓 + 别墅）、其他（写字楼 + 商业 + 酒店 + 车库 + 地下室 + 阁楼）三大类，并分别进行土地增值税清算。这种方法主要被江苏、重庆、河南、广西、福建、湖北等地税务局采纳。

3. 土地增值税清算的时点

《土地增值税清算管理规程》第九条规定，纳税人符合下列条件之一的，应进行土地增值税的清算：(1) 房地产开发项目全部竣工、完成销售的；(2) 整体转让未竣工决算房地产开发项目的；(3) 直接转让土地使用权的。

该规程第十条规定，对符合以下条件之一的，主管税务机关可要求纳税人进行土地增值税清算：(1) 已竣工验收的房地产开发项目，已转让的房地产建筑面积占整个项目可售建筑面积的比例在 85% 以上，或该比例虽未超过 85%，但剩余的可售建筑面积已经出租或自用的；(2) 取得销售（预售）许可证满三年仍未销售完毕的；(3) 纳税人申请注销税务登记但未办理土地增值税清算手续的；(4) 省（自治区、直辖市、计划单列市）税务机关规定的其他情况。

对于符合该规程第九条规定，应进行土地增值税清算的项目，纳税人应当在满足条件之日起 90 日内到主管税务机关办理清算手续。对于符合该规程第十条规定，税务机关可要求纳税人进行土地增值税清算的项目，由主管税务机关确定是否进行清算；对于确定需要进行清算的项目，由主管税务机关下达清算通知，纳税人应当在收到清算通知之日起 90 日内办理清算手续。

为保证土地清算工作的准确性，避免税务风险，房地产企业必须关注土地增值税清算的时点，在清算前应确保所有应计的收入和成本费用都已入账，且成本、费用都已取得合法票据。因为在土地增值税清算中，计算扣除项目金额时，其实际发生的支出应当取得但未取得合法凭据的不得扣除。

10.1.2　土地增值税清算收入的确认与核算

土地增值税清算时，房地产销售收入金额的确定，将直接影响土地增值税应纳税额计算的准确性。房地产企业在销售开发产品时有多种多样的促销手段，其销售方式、结算方式、开票金额等都可能存在较大的差异，必须依据税法规定进行甄别确认。

(1) 已全额开具商品房销售发票的收入确认。土地增值税清算所确认的收入，应包括转让房地产的全部价款及有关的经济收益，且房地产转让收入为不含增值税的销售收入。纳税人因转让房地产收取的违约金、滞纳金、赔偿金、分期付款（延期付款）利息以及其他经济收益，均应当确认为房地产转让收入。但房地产购买方违约，导致房地产未能转让的，应当属于与转让房地产无关的经济利益，转让方收取的该项违约金不作为与转让房地产有关的经济利益，不确认为房地产转让收入。尽管《国家税务总局关于土地增值税清算有关问题的通知》(国税函〔2010〕220 号) 明确规定，已全额开具商品房销售发票的，按照发票所载金额确认收入，但现实中，发票金额往往只是交易合同所确定的交易金额，并不包括收取的其他利益。销售合同所载商品房面积与有关部门实际测量面积不一致，在清算前已发生补、退房款的，应在计算土地增值税时予以调整，这部分确权面积如未开具发票，也应调整土地增值税清算收入。尽管目前各地税务机关都要求房地产公司在预收房款时应开具发票，但不能机械地认为开具发票的金额就是土地增值税清算所确认的收入。

（2）未开具发票或未全额开具发票的收入确认。对于未开具发票或未全额开具发票的收入确认，应以交易双方签订的销售合同所载的售房金额及其他收益确认收入，或以销售合同明细表和预收账款明细等确认收入。对于销售合同所载商品房面积与有关部门实际测量面积不一致，在清算前已发生补、退房款的，应在计算土地增值税时予以调整。

（3）关于开发产品所有权转移视同销售收入实现的规定。《土地增值税清算管理规程》第十九条规定，房地产开发企业将开发产品用于职工福利、奖励、对外投资、分配给股东或投资人、抵偿债务、换取其他单位和个人的非货币性资产等，发生所有权转移时应视同销售房地产，其收入按下列方法和顺序确认：A. 按本企业在同一地区、同一年度销售的同类房地产的平均价格确定；B. 由主管税务机关参照当地当年、同类房地产的市场价格或评估价值确定。房地产企业常涉及的视同销售是拆迁补偿的实物补偿，房地产企业的拆迁补偿形式可归纳为两种：一是货币补偿，即拆迁人将被拆除房屋的价值以货币结算方式补偿给被拆除房屋的所有人；二是安置房屋补偿，即拆迁人以易地建设或原地建设的房屋补偿给被拆除房屋的所有人，使原所有人继续保持其对房屋的所有权，也就是我们常说的“拆迁还房”实物补偿形式。国税函〔2010〕220 号文件规定，房地产企业用建造的本项目房地产安置回迁户的，安置用房视同销售处理，按国税发〔2006〕187 号文件第三条第（一）款规定确认收入，即房地产开发企业将开发产品用于抵偿债务、换取其他单位和个人的非货币性资产等行为，发生所有权转移时应视同销售房地产，其收入可以按本企业在同一地区、同一年度销售的同类房地产的平均价格确定，也可以按由主管税务机关参照当地当年、同类房地产的市场价格或评估价值确定；同时，将此确认为房地产开发项目的拆迁补偿费。房地产开发企业支付给回迁户的补偿价款，计入拆迁补偿费；回迁户支付给房地产开发企业的补差价款，应抵减本项目拆迁补偿费。

对于房地产企业来说，如果被拆迁户选择货币补偿方式，该项支出作为“拆迁补偿费”计入开发成本中的土地成本；如果被拆迁户选择就地安置房屋补偿方式，相当于被拆迁户用房地产企业支付的货币补偿资金向房地产企业购入房屋，要确认土地成本中的“拆迁补偿费支出”，即按公允价值或同期同类房屋市场价格计算的金额以“拆迁补偿费”的形式计入开发成本中的土地成本。另外，对用于补偿的房屋应视同对外销售，视同销售收入应按其公允价值或参照同期同类房屋的市场价格确定，同时应按照同期同类房屋的成本确认为视同销售成本。

【例 10－2】 A 公司 2017 年开发某项目（属于城中村改造），该项目用地面积 21000 平方米，住宅建筑面积为 31900 平方米，可供销售面积 29000 平方米，其中用于安置回迁户的住宅面积为 7900 平方米，其余 21100 平方米的住宅由 A 公司自由销售。该项目于 2019 年 5 月完工。2019 年 9 月开始与被拆迁户办理交接手续的回迁房面积共 7900 平方米。2020 年 1 月正式对外销售，并于当月全部销售完毕，取得销售收入 14770 万元。该公司同期同类房地产的平均价格为 7000 元/平方米。该项目工程已完成竣工决算，开发成本为 9300 万元。其中，土地征用费及拆迁补偿费为 2900 万元（土地出让金净支出及契税），前期工程费 700 万元，建筑安装工程费 3200 万元，基础设施建设费 1600 万元，公共配套设施费 200 万元，开发间接费300万元，向某公司借款的利息400万元（假定不超过金融企业同类同期贷款利率）。

计算过程如下：

A. 该项目的开发成本 = 9300（万元）。

B. 拆迁补偿费支出 = 7900 × 0.7 = 5530（万元）。

需要注意的是，这里的拆迁补偿费不能认为只是针对拆迁户的7900平方米，而是针对整个楼盘的，需要在总可售面积29000平方米中分摊。视同销售收入 = 7900 × 0.7 = 5530（万元）。

C. 单位可售面积计税成本 =（9300 + 5530）÷ 2.9 = 5113.79（元/平方米）。需要注意的是，这里的29000平方米是作为总可售面积计算的，不能减去拆迁户的7900平方米，即不能以21100平方米作为分母，否则就会虚增成本。

D. 视同销售成本 = 5113.79 × 7900 ÷ 10000 = 4039.89（万元）。

视同销售所得 = 5530 − 4039.89 = 1490.11（万元）。

（4）土地出让金返还收入的确认。目前对土地出让金的会计处理主要有两种观点：

观点一：取得土地使用权的，以实际支付的土地价款作为其土地成本，实际收到的出让金返还款直接冲减土地成本。例如，青岛市税务机关规定，从政府部门取得的拆迁补偿及财政补贴款项，抵减开发成本中的土地征用及拆迁补偿费的金额。

观点二：土地返还款具有政府补助的性质，计入营业外收入。例如，大连市税务机关规定，土地返还款不得计入扣除项目，应作为当期应税收入。现实中，土地出让金返还的情况不同，应以事实为依据进行不同的财税处理，下面通过案例具体分析土地出让金返还的会计处理和税务处理。

【例10－3】某房地产开发企业通过招拍挂取得100亩土地的使用权，与国土部门签订的土地出让合同价格为10000万元，企业已支付10000万元土地出让金，契税税率为3%。协议约定，在土地出让金入库后以财政支持的方式给予企业补助3000万元，用于该项目外城市道路、供水、排水、燃气、热力、防洪等基础设施工程建设。该项目外城市道路、供水、排水、燃气、热力、防洪等工程实际支付2800万元。

税务处理和会计核算如下：

A. 增值税。项目外城市道路、供水、排水、燃气、热力、防洪等基础设施工程所需支出，按土地出让协议规定，应该由政府承担。本案例符合BT（即“建设—移交”）投融资建设模式（以下简称“BT模式”）的特征，即房地产开发企业将该项目外城市道路、供水、排水、燃气、热力、防洪等基础设施工程建设完工后，移交给政府。开发企业取得基础设施建设返还款业务BT模式的增值税政策为：a. 房地产开发企业无论是否具备建筑总承包资质，均应被认定为建筑总承包方，按“建筑服务”税目缴纳增值税。b. 房地产开发企业取得的财政补助款，应全额按“建筑服务”税目缴纳增值税，并全额开具发票。这里取得的财政补助款可理解为政府支付给企业的市政设施建设费。如果协议约定返还款用于项目内开发企业自行承担的城市道路、供水、排水、燃气、热力、防洪等基础设施工程支出，则应按企业取得政府补贴处理，不缴纳增值税。

B. 企业所得税。本案例中企业取得的提供基础设施建设收入为3000万元，扣除相对应的成本费用2800万元，差额200万元应计入当年的应纳税所得额。企业实际发生的与上述业务相关的税金及附加，可以在发生当年扣除。

C. 土地增值税。《土地增值税暂行条例》第二条规定："转让国有土地使用权、地上的建筑物及其附着物并取得收入的单位和个人，为土地增值税的纳税义务人。"《土地增值税暂行条例实施细则》第二条规定："条例第二条所称的转让国有土地使用权、地上的建筑物及其附着物并取得收入，是指以出售或者其他方式有偿转让房地产的行为。"企业取得的财政补助款3000万元，属于提供基础设施建设收入，不属于转让不动产收入，因此，不缴纳土地增值税。此收入不计入土地增值税清算收入。企业支付的土地出让金10000万元全额计入开发成本中的土地征用及拆迁补偿费。

D. 契税。企业缴纳的契税为30万元，也应计入开发成本中的土地征用及拆迁补偿费。

E. 会计处理。土地出让金返还用于支付该项目外城市道路、供水、排水、燃气、热力、防洪等基础设施工程费用时，企业应记入"其他业务收入"科目。

①收到财政补助款时。

借：银行存款　　　　30000000

　　贷：其他业务收入　　　　30000000

②支付专项支出时。

借：其他业务成本　　　　28000000

　　贷：银行存款　　　　28000000

【例10-4】 A公司于2019年6月通过招拍挂取得一块土地的使用权，该项目用地面积21000平方米，该土地待拆迁（属于城中村改造）。2019年6月15日按拍卖确认书缴纳土地出让金8000万元，土地储备中心返还7000万元专用于该地块的拆迁补偿和"三通一平"工程并且有当地财政部门的批复文件，按预算拆迁补偿3700万元，"三通一平"工程费用3300万元。2019年7月完成货币补偿，补偿金额3730万元，"三通一平"工程支出3270万元。

税务处理和会计核算如下：

a. 增值税。纳税人在受托进行建筑物拆除、平整土地并代委托方向原土地使用权人支付拆迁补偿费的过程中，其提供建筑物拆除、平整土地劳务取得的收入应按照"建筑服务"税目缴纳增值税。其代委托方向原土地使用权人支付拆迁补偿费的行为属于"现代服务业——商务辅助服务"行为，应以提供代理服务取得的全部收入减去其代委托方支付的拆迁补偿费后的余额为销售额，计算缴纳增值税。

在本案例中，向原土地使用权人支付拆迁补偿费无余额，不缴纳增值税；"三通一平"工程应按"建筑服务"税目缴纳增值税。按"三通一平"工程实际支出额计算缴纳增值税，应纳增值税额 $=3270\times(1+9\%)\times9\%=270$（万元）。

b. 企业所得税。《财政部 国家税务总局关于专项用途财政性资金企业所得税处理问题的通知》（财税〔2011〕70号）规定，企业从县级以上各级人民政府财政部门及其他部门取得的应计入收入总额的财政性资金，凡同时符合以下条件的，可以作为不征税收入，在计算应纳税所得额时从收入总额中减除：①企业能够提供规定资金专项用途的资金拨付文件；②财政部门或其他拨付资金的政府部门对该资金有专门的资金管理办法或具体管理要求；③企业对该资金以及以该资金发生的支出单独进行核算。

在本案例中，企业从土地储备中心取得返还款7000万元用于该地块的拆迁补偿和"三通一平"工程，符合财税〔2011〕70号文件规定，可以作为免税收入处理。

c. 在本案例中，企业不涉及土地增值税和契税。

d. 会计处理。①借：开发成本——土地征用及拆迁补偿费——土地出让金 80000000。贷：银行存款 80000000。②借：银行存款 70000000，贷：专项应付款——土地拆迁补偿专项基金 70000000。

③借：专项应付款——土地拆迁补偿专项基金 70000000，贷：银行存款 70000000。

【例10－5】A公司于2019年10月通过招拍挂取得一块土地的使用权，该项目用地面积21000平方米，11月15日按拍卖确认书缴纳土地出让金8000万元，根据该地区招商引资优惠政策，土地储备中心返还7000万元给A公司。

分析：本案例中A公司的该项返还款实属土地出让金返还，不符合财税〔2011〕70号文件相关规定，应冲减土地成本。账务处理如下：借：银行存款 70000000，贷：开发成本——土地征用及拆迁补偿费——土地出让金 70000000。

（5）售后返租业务中转让收入的确认。单位和个人在转让房地产的同时，要求购房者将所购房地产无偿或低价让渡给转让方或者转让方的关联方使用一段时间，其实质是转让方获取与转让房地产有关经济利益。对以此方式转让房地产的行为，应将转让房地产的全部价款及有关经济收益确认为转让收入，并依法缴纳土地增值税。房地产开发企业销售不动产，采取优惠方式要求购房者无偿或低价将不动产交给房地产开发企业使用若干年。对于房地产开发企业而言，这一经营方式名义上是让利给购房者，实质上是优先取得了购房者的不动产的使用权，即其他经济利益。因此，对房地产开发企业以此方式销售不动产的行为，应按规定核定其收入额计征增值税、土地增值税和企业所得税。值得注意的是，房地产开发企业将开发的部分房地产转为企业自用或出租等商业用途时，如果产权未发生转移，不征收土地增值税，在税款清算时不列收入，也不扣除相应的成本和费用。

（6）“营改增”后土地增值税应税收入的确认。

A. “营改增”后土地增值税应税收入的确认方法。“营改增”后，纳税人转让房地产的土地增值税应税收入不含增值税。适用增值税一般计税方法的纳税人，其转让房地产的土地增值税应税收入不含增值税销项税额；适用简易计税方法的纳税人，其转让房地产的土地增值税应税收入不含增值税应纳税额。为方便纳税人，简化土地增值税预征税款计算，房地产开发企业采取预收款方式销售自行开发的房地产项目的，可按照以下方法计算土地增值税预征计征依据：土地增值税预征的计征依据 = 预收款 - 应预缴增值税额。

B. “营改增”后视同销售房地产的土地增值税应税收入的确认方法。纳税人将开发产品用于职工福利、奖励、对外投资、分配给股东或投资人、抵偿债务、换取其他单位和个人的非货币性资产等，发生所有权转移时应视同销售房地产，其收入应按照国税发〔2006〕187号文件第三条规定执行。纳税人安置回迁户，其拆迁安置用房应税收入和扣除项目的确认，应按照国税函〔2010〕220号文件第六条规定执行。

10.1.3　土地增值税清算成本的确认

（1）计算增值额的扣除项目。

A. 取得土地使用权所支付的金额。取得土地使用权所支付的金额是指纳税人为取得土地使用权所支付的地价款和按国家统一规定缴纳的有关费用。取得土地使用权的原始凭证有缴纳土地出让金的凭证和银行转账记录等，具体包括国有土地出让合同、土地管理部门开具的收据、税务局开具的契税完税票等。

B. 房地产开发成本。

其一，土地征用及拆迁补偿费。土地征用及拆迁补偿费包括土地征用费，耕地占用税，劳动力安置费，以及有关地上、地下附着物拆迁补偿的净支出，安置动迁用房支出，土地通平费等。

其二，房屋开发成本。房屋开发成本包括前期工程费、建筑安装工程费、基础设施费、公共配套设施费、开发间接费。

前期工程费，包括规划、设计、项目可行性研究和水文、地质、勘察、测绘、“三通一平”等支出。

建筑安装工程费，是指以出包方式支付给承包单位的建筑安装工程费，以自营方式发生的建筑安装工程费。

基础设施费，包括开发小区内道路、供水、供电、供气、排污、排洪、通信、照明、环卫、绿化等工程发生的支出。

公共配套设施费，包括不能有偿转让的开发小区内公共配套设施发生的支出。

开发间接费，是指直接组织、管理开发项目发生的费用，包括工资、职工福利费、折旧费、修理费、办公费、水电费、劳动保护费、周转房摊销等。

须注意的是，《国家税务总局关于营改增后土地增值税若干征管规定的公告》（国家税务总局公告 2016 年第 70 号）规定，“营改增”后，土地增值税纳税人接受建筑安装服务取得的增值税发票，应在发票的“备注”栏注明建筑服务发生地（市、区）名称及项目名称，否则不得计入土地增值税扣除项目金额。

其三，房地产开发费用。房地产开发费用是指与房地产开发项目有关的销售费用、管理费用和财务费用。财务费用中的利息支出，凡能够按转让房地产项目计算分摊并提供金融机构证明的，允许据实扣除，但最高不能超过按商业银行同类同期贷款利率计算的金额。其他房地产开发费用，按取得土地使用权所支付的金额与开发土地和新建房及配套设施的成本之和的 5% 以内计算扣除。凡不能按转让房地产项目计算分摊利息支出或不能提供金融机构证明的，房地产开发费用按取得土地使用权所支付的金额与开发土地和新建房及配套设施的成本之和的 10% 以内计算扣除。

C. 与转让房地产有关的税金及附加。与转让房地产有关的税金，是指在转让房地产时缴纳的城市维护建设税和印花税。因转让房地产缴纳的教育费附加，也应视同税金予以扣除。

《土地增值税暂行条例实施细则》规定允许扣除的印花税，是指在转让房地产时缴纳的印花税。“营改增”后，计算土地增值税增值额的扣除项目中“与转让房地产有关的税金”不包括增值税。

“营改增”后，房地产开发企业实际缴纳的城市维护建设税、教育费附加，凡能够按清算项目准确计算的，允许据实扣除。凡不能按清算项目准确计算的，则按该清算项目预缴增值税时实际缴纳的城市维护建设税、教育费附加扣除。

房地产开发企业缴纳的印花税主要有 4 类：a. 取得购买土地使用权缴纳的印花税，应该资本化，在土地增值税清算时作为开发成本扣除；b. 销售商品房缴纳的印花税，属于“与转让房地产有关的税金”，可以在土地增值税清算中扣除；c. 开发工程签订建安发包合同缴纳的印花税，也可以在土地增值税清算中作为开发成本扣除；d. 其他合同凭证缴纳的印花税费用化处理，在土地增值税清算中作为开发费用扣除。

如果属于跨“营改增”前后的开发项目，与转让房地产有关的税金计算公式如下：

与转让房地产有关的税金 = “营改增”前实际缴纳的营业税、城市维护建设税、教育费附加 + “营改增”后允许扣除的城市维护建设税、教育费附加 + 与转让房地产有关的印花税。

如果属于“营改增”后的开发项目，与转让房地产有关的税金只有城市维护建设税、教育费附加和印花税，其计算公式为：与转让房地产有关的税金 = 实际缴纳的城市维护建设税、教育费附加 + 与转让房地产有关的印花税。

D. 财政部规定的其他扣除项目。对从事房地产开发的纳税人，可按取得土地使用权所支付的金额与开发成本之和的 20% 加计扣除。

【知识链接 10 – 2】

土地增值税清算后，又发生房地产转让的，应如何确定成本与土地增值税？在土地增值税清算时未转让的房地产，清算后销售或有偿转让的，纳税人应按规定进行土地增值税的纳税申报，扣除项目金额按清算时的单位建筑面积成本费用乘以销售或转让面积计算。

计算公式：单位建筑面积成本费用 = 清算时的扣除项目总金额 ÷ 清算的总建筑面积。

【知识链接 10 – 3】

工程质保金能否在土地增值税前扣除?

在工程竣工验收后，根据合同约定，扣留建筑安装施工企业一定比例的工程款，作为开发项目的质量保证金，在计算土地增值税时，建筑安装施工企业就质量保证金对房地产开发企业开具发票的，按发票所载金额予以扣除；未开具发票的，扣留的质保金不得计算扣除。

10.2　房地产企业所得税汇算清缴

10.2.1　企业所得税的预缴与汇算清缴概述

（1）日常所得税会计处理。预缴企业所得税时，借记“应交税费——应交所得税”科目，贷记“银行存款”科目。

（2）预收房款的所得税会计处理。房地产企业在开发过程中，销售未完工开发产品取得的收入，根据《国家税务总局关于印发〈房地产开发经营业务企业所得税处理办法〉的通知》（国税发〔2009〕31 号）的规定，应先按预计计税毛利率分季（或月）计算出预计毛利额，计入当期应纳税所得额，缴纳企业所得税。

预收房款时，房地产企业应按预收房款计算的计税毛利额扣除相关的税金和费用，计算应预缴企业所得税金额。待开发产品完工后再进行项目企业所得税清算调整。若房地产企业在核算所得税按照可抵扣暂时性差异来确认对未来期间应纳所得税金额的影响，对预缴的所得税应确认为递延所得税资产。

缴纳时：借：应交税费——应交所得税，贷：银行存款年终对未达到收入确认条件的预收账款对应的已上缴的所得税从“应交税费——应交所得税”科目转入“递延所得税资产——预售房预缴所得税”科目，会计分录如下：借：递延所得税资产——预售房预缴所得税，贷：应交税费——应交所得税。

10.2.2 企业所得税的汇算清缴

（1）汇算清缴的基础。企业所得税汇算清缴，是指房地产开发企业自纳税年度终了之日起5个月内或实际经营终止之日起60日内，依照税收法律、法规、规章及其他有关企业所得税的规定，自行计算本纳税年度应纳税所得额和应纳所得税额，根据月度或季度预缴企业所得税的数额，确定该纳税年度应补或者应退税额，并填写“企业所得税年度纳税申报表”，向主管税务机关办理企业所得税年度纳税申报，提供税务机关要求提供的有关资料，结清全年企业所得税税款的行为。

根据《企业所得税法》的规定，企业的应纳税所得额为每一纳税年度的收入总额，减除不征税收入、免税收入、各项扣除以及允许弥补的以前年度亏损后的余额，企业的应纳税额为应纳税所得额乘以适用税率，减除依照《企业所得税法》关于税收优惠的规定减免和抵免的税额后的余额，这种计算方法为直接法。在实务中，房地产开发企业通常在纳税年度终了之日起5个月内或实际经营终止之日起60日内，在会计利润的基础上，按照《企业所得税》相关法规的规定进行纳税调整，计算出当期应纳所得税额，这种方法为间接法。

实行查账征收和实行核定应税所得率征收企业所得税的房地产开发企业，无论是否在减税、免税期间，也无论盈利还是亏损，都应进行汇算清缴。实行查账征收的企业，填写A类申报表。实行核定定额征收企业所得税的企业，也需要进行汇算清缴，填写B类申报表。

（2）汇算清缴的一般程序。根据《企业所得税法》及其实施条例、《税收征收管理法》《房地产开发经营业务企业所得税处理办法》（国税发〔2009〕31号文件发布）及《国家税务总局企业所得税汇算清缴管理办法》等法律、法规的规定，企业所得税的汇算清缴应按以下程序进行：

A. 进行税收纳税调整。房地产开发企业以财务报表的会计利润为基础，按照《企业所得税法》及其实施条例、《房地产开发经营业务企业所得税处理办法》等相关税收法律法规进行税收纳税调整后计算出当期应纳税所得额，按照当期应纳税所得额与适用所得税税率计算确定当期应纳所得税额。

B. 填写纳税申报表。房地产开发企业根据《国家税务总局关于修订〈企业所得税年度纳税申报表有关问题的公告》（国家税务总局公告2019年第41号）等税收法规的相关规定，自行填写“年度纳税申报表”及其“附表”后，应向主管税务机关办理年度纳税申报。

C. 纠正申报错误，结清税款。房地产开发企业办理年度纳税申报后，在汇算清缴期内税务机关检查之前，如果发现申报出现错误或自行检查发现申报不实的，可在汇算清缴期内重新办理企业所得税年度纳税申报，税务机关据此调整其全年应纳所得税额及应补、应退税额。房地产开发企业根据主管税务机关确定的全年应纳所得税额及应补、应退税额，年度终了后 5 个月内清缴税款。房地产开发企业预缴的税款少于全年应缴税款的，在 5 月底以前将应补缴的税款缴入国库；预缴税款超过全年应缴税款的，办理抵顶或退税手续。

（3）汇算清缴的期间。房地产开发企业 12 月或者第四季度的企业所得税预缴纳税申报，应在纳税年度终了后 15 日内完成。预缴申报后开始进行当年企业所得税汇算清缴，企业所得税汇算清缴应当自纳税年度终了之日起 5 个月内进行，并结清应缴应退企业所得税款。房地产开发企业在年度中间发生解散、破产或撤销等终止生产的经营情形，须进行企业所得税清算的，应在清算前报告主管税务机关，并自实际经营终止之日起 60 日内进行汇算清缴，结清应缴应退企业所得税款；企业有其他情形依法终止纳税义务的，应当自停止生产、经营之日起 60 日内，向主管税务机关办理当期企业所得税汇算清缴。

（4）汇算清缴的申报。

A. 收入的计算与申报。

a. 销售收入的确认。企业通过正式签订房地产销售合同或房地产预售合同所取得的收入，应确认为销售收入的实现，具体按以下规定确认：采取一次性全额收款方式销售开发产品的，应于实际收讫价款或取得索取价款凭据（权利）之日，确认收入的实现。采取分期收款方式销售开发产品的，应按销售合同或协议约定的价款和付款日确认收入的实现。付款方提前付款的，在实际付款时确认收入的实现。采取银行按揭方式销售开发产品的，应按销售合同或协议约定的价款确定收入额，其首付款应于实际收到日确认收入的实现，余款在银行按揭贷款办理转账之日确认收入的实现。

企业将开发产品用于捐赠、赞助、职工福利、奖励、对外投资、分配给股东或投资人、抵偿债务、换取其他企事业单位和个人的非货币性资产等行为，应视同销售，于开发产品所有权或使用权转移，或于实际取得利益、权利时确认收入（或利润）的实现。

b. 预售收入。企业销售未完工开发产品的计税毛利率由各省、自治区、直辖市税务局按下列规定确定：开发项目位于省、自治区、直辖市和计划单列市人民政府所在地城市城区和郊区的，不得低于 15%。开发项目位于地及地级市城区及郊区的，不得低于 10%。开发项目位于其他地区的，不得低于 5%。属于经济适用房、限价房和危改房的，不得低于 3%。企业销售未完工开发产品取得的收入，应先按预计计税毛利率分季（或月）计算出预计毛利额，计入当期应纳税所得额。开发产品完工后，企业应及时结算其计税成本并计算此前销售收入的实际毛利额，同时将其实际毛利额与其对应的预计毛利额之间的差额，计入当年度企业本项目与其他项目合并计算的应纳税所得额。

B. 成本、费用扣除的税务处理。企业在进行成本、费用的核算与扣除时，必须按规定区分期间费用和开发产品计税成本、已销开发产品计税成本与未销开发产品计税成本。企业发生的期间费用、已销开发产品计税成本、税金及附加、土地增值税准予当期按规定扣除。已销开发产品的计税成本，按当期已实现销售的可售面积和可售面积单位开发成本确认。可售面积单位开发成本和已销开发产品的计税成本按下列公式计算确定：可售面积单位开发成本 = 成本对象总成本 ÷ 成本对象总可售面积；已销开发产品的计税成本 = 已实现销售的可售面积 × 可售面积单位开发成本。计税成本是指企业在开发、建造开发产品（包括固定资产，下同）过程中所发生的按照税收规定进行核算与计量的应归入某项成本对象的各项费用。开发产品计税成本支出的内容包括：土地征用及拆迁补偿费、前期工程费、建筑安装工程费、基础设施建设费、公共配套设施费、开发间接费。企业计税成本核算的一般程序如下：

对当期实际发生的各项支出，按其性质、经济用途及发生的地点、时间进行整理、归类，并将其区分为应计入开发产品的成本和应在当期税前扣除的期间费用。同时，还应按规定对有关预提费用和待摊费用进行计量与确认。对应计入开发产品的各项实际支出、预提费用、待摊费用等合理地划分为直接成本、间接成本和共同成本，并按规定将其合理地归集、分配至完工开发产品和未完工开发产品。对完工开发产品应承担的成本费用按已售开发产品、未售开发产品和固定资产进行分配，其中应由已售开发产品承担的部分，在当期纳税申报时进行扣除，未售开发产品应承担的成本费用待其实际销售时再予扣除。将本期完工开发产品和固定资产的计税成本进行结算。其中，属于开发产品的，应按可售面积计算其单位开发成本，据此再计算已售开发产品计税成本和未售开发产品计税成本。对本期已售开发产品的计税成本，准予在当期扣除，未售开发产品计税成本待其实际销售时再予扣除。

对本期未完工和尚未建造的开发产品应当承担的成本费用，应分别建立明细台账，待开发产品完工后再予结算。企业开发、建造的开发产品应按制造成本法进行计量与核算。其中，应计入开发产品成本的费用属于直接成本和能够分清成本对象的间接成本，直接计入成本对象；共同成本和不能分清承担对象的间接成本，应按受益的原则和配比的原则分配至各成本对象，具体分配方法包括占地面积法、建筑面积法、直接成本法、预算造价法。

纳税人计算确定应纳税所得额的公式为：应纳税所得额 = 收入总额 - 准予税前扣除的成本、费用、税金；应纳企业所得税额 = 应纳税所得额 × 企业所得税税率。

10.2.3 企业所得税汇算清缴的纳税调整

（1）纳税调整项目。

A. 收入确认的纳税调整。会计与税务在收入确认的时间上存在明显的差异，具体规定如下：

通过正式签订房地产销售合同或房地产预售合同，销售未完工开发产品所取得的收入，在会计上作为预收账款反映，在税务上则根据《房地产开发经营业务企业所得税处理办法》的规定，应先按预计计税毛利率分季（或月）计算出预计毛利额，计入当期应纳税所得额。开发产品完工后，企业应及时结算其计税成本并计算此前销售收入的实际毛利额，在此，在税务上确认收入的时间比在会计上确认收入的时间要早。

在会计上按照收入确认的原则来确认收入，在税务上则一般按照实际收讫价款或取得索取价款凭据（权利）之日，或者销售合同或协议约定的付款日确认收入的实现，委托销售是按照收到代销清单之日确认收入实现。在此，要结合具体业务对税法规定的收入确认时间与会计规定的收入确认时间进行认真分析。在进行企业所得税纳税调整时，须按照税法规定对收入确认的时间差异进行相应的纳税调整。

B. 视同销售的纳税调整。税法规定，房地产开发企业将开发产品用于捐赠、赞助、职工福利、奖励、对外投资、分配给股东或投资人、抵偿债务、换取其他企事业单位和个人的非货币性资产等行为，应视同销售，于开发产品所有权或使用权转移或者实际取得利益权利时确认收入（或利润）的实现。确认收入（或利润）的方法和顺序为：a. 按本企业近期或本年度最近月份同类开发产品市场销售价格确定；b. 由主管税务机关参照当地同类开发产品市场公允价值确定；c. 按开发产品的成本利润率确定。开发产品的成本利润率不得低于15%，具体比例由主管税务机关确定。在会计处理上，有些业务要视同销售进行处理，有些业务则不作收入核算。会计上不作收入核算，会导致会计确认收入的范围与税务上存在差异，在企业所得税汇算清缴时，应做纳税调整。

C. 业务招待费、广告费的纳税调整。在会计处理上，企业发生的业务招待费支出按照《企业会计准则》计入期间费用，而税务上考虑到商业招待与个人消费之间难以区分，为加强管理，同时借鉴国际经验，规定业务招待费的税前扣除标准：企业发生的与生产经营活动有关的业务招待费支出，按照发生额的 60% 扣除，但最高不得超过当年销售（营业）收入的 0.5%。业务招待费发生额超过税前扣除标准的部分，应调增应纳税所得额。企业发生的符合条件的广告费和业务宣传费支出，除国务院财政、税务主管部门另有规定外，不超过当年销售（营业）收入 15% 的部分，准予扣除；超过部分，准予在以后纳税年度结转扣除。房地产开发企业当年销售（营业）收入包括营业收入和视同销售收入，营业收入包括主营业务收入和其他业务收入，对于当年销售（营业）收入是否包括销售未完工开发产品取得的收入，税法并未做出明确规定，在实务中对此问题的关注度很高，各地执行标准不统一。

2009 年 4 月 24 日，国家税务总局所得税司副司长缪慧频参加在线访谈“企业所得税相关问题解答”时，明确销售未完工开发产品取得的收入可作为业务招待费、广告费的扣除基数，其理由为《房地产开发经营业务企业所得税处理办法》规定，企业通过正式签订房地产销售合同或房地产预售合同所取得的收入，应确认为销售收入，应当作为业务招待费、广告费的扣除基数。房地产开发企业在 2008 年 1 月 1 日以后销售未完工开发产品取得的收入，可以作为计提业务招待费、广告费和业务宣传费的基数，但开发产品完工时会计核算将预收账款转入销售收入时，已经作为计提基数的未完工开发产品的销售收入不得重复作为计提业务招待费、广告费和业务宣传费的基数。

D. 利息支出的纳税调整。在会计处理中，企业向非金融机构及金融机构的借款，实际发生的计入财务费用的利息支出准予在当期税前扣除；而税法规定，向非金融机构借款的利息支出，不超过金融机构同期同类贷款利率一倍的部分可据实扣除，超过部分应进行纳税调整，应调增应纳税所得额。

E. 罚金、罚款和被没收财物损失的纳税调整。罚金、罚款和被没收财物的损失，不允许税前扣除。罚金、罚款和被没收财物的损失，是指企业违反国家有关法律、法规规定，被有关部门处以罚款以及被司法机关收取的罚金和被没收财物，不包括企业按照经济合同规定支付的违约金（包括银行罚息）、罚款和诉讼费。企业实际发生的罚金、罚款和被没收财物损失应进行纳税调整，应调增应纳税所得额。

F. 税收滞纳金的纳税调整。税收滞纳金不允许税前扣除。税收滞纳金，是指企业违反税收法规，被税务机关收取的滞纳金。企业实际发生的税收滞纳金应进行纳税调整，应调增应纳税所得额。

G. 准备金的纳税调整。为如实反映企业的财务状况和经营成果，使财务报表上列示的各项资产符合资产的定义，在会计处理中，企业要合理地预计各项资产可能发生的损失，资产的可收回金额低于其账面价值的，应当将资产的账面价值减记至可收回金额，按减记的金额提取准备金。而《企业所得税法》第十条规定，未经核定的准备金支出，在计算应纳税所得额时不得扣除。《企业所得税法实施条例》第五十五条规定，未经核定的准备金支出，是指不符合国务院财政、税务主管部门规定的各项资产减值准备、风险准备等准备金支出，如资产发生减值，但没有实际发生资产的损失，在计算应纳税所得额时不得扣除，只有资产实际发生了损失，其损失金额才允许在计算应纳税所得额时税前扣除。资产计提减值准备或转回减值准备时，存在税会差异，应进行纳税调整。资产减值准备本期计提数大于本期转回额时，应调增应纳税所得额；反之，应调减应纳税所得额。

H. 销售未完工开发产品取得收入的纳税调整。在会计处理中，房地产开发企业销售未完工开发产品取得的预售收入不确认为收入，而是作为预收账款进行核算；待开发产品符合收入确认条件时，再确认销售收入。而《房地产开发经营业务企业所得税处理办法》规定，房地产开发企业销售未完工开发产品取得的收入，应先按预计计税毛利率分季（或月）计算出预计毛利额，计入当期应纳税所得额。开发产品完工后，应及时结算其计税成本并计算此前销售收入的实际毛利额，同时将其实际毛利额与其对应的预计毛利额之间的差额，计入当年度企业本项目与其他项目合并计算的应纳税所得额。根据《企业会计准则》与税法的不同规定，房地产开发企业在所得税汇算时需要对销售未完工开发产品取得的收入进行纳税调整，具体调整步骤和内容如下：

第一步：计算当年的销售未完工开发产品的预计毛利额，预计毛利额应调增应纳税所得额。销售未完工开发产品的预计毛利额 = 销售未完工开发产品取得的收入 × 预计计税毛利率。

第二步：计算开发产品完工年度的实际毛利额与其对应的预计毛利额的差额。实际毛利额大于预计毛利额，应调增应纳税所得额；反之，应调减应纳税所得额。

第三步：销售未完工开发产品预计毛利额调整备查簿。因房地产开发企业利润总额是按年度计算的，不是按房地产开发项目分别计算的，在房地产开发企业存在多个项目连续滚动开发的情况下，所得税的计算就比较复杂。因此，必要时房地产开发企业可单独设置销售未完工开发产品预计毛利额调整备查簿，分项目登记每一笔预计毛利额产生、转回的时间及金额。根据税法规定，开发产品完工年度，在年度纳税申报时，企业须出具对该项开发产品实际毛利额与预计毛利额之间差异调整情况的报告以及税务机关需要的其他相关资料。

I. 未取得发票及不合规票据的纳税调整。查案必查票，查账必查票。发票始终是税务机关审查的重点，发票的合法性和有效性，即有没有、真不真（合规）、实不实（真票虚开——长期未支付，查资金流）是税务机关检查的要点。对于应取得发票而未取得发票，以其他凭证列支成本和费用的情形（例如，收款方是应税行为，付款单位以付款方开具的非税务机关监制票据列支收入和成本）。

J. 因土地增值税清算而退还企业所得税的纳税调整房地产开发企业由于土地增值税清算，导致多缴企业所得税的退税问题处理如下：房地产开发企业按规定对开发项目进行土地增值税清算后，当年企业所得税汇算清缴出现亏损且有其他后续开发项目的，该亏损应按照税法规定向以后年度结转，用以后年度所得弥补。房地产开发企业按规定对开发项目进行土地增值税清算后，当年企业所得税汇算清缴出现亏损，且没有后续开发项目的，可以按照以下方法，计算出该项目由于土地增值税原因导致的项目开发各年度多缴企业所得税款，并申请退税。该项目缴纳的土地增值税总额，应按照该项目开发各年度实现的销售收入占项目销售收入总额的比例，在项目开发各年度进行分摊，具体按以下公式计算：

各年度应分摊的土地增值税 = 土地增值税总额 × 项目年度销售收入 ÷ 项目销售收入总额。

后续开发项目，是指正在开发以及中标的项目。

项目年度销售收入包括视同销售房地产的收入，但不包括增值额未超过扣除项目金额20%的普通标准住宅的销售收入。

该项目开发各年度应分摊的土地增值税，减去该年度已经在企业所得税税前扣除的土地增值税后，余额属于当年应补充扣除的土地增值税；房地产开发企业应调整当年度的应纳税所得额，并按规定计算当年度应退的企业所得税款；当年度已缴纳的企业所得税税款不足退税的，应作为亏损向以后年度结转，并调整以后年度的应纳税所得额。按照上述方法进行土地增值税分摊调整后，导致相应年度应纳税所得额出现正数的，应按规定计算缴纳企业所得税。房地产开发企业按上述方法计算的累计退税额，不得超过该项目开发各年度累计实际缴纳的企业所得税；超过部分作为项目清算年度产生的亏损，向以后年度结转。

房地产开发企业在申请退税时，应向主管税务机关提供书面材料，说明应退企业所得税款的计算过程，包括该项目缴纳的土地增值税总额、项目销售收入总额、项目年度销售收入额、各年度应分摊的土地增值税和已经税前扣除的土地增值税，以及是否存在后续开发项目等情况。

（2）企业所得税申报表及纳税调整项目的填报。房地产企业通过正式签订《房地产销售合同》或《房地产预售合同》所取得的预售房款，会计上作为预收账款处理，但根据《房地产开发经营业务企业所得税处理办法》的规定，应确认为销售收入的实现，所以，此处存在税会差异。根据《企业所得税年度纳税申报表（A 类，2019 年版）填报说明》，对于上述差异应填报在《视同销售和房地产开发企业特定业务纳税调整明细表》中。

A. 第 21 行“三、房地产开发企业特定业务计算的纳税调整额”：填报房地产企业发生销售未完工产品，未完工产品结转完工产品业务，按照税法规定计算的特定业务的纳税调整额。第 1 列“税收金额”填报第 22 行第 1 列减去第 26 行第一列的余额；第 2 列“纳税调整金额”等于第 1 列“税收金额”。

B. 第 22 行“（一）房地产企业销售未完工开发产品特定业务计算的纳税调整额”：填报房地产企业销售未完工开发产品取得销售收入，按税收规定计算的纳税调整额。第 1 列“税收金额”填报第 24 行第 1 列减去第 25 行第 1 列的余额；第 2 列“纳税调整金额”等于第 1 列“税收金额”。

C. 第 23 行“1. 销售未完工产品的收入”：第 1 列“税收金额”填报房地产企业销售未完工开发产品，会计核算未进行收入确认的销售收入金额。

D. 第 24 行“2. 销售未完工产品预计毛利额”：第 1 列“税收金额”填报房地产企业销售未完工产品取得的销售收入按税法规定预计计税毛利率计算的金额；第 2 列“纳税调整金额”等于第 1 列“税收金额”。

E. 第 25 行“3. 实际发生的税金及附加、土地增值税”：第 1 列“税收金额”填报房地产企业销售未完工产品实际发生的税金及附加、土地增值税，且在会计核算中未计入当期损益的金额；第 2 列“纳税调整金额”等于第 1 列“税收金额”。

F. 第 26 行“（二）房地产企业销售的未完工产品转完工产品特定业务计算的纳税调整额”：填报房地产企业销售未完工产品转完工产品，按税法规定计算的纳税调整额。第 1 列“税收金额”填报第 28 行第 1 列减去第 29 行第 1 列的余额；第 2 列“纳税调整金额”等于第 1 列“税收金额”。

G. 第27行"1. 销售未完工产品转完工产品确认的销售收入"：第1列"税收金额"填报的房地产企业销售的未完工产品，此前年度已按预计毛利额征收所得税，本年度结转为完工产品，会计上符合收入确认条件，当年会计核算确认的销售收入金额。

H. 第28行"2. 转回的销售未完工产品预计毛利额"：第1列"税收金额"填报房地产企业销售的未完工产品，此前年度已按预计毛利额征收所得税，本年结转完工产品，会计核算确认为销售收入，转回原按税法规定预计计税毛利率计算的金额；第2列"纳税调整金额"等于第1列"税收金额"。

I. 第29行"3. 转回实际发生的税金及附加、土地增值税"：填报房地产企业销售的未完工产品转完工产品后，会计核算确认为销售收入，同时将对应实际发生的税金及附加、土地增值税转入当期损益的金额；第2列"纳税调整金额"等于第1列"税收金额"。房地产企业年度企业所得税纳税申报的主要申报表具体格式详见表10－1、表10－2。

表10－1 中华人民共和国企业所得税年度纳税申报表（A类，2019年版）

行次	类别	项目	金额
1	利润总额计算	一、营业收入（填写A101010\101020\103000）	
2		减：营业成本（填写A102010\102020\103000）	
3		减：税金及附加	
4		减：销售费用（填写A104000）	
5		减：管理费用（填写A104000）	
6		减：财务费用（填写A104000）	
7		减：资产减值损失	
8		加：公允价值变动收益	
9		加：投资收益	
10		二、营业利润（1－2－3－4－5－6－7＋8＋9）	
11		加：营业外收入（填写A101010\101020\103000）	
12		减：营业外支出（填写A102010\102020\103000）	
13		三、利润总额（10＋11－12）	
14	应纳税所得额计算	减：境外所得（填写A108010）	
15		加：纳税调整增加额（填写A105000）	
16		减：纳税调整减少额（填写A105000）	
17		减：免税、减计收入及加计扣除（填写A107010）	
18		加：境外应税所得抵减境内亏损（填写A108000）	
19		四、纳税调整后所得（13－14＋15－16－17＋18）	
20		减：所得减免（填写A107020）	
21		减：弥补以前年度亏损（填写A106000）	
22		减：抵扣应纳税所得额（填写A107030）	
23		五、应纳税所得额（19－20－21－22）	

续表

行次	类别	项目	金额
24	应纳税额计算	税率（25%）	
25		六、应纳所得税额（23×24）	
26		减：减免所得税额（填写 A107040）	
27		减：抵免所得税额（填写 A107050）	
28		七、应纳税额（25－26－27）	
29		加：境外所得应纳所得税额（填写 A108000）	
30		减：境外所得抵免所得税额（填写 A108000）	
31		八、实际应纳所得税额（28＋29－30）	
32		减：本年累计实际已缴纳的所得税额	
33		九、本年应补（退）所得税额（31－32）	
34		其中：总机构分摊本年应补（退）所得税额（填写 A109000）	
35		财政集中分配本年应补（退）所得税额（填写 A109000）	
36		总机构主体生产经营部门分摊本年应补（退）所得税额（填写 A109000）	

表 10－1 为企业所得税年度纳税申报表的主表，纳税人应当根据《中华人民共和国企业所得税法》（以下简称“税法”）及其实施条例、相关税收政策，以及国家统一会计制度（企业会计准则、小企业会计准则、企业会计制度、事业单位会计准则和民间非营利组织会计制度等）的规定，计算填报利润总额、应纳税所得额和应纳税额等有关项目。

纳税人在计算企业所得税应纳税所得额及应纳税额时，会计处理与税收规定不一致的，应当按照税收规定计算。税收规定不明确的，在没有明确规定之前，暂按国家统一会计制度计算。

表 10－1 是在纳税人会计利润总额的基础上，加减纳税调整等金额后计算出“纳税调整后所得”。会计与税法的差异（包括收入类、扣除类、资产类等差异）通过《纳税调整项目明细表》（A105000）集中填报。

本表包括利润总额计算、应纳税所得额计算、应纳税额计算三个部分。

1. “利润总额计算”中的项目，按照国家统一会计制度规定计算填报。实行企业会计准则、小企业会计准则、企业会计制度、分行业会计制度的纳税人，其数据直接取自《利润表》（另有说明的除外）；实行事业单位会计准则的纳税人，其数据取自《收入支出表》；实行民间非营利组织会计制度的纳税人，其数据取自《业务活动表》；实行其他国家统一会计制度的纳税人，根据本表项目进行分析填报。

2. “应纳税所得额计算”和“应纳税额计算”中的项目，除根据主表逻辑关系计算以外，通过附表相应栏次填报。

具体填报说明如下：

第 1－13 行参照国家统一会计制度规定填写。本部分未设“研发费用”“其他收益”“资产处置收益”等项目，对于已执行《财政部关于修订印发 2018 年度一般企业财务报表格式的通知》（财会〔2018〕15 号）的纳税人，在《利润表》中归集的“研发费用”通过《期间费用明细表》（A104000）第 19 行“十九、研究费用”的管理费用相应列次填报；在

《利润表》中归集的“其他收益”“资产处置收益”“信用减值损失”“净敞口套期收益”项目则无需填报，同时第10行“二、营业利润”不执行“第10行=第1-2-3-4-5-6-7+8+9行”的表内关系，按照《利润表》“营业利润”项目直接填报。

1. 第1行“营业收入”：填报纳税人主要经营业务和其他经营业务取得的收入总额。本行根据“主营业务收入”和“其他业务收入”的数额填报。一般企业纳税人根据《一般企业收入明细表》（A101010）填报；金融企业纳税人根据《金融企业收入明细表》（A101020）填报；事业单位、社会团体、民办非企业单位、非营利组织等纳税人根据《事业单位、民间非营利组织收入、支出明细表》（A103000）填报。

2. 第2行“营业成本”：填报纳税人主要经营业务和其他经营业务发生的成本总额。本行根据“主营业务成本”和“其他业务成本”的数额填报。一般企业纳税人根据《一般企业成本支出明细表》（A102010）填报；金融企业纳税人根据《金融企业支出明细表》（A102020）填报；事业单位、社会团体、民办非企业单位、非营利组织等纳税人，根据《事业单位、民间非营利组织收入、支出明细表》（A103000）填报。

3. 第3行“税金及附加”：填报纳税人经营活动发生的消费税、城市维护建设税、资源税、土地增值税和教育费附加等相关税费。本行根据纳税人相关会计科目填报。纳税人在其他会计科目核算的税金不得重复填报。

4. 第4行“销售费用”：填报纳税人在销售商品和材料、提供劳务的过程中发生的各种费用。本行根据《期间费用明细表》（A104000）中对应的“销售费用”填报。

5. 第5行“管理费用”：填报纳税人为组织和管理企业生产经营发生的管理费用。本行根据《期间费用明细表》（A104000）中对应的“管理费用”填报。

6. 第6行“财务费用”：填报纳税人为筹集生产经营所需资金等发生的筹资费用。本行根据《期间费用明细表》（A104000）中对应的“财务费用”填报。

7. 第7行“资产减值损失”：填报纳税人计提各项资产准备发生的减值损失。本行根据企业“资产减值损失”科目上的数额填报。实行其他会计制度的比照填报。

8. 第8行“公允价值变动收益”：填报纳税人在初始确认时划分为以公允价值计量且其变动计入当期损益的金融资产或金融负债（包括交易性金融资产或负债，直接指定为以公允价值计量且其变动计入当期损益的金融资产或金融负债），以及采用公允价值模式计量的投资性房地产、衍生工具和套期业务中公允价值变动形成的应计入当期损益的利得或损失。本行根据企业“公允价值变动损益”科目的数额填报，损失以“-”号填列。

9. 第9行“投资收益”：填报纳税人以各种方式对外投资所取得的收益或发生的损失。根据企业“投资收益”科目的数额计算填报，实行事业单位会计准则的纳税人根据“其他收入”科目中的投资收益金额分析填报，损失以“-”号填列。实行其他会计制度的纳税人比照填报。

10. 第10行“营业利润”：填报纳税人当期的营业利润。根据上述项目计算填报。已执行《财政部关于修订印发2019年度一般企业财务报表格式的通知》（财会〔2019〕6号）和《财政部关于修订印发2018年度金融企业财务报表格式的通知》（财会〔2018〕36号）的纳税人，根据《利润表》对应项目填列，不执行本行计算规则。

11. 第11行“营业外收入”：填报纳税人取得的与其经营活动无直接关系的各项收入的金额。一般企业纳税人根据《一般企业收入明细表》（A101010）填报；金融企业纳税人根据《金融企业收入明细表》（A101020）填报；实行事业单位会计准则或民间非营利组织会计制度的纳税人根据《事业单位、民间非营利组织收入、支出明细表》（A103000）填报。

12. 第12行“营业外支出”：填报纳税人发生的与其经营活动无直接关系的各项支出的金额。一般企业纳税人根据《一般企业收入明细表》（A101010）填报；金融企业纳税人根据《金融企业收入明细表》（A101020）填报；实行事业单位会计准则或民间非营利组织会计制度的纳税人根据《事业单位、民间非营利组织收入、支出明细表》（A103000）填报。

13. 第13行“利润总额”：填报纳税人当期的利润总额。根据上述项目计算填报。

14. 第14行“境外所得”：填报已计入利润总额以及按照税法相关规定已在《纳税调整项目明细表》（A105000）进行纳税调整的境外所得金额。本行根据《境外所得纳税调整后所得明细表》（A108010）填报。

15. 第15行“纳税调整增加额”：填报纳税人会计处理与税收规定不一致，进行纳税调整增加的金额。本行根据《纳税调整项目明细表》（A105000）“调增金额”列填报。

16. 第16行“纳税调整减少额”：填报纳税人会计处理与税收规定不一致，进行纳税调整减少的金额。本行根据《纳税调整项目明细表》（A105000）“调减金额”列填报。

17. 第17行“免税、减计收入及加计扣除”：填报属于税收规定免税收入、减计收入、加计扣除金额。本行根据《免税、减计收入及加计扣除优惠明细表》（A107010）填报。

18. 第18行“境外应税所得抵减境内亏损”：当纳税人选择不用境外所得抵减境内亏损时，填报0；当纳税人选择用境外所得抵减境内亏损时，填报境外所得抵减当年度境内亏损的金额。用境外所得弥补以前年度境内亏损的，还需填报《企业所得税弥补亏损明细表》（A106000）和《境外所得税收抵免明细表》（A108000）。

19. 第19行“纳税调整后所得”：填报纳税人经过纳税调整、税收优惠、境外所得计算后的所得额。

20. 第20行“所得减免”：填报属于税收规定的所得减免金额。本行根据《所得减免优惠明细表》（A107020）填报。

21. 第21行“弥补以前年度亏损”：填报纳税人按照税收规定可在税前弥补的以前年度亏损数额。本行根据《企业所得税弥补亏损明细表》（A106000）填报。

22. 第22行“抵扣应纳税所得额”：填报根据税收规定应抵扣的应纳税所得额。本行根据《抵扣应纳税所得额明细表》（A107030）填报。

23. 第23行“应纳税所得额”：填报第19－20－21－22行金额。按照上述行次顺序计算结果为负数的，本行按0填报。

24. 第24行“税率”：填报税收规定的税率25%。

25. 第25行“应纳所得税额”：填报第23×24行金额。

26. 第26行“减免所得税额”：填报纳税人按税收规定实际减免的企业所得税额。本行根据《减免所得税优惠明细表》（A107040）填报。

27. 第27行“抵免所得税额”：填报企业当年的应纳所得税额中抵免的金额。本行根据《税额抵免优惠明细表》（A107050）填报。

28. 第28行“应纳税额”：填报第25－26－27行金额。

29. 第29行“境外所得应纳所得税额”：填报纳税人来源于中国境外的所得，按照我国税收规定计算的应纳所得税额。本行根据《境外所得税收抵免明细表》（A108000）填报。

30. 第30行“境外所得抵免所得税额”：填报纳税人来源于中国境外所得依照中国境外税收法律以及相关规定应缴纳并实际缴纳（包括视同已实际缴纳）的企业所得税性质的税款（准予抵免税款）。本行根据《境外所得税收抵免明细表》（A108000）填报。

31. 第31行“实际应纳所得税额”：填报第28+29-30行金额。其中，跨地区经营企业类型为“分支机构（须进行完整年度申报并按比例纳税）”的纳税人，填报（第28+29-30行）×“分支机构就地纳税比例”金额。

32. 第32行“本年累计实际已缴纳的所得税额”：填报纳税人按照税收规定本纳税年度已在月（季）度累计预缴的所得税额，包括按照税收规定的特定业务已预缴（征）的所得税额，建筑企业总机构直接管理的跨地区设立的项目部按规定向项目所在地主管税务机关预缴的所得税额。

33. 第33行“本年应补（退）的所得税额”：填报第31-32行金额。

34. 第34行“总机构分摊本年应补（退）所得税额”：填报汇总纳税的总机构按照税收规定在总机构所在地分摊本年应补（退）所得税额。本行根据《跨地区经营汇总纳税企业年度分摊企业所得税明细表》（A109000）填报。

35. 第35行“财政集中分配本年应补（退）所得税额”：填报汇总纳税的总机构按照税收规定财政集中分配本年应补（退）所得税款。本行根据《跨地区经营汇总纳税企业年度分摊企业所得税明细表》（A109000）填报。

36. 第36行“总机构主体生产经营部门分摊本年应补（退）所得税额”：填报汇总纳税的总机构所属的具有主体生产经营职能的部门按照税收规定应分摊的本年应补（退）所得税额。本行根据《跨地区经营汇总纳税企业年度分摊企业所得税明细表》（A109000）填报。

表10-2　视同销售和房地产开发企业特定业务纳税调整明细表

行次	项目	税收金额	纳税调整金额
		1	2
1	一、视同销售（营业）收入（2+3+4+5+6+7+8+9+10）		
2	（一）非货币性资产交换视同销售收入		
3	（二）用于市场推广或销售视同销售收入		
4	（三）用于交际应酬视同销售收入		
5	（四）用于职工奖励或福利视同销售收入		
6	（五）用于股息分配视同销售收入		
7	（六）用于对外捐赠视同销售收入		
8	（七）用于对外投资项目视同销售收入		
9	（八）提供劳务视同销售收入		
10	（九）其他		
11	二、视同销售（营业）成本（12+13+14+15+16+17+18+19+20）		
12	（一）非货币性资产交换视同销售成本		
13	（二）用于市场推广或销售视同销售成本		
14	（三）用于交际应酬视同销售成本		

续表

行次	项目	税收金额	纳税调整金额
		1	2
15	（四）用于职工奖励或福利视同销售成本		
16	（五）用于股息分配视同销售成本		
17	（六）用于对外捐赠视同销售成本		
18	（七）用于对外投资项目视同销售成本		
19	（八）提供劳务视同销售成本		
20	（九）其他		
21	三、房地产开发企业特定业务计算的纳税调整额（22－26）		
22	（一）房地产企业销售未完工开发产品特定业务计算的纳税调整额（24－25）		
23	1. 销售未完工产品的收入		*
24	2. 销售未完工产品预计毛利额		
25	3. 实际发生的税金及附加、土地增值税		
26	（二）房地产企业销售的未完工产品转完工产品特定业务计算的纳税调整额（28－29）		
27	1. 销售未完工产品转完工产品确认的销售收入		*
28	2. 转回的销售未完工产品预计毛利额		
29	3. 转回实际发生的税金及附加、土地增值税		

表 10－2 适用于发生视同销售、房地产企业特定业务纳税调整项目的纳税人填报。纳税人根据税法、《国家税务总局关于企业处置资产所得税处理问题的通知》（国税函〔2008〕828 号）、《国家税务总局关于印发〈房地产开发经营业务企业所得税处理办法〉的通知》（国税发〔2009〕31 号）、《国家税务总局关于企业所得税有关问题的公告》（国家税务总局公告 2016 年第 80 号）等相关规定，以及国家统一企业会计制度，填报视同销售行为、房地产企业销售未完工产品、未完工产品转完工产品特定业务的税收规定及纳税调整情况。

1. 第 1 行“一、视同销售收入”：填报会计处理不确认销售收入，而税收规定确认为应税收入的金额，本行为第 2 行至第 10 行小计数。第 1 列“税收金额”填报税收确认的应税收入金额；第 2 列“纳税调整金额”等于第 1 列“税收金额”。

2. 第 2 行“（一）非货币性资产交换视同销售收入”：填报发生非货币性资产交换业务，会计处理不确认销售收入，而税收规定确认为应税收入的金额。第 1 列“税收金额”填报税收确认的应税收入金额；第 2 列“纳税调整金额”等于第 1 列“税收金额”。

3. 第 3 行“（二）用于市场推广或销售视同销售收入”：填报发生将货物、财产用于市场推广、广告、样品、集资、销售等，会计处理不确认销售收入，而税收规定确认为应税收入的金额。填列方法同第 2 行。

4. 第 4 行“（三）用于交际应酬视同销售收入”：填报发生将货物、财产用于交际应酬，会计处理不确认销售收入，而税收规定确认为应税收入的金额。填列方法同第 2 行。

5. 第5行“（四）用于职工奖励或福利视同销售收入”：填报发生将货物、财产用于职工奖励或福利，会计处理不确认销售收入，而税收规定确认为应税收入的金额。企业外购资产或服务不以销售为目的，用于替代职工福利费用支出，且购置后在一个纳税年度内处置的，以公允价值确定视同销售收入。填列方法同第2行。

6. 第6行“（五）用于股息分配视同销售收入”：填报发生将货物、财产用于股息分配，会计处理不确认销售收入，而税收规定确认为应税收入的金额。填列方法同第2行。

7. 第7行“（六）用于对外捐赠视同销售收入”：填报发生将货物、财产用于对外捐赠或赞助，会计处理不确认销售收入，而税收规定确认为应税收入的金额。填列方法同第2行。

8. 第8行“（七）用于对外投资项目视同销售收入”：填报发生将货物、财产用于对外投资，会计处理不确认销售收入，而税收规定确认为应税收入的金额。填列方法同第2行。

9. 第9行“（八）提供劳务视同销售收入”：填报发生对外提供劳务，会计处理不确认销售收入，而税收规定确认为应税收入的金额。填列方法同第2行。

10. 第10行“（九）其他”：填报发生除上述列举情形外，会计处理不作为销售收入核算，而税收规定确认为应税收入的金额。填列方法同第2行。

11. 第11行“一、视同销售成本”：填报会计处理不确认销售收入，税收规定确认为应税收入对应的视同销售成本金额。本行为第12行至第20行小计数。第1列“税收金额”填报予以税前扣除的视同销售成本金额；将第1列税收金额以负数形式填报第2列“纳税调整金额”。

12. 第12行“（一）非货币性资产交换视同销售成本”：填报发生非货币性资产交换业务，会计处理不确认销售收入，税收规定确认为应税收入所对应的应予以税前扣除的视同销售成本金额。第1列“税收金额”填报予以扣除的视同销售成本金额；将第1列税收金额以负数形式填报第2列“纳税调整金额”。

13. 第13行“（二）用于市场推广或销售视同销售成本”：填报发生将货物、财产用于市场推广、广告、样品、集资、销售等，会计处理不确认销售收入，税收规定确认为应税收入时，其对应的应予以税前扣除的视同销售成本金额。填列方法同第12行。

14. 第14行“（三）用于交际应酬视同销售成本”：填报发生将货物、财产用于交际应酬，会计处理不确认销售收入，税收规定确认为应税收入时，其对应的应予以税前扣除的视同销售成本金额。填列方法同第12行。

15. 第15行“（四）用于职工奖励或福利视同销售成本”：填报发生将货物、财产用于职工奖励或福利，会计处理不确认销售收入，税收规定确认为应税收入时，其对应的应予以税前扣除的视同销售成本金额。填列方法同第12行。

16. 第16行“（五）用于股息分配视同销售成本”：填报发生将货物、财产用于股息分配，会计处理不确认销售收入，税收规定确认为应税收入时，其对应的应予以税前扣除的视同销售成本金额。填列方法同第12行。

17. 第17行“（六）用于对外捐赠视同销售成本”：填报发生将货物、财产用于对外捐赠或赞助，会计处理不确认销售收入，税收规定确认为应税收入时，其对应的应予以税前扣除的视同销售成本金额。填列方法同第12行。

18. 第18行“（七）用于对外投资项目视同销售成本”：填报会计处理发生将货物、财产用于对外投资，会计处理不确认销售收入，税收规定确认为应税收入时，其对应的应予以税前扣除的视同销售成本金额。填列方法同第12行。

19. 第19行“（八）提供劳务视同销售成本”：填报会计处理发生对外提供劳务，会计处理不确认销售收入，税收规定确认为应税收入时，其对应的应予以税前扣除视同销售成本金额。填列方法同第12行。

20. 第20行“（九）其他”：填报发生除上述列举情形外，会计处理不确认销售收入，税收规定确认为应税收入的同时，予以税前扣除视同销售成本金额。填列方法同第12行。

21. 第21行“三、房地产开发企业特定业务计算的纳税调整额”：填报房地产企业发生销售未完工产品、未完工产品结转完工产品业务，按照税收规定计算的特定业务的纳税调整额。第1列“税收金额”填报第22行第1列减去第26行第1列的余额；第2列“纳税调整金额”等于第1列“税收金额”。

22. 第22行“（一）房地产企业销售未完工开发产品特定业务计算的纳税调整额”：填报房地产企业销售未完工开发产品取得销售收入，按税收规定计算的纳税调整额。第1列“税收金额”填报第24行第1列减去第25行第1列的余额；第2列“纳税调整金额”等于第1列“税收金额”。

23. 第23行“1. 销售未完工产品的收入”：第1列“税收金额”填报房地产企业销售未完工开发产品，会计核算未进行收入确认的销售收入金额。

24. 第24行“2. 销售未完工产品预计毛利额”：第1列“税收金额”填报房地产企业销售未完工产品取得的销售收入按税收规定预计计税毛利率计算的金额；第2列“纳税调整金额”等于第1列“税收金额”。

25. 第25行“3. 实际发生的税金及附加、土地增值税”：第1列“税收金额”填报房地产企业销售未完工产品实际发生的税金及附加、土地增值税，且在会计核算中未计入当期损益的金额；第2列“纳税调整金额”等于第1列“税收金额”。

26. 第26行“（二）房地产企业销售的未完工产品转完工产品特定业务计算的纳税调整额”：填报房地产企业销售的未完工产品转完工产品，按税收规定计算的纳税调整额。第1列“税收金额”填报第28行第1列减去第29行第1列的余额；第2列“纳税调整金额”等于第1列“税收金额”。

27. 第27行“1. 销售未完工产品转完工产品确认的销售收入”：第1列“税收金额”填报房地产企业销售的未完工产品，此前年度已按预计毛利额征收所得税，本年度结转为完工产品，会计上符合收入确认条件，当年会计核算确认的销售收入金额。

28. 第28行“2. 转回的销售未完工产品预计毛利额”：第1列“税收金额”填报房地产企业销售的未完工产品，此前年度已按预计毛利额征收所得税，本年结转完工产品，会计核算确认为销售收入，转回原按税收规定预计计税毛利率计算的金额；第2列“纳税调整金额”等于第1列“税收金额”。

29. 第29行“3. 转回实际发生的税金及附加、土地增值税”：填报房地产企业销售的未完工产品结转完工产品后，会计核算确认为销售收入，同时将对应实际发生的税金及附加、土地增值税转入当期损益的金额；第2列“纳税调整金额”等于第1列“税收金额”。

10.3 房地产项目税负测算综合案例

山河房地产开发有限公司（以下简称“山河公司”）成立于2013年10月25日，目前正在开发“古韵山河”房地产项目。

10.3.1 “古韵山河”项目情况概述

（1）取得土地时间。2013年10月31日，山河公司通过招拍挂取得开发用地一宗，当日与相关部门签订土地出让合同，该土地出让合同中未约定土地的交付时间，直至2014年6月30日山河公司才取得土地进行开发。

（2）项目综合经济技术指标。2014年7月1日起，“古韵山河”项目开始规划设计，该项目共开发A、B、C、D、E五栋楼，A、B、C三栋有底商，主要经济技术指标详见表10－3。

表10－3 “古韵山河”项目主要经济技术指标

<table>
<tr><th>序号</th><th colspan="4">项目</th><th>单位</th><th>数据</th><th>备注</th></tr>
<tr><td>1</td><td colspan="4">规划用地面积</td><td>平方米</td><td>21174.75</td><td></td></tr>
<tr><td>2</td><td colspan="4">总建筑面积</td><td>平方米</td><td>92599.66</td><td></td></tr>
<tr><td>3</td><td rowspan="10">其中</td><td colspan="3">地上总建筑面积</td><td>平方米</td><td>80473.55</td><td></td></tr>
<tr><td>4</td><td rowspan="6">其中</td><td colspan="2">普通住宅</td><td>平方米</td><td>45892.69</td><td></td></tr>
<tr><td>5</td><td colspan="2">非普通住宅</td><td>平方米</td><td>24949.58</td><td></td></tr>
<tr><td>6</td><td colspan="2">拆迁安置（普住）</td><td>平方米</td><td>5135.46</td><td></td></tr>
<tr><td>7</td><td colspan="2">商业</td><td>平方米</td><td>4495.82</td><td></td></tr>
<tr><td>8</td><td rowspan="2">其中</td><td>一层商业</td><td>平方米</td><td>2443.73</td><td></td></tr>
<tr><td>9</td><td>二层商业</td><td>平方米</td><td>2052.09</td><td></td></tr>
<tr><td>10</td><td colspan="3">地下总建筑面积</td><td>平方米</td><td>12126.11</td><td></td></tr>
<tr><td>11</td><td rowspan="2">其中</td><td colspan="2">人防设施</td><td>平方米</td><td>4028.36</td><td>不计容</td></tr>
<tr><td>12</td><td colspan="2">地下车位</td><td>平方米</td><td>8097.75</td><td>不计容</td></tr>
<tr><td>13</td><td colspan="4">住宅层高</td><td>米</td><td>3.00</td><td></td></tr>
<tr><td rowspan="2">14</td><td colspan="3" rowspan="2">底商层高</td><td>一层</td><td>米</td><td>6.00</td><td></td></tr>
<tr><td>二层</td><td>米</td><td>4.20</td><td></td></tr>
<tr><td>15</td><td colspan="4">容积率</td><td></td><td>3.80</td><td></td></tr>
</table>

（3）项目可售建筑面积及基底座面积。“古韵山河”项目各业态可售建筑面积及基地座面积详见表10－4。

表 10－4　　**"古韵山河"项目可售建筑面积**　　单位：平方米

楼号	普通住宅	非普通住宅	底商	车位	总建筑面积	基底座面积
A 栋	9788.67	4765.45	1171.67		15725.79	816.96
B 栋	13050.75	5064.60	1516.34		19631.69	995.23
C 栋	10037.61	3498.91	1807.81		15344.33	968.19
D 栋	8461.28	5576.79			14038.07	650.29
E 栋	9689.84	6043.83			15733.67	602.08
产权地下车位				8097.75	8097.75	
人防设施				4028.36	4028.36	
合计	51028.15	24949.58	4495.82	12126.11	92599.66	4032.75

（4）项目开发成本。2014 年 9 月 1 日，"古韵山河"项目开始开发建设，2017 年 12 月 31 日，完成全部开发建设并已竣工备案。该项目发生的开发成本根据企业的"开发成本"科目实际发生额汇总如下，详见表 10－5。

表 10－5　　**"古韵山河"项目开发成本汇总表**　　单位：元

明细项目	金额	获取进项税额的支出金额占比
1. 取得土地使用权所支付的金额	294336230.00	—
2. 土地征用及拆迁补偿费	—	—
3. 前期工程费	9848573.76	50%
4. 建筑安装工程费	322636111.57	100%
5. 基础设施费	15849482.14	100%
6. 公共配套设施费	8340078.83	100%
7. 开发间接费	1213765.50	20%
合计	652224241.80	—

其中，前期工程费中，获取进项税额的支出金额占比为 50%，适用的计算进项税额的平均税率为 6%；建筑安装工程费、基础设施费、公共配套设施费，可获取进项税额的支出金额比例达到 100%，适用的计算进项税额的平均税率为 9%；开发间接费可获取进项税额的支出金额比例达到 20%，适用的计算进项税额的平均税率为 6%。

（5）项目销售收入。2015 年 10 月 1 日，"古韵山河"项目开始预售，2016 年 10 月 1 日交付使用，2018 年 12 月 31 日完成全销售，具体销售面积与销售收入详见表 10－6。

表 10－6 “古韵山河”项目销售收入明细表

<table>
<tr><th>项目</th><th>总可售面积（平方米/个）</th><th>已售面积（平方米/个）</th><th>平均单价</th><th>已售收入（含税）</th><th>小计（含税）</th></tr>
<tr><td>普通住宅（2016 年 4 月 30 日前）</td><td rowspan="3">51028.15</td><td>26481.43</td><td>25520.72</td><td>675825284.00</td><td rowspan="3">1190518044.00</td></tr>
<tr><td>拆迁安置（普住）（2016 年 4 月 30 日前）</td><td>5135.46</td><td>0.00</td><td>0.00</td></tr>
<tr><td>普通住宅（2016 年 5 月 1 日后）</td><td>19411.26</td><td>26515.16</td><td>514692760.00</td></tr>
<tr><td>非普通住宅（2016 年 4 月 30 日前）</td><td rowspan="2">24949.58</td><td>10979.83</td><td>25493.07</td><td>279909613.00</td><td rowspan="2">652492863.00</td></tr>
<tr><td>非普通住宅（2016 年 5 月 1 日后）</td><td>13969.75</td><td>26670.72</td><td>372583250.00</td></tr>
<tr><td>商业（2016 年 4 月 30 日前）</td><td rowspan="2">4495.82</td><td>1538.62</td><td>58051.74</td><td>89319573.00</td><td rowspan="2">263648430.00</td></tr>
<tr><td>商业（2016 年 5 月 1 日后）</td><td>2957.20</td><td>58950.65</td><td>174328857.00</td></tr>
<tr><td>人防地下车位（2016 年 4 月 30 日前）</td><td rowspan="2">110.00</td><td>70.00</td><td>50000.00</td><td>3500000.00</td><td rowspan="2">5500000.00</td></tr>
<tr><td>人防地下车位（2016 年 5 月 1 日后）</td><td>40.00</td><td>50000.00</td><td>2000000.00</td></tr>
<tr><td>产权地下车位（2016 年 4 月 30 日前）</td><td rowspan="2">210.00</td><td>90.00</td><td>68000.00</td><td>6120000.00</td><td rowspan="2">14280000.00</td></tr>
<tr><td>产权地下车位（2016 年 5 月 1 日后）</td><td>120.00</td><td>68000.00</td><td>8160000.00</td></tr>
<tr><td>合计</td><td>80793.55</td><td>80473.55</td><td>—</td><td>2126439337.00</td><td>2126439337.00</td></tr>
</table>

10.3.2 相关税金计算

根据以上资料，测算“古韵山河”应缴纳的契税、营业税、增值税、土地增值税、企业所得税。契税适用的税率为 4%；管理费用是销售收入的 3%；销售费用是销售收入的 2%。

（1）支付土地出让金应缴纳契税 = 294336230.00 × 4% = 11773449.20（元）

（2）拆迁安置还房应缴纳契税 = 5135.46 × 25520.72 × 4% = 5242425.47（元）

（3）“古韵山河”项目应缴纳契税 = 1773449.20 + 5242425.47 = 17015874.67（元）

（4）应缴纳营业税 = [675825284.00 +（5135.46 × 25520.72）+ 279909613.00 + 89319573.00 + 3500000.00 + 6120000.00] × 5% = 59286755.34（元）

（5）增值税的计算。

方法一：选择简易计税方式

应缴纳增值税 =（514692760.00 + 372583250.00 + 174328857.00 + 2000000.00 + 8160000.00）÷（1 + 5%）× 5% = 51036422.24（元）

方法二：采用一般计税方式

应缴纳增值税 = [(514692760.00 + 372583250.00 + 174328857.00 + 2000000.00 + 8160000.00) - 分摊的土地成本] ÷ (1 + 9%) × 9% - [9848573.76 × 50% ÷ (1 + 6%) × 6% + (322636111.57 + 15849482.14 + 8340078.83) ÷ (1 + 9%) × 9% + 1213765.50 × 20% ÷ (1 + 6%) × 6%] = [88494346.82 - 294336230 × 36338.21 ÷ 80473.55] [278733.22 + 28636982.14 + 13740.74] = 48590760.62 (元)

10.3.3　土地增值税及项目盈利预测

(1) 土地成本分摊。本项目的土地成本要进行两次分摊，第一次分摊按占地面积法详见表 10-7，第二次分摊按建筑面积法详见表 10-8。

表 10-7　"古韵山河" 项目土地成本第一次分摊（占地面积法）

楼号	按占地面积法分摊土地成本金额（元）	普通住宅（平方米）	非普通住宅（平方米）	底商（平方米）	车位（平方米）	基底座面积（平方米）
A 栋	59627035.26	9788.67	4765.45	1171.67	—	816.96
B 栋	72638335.18	13050.75	5064.60	1516.34	—	995.23
C 栋	70664780.74	10037.61	3498.91	1807.81	—	968.19
D 栋	47462378.53	8461.28	5576.79	—	—	650.29
E 栋	43943700.29	9689.84	6043.83	—	—	602.08
产权车位	—	—	—	—	8097.75	
人防车位	—	—	—	—	4028.36	
合计	294336230.00	51028.15	24949.58	4495.82	12126.11	4032.75

表 10-8　"古韵山河" 项目土地成本第二次分摊（建筑面积法）

楼号	土地成本金额（元）	普通住宅（元）	非普通住宅（元）	底商（元）	车位（元）
A 栋	59627035.26	37115424.49	18069022.62	4442588.16	—
B 栋	72638335.18	48288494.41	18739299.18	5610541.59	—
C 栋	70664780.74	46225902.98	16113424.83	8325452.94	—
D 栋	47462378.53	28607385.08	18854993.45	—	—
E 栋	43943700.29	27063452.13	16880248.16	—	—
产权车位	—	—	—	—	—
人防车位	—	—	—	—	—
合计	294336230.00	187300659.09	88656988.24	18378582.69	—

(2) 开发成本分摊。开发成本分摊详见表 10-9。

表 10 - 9 “古韵山河”项目开发成本分摊（建筑面积法）

项目	面积/金额（平方米/元）	普通住宅	非普通住宅	底商	地下车位
建筑面积	92599.66	51028.15	24949.58	4495.82	12126.11
建安面积比例（%）	100.00	55.11	26.94	4.86	13.10
1. 取得土地使用权所支付的金额	294336230.00	187300659.09	88656988.24	18378582.69	0.00
2. 土地征用及拆迁补偿费	131060636.73	72222531.16	35312309.36	6363144.66	17162651.54
3. 前期工程费	9848573.76	5427174.35	2653549.47	478159.58	1289690.36
4. 建筑安装工程费	322636111.57	177792487.54	86929428.00	15664354.31	42249841.73
5. 基础设施费	15849482.14	8734046.67	4270403.61	769510.59	2075521.27
6. 公共配套设施费	8340078.83	4595900.17	2247108.29	404920.42	1092149.94
7. 开发间接费	1213765.50	668859.99	327030.78	58929.71	158945.01
合计	783284878.53	456741658.97	220396817.75	42117601.96	64028799.85

说明：

根据国家税务总局《关于土地增值税清算有关问题的通知》（国税函〔2010〕220 号）第六条关于拆迁安置土地增值税计算问题的规定，房地产企业用建造的本项目房地产安置回迁户的，安置用房视同销售处理，同时将此确认为房地产开发项目的拆迁补偿费。

因此，表 10 - 9 中的“土地征用及拆迁补偿费”金额 131060636.73 元，是本项目拆迁安置的普通住宅，按照本项目普通住宅销售的均价计算而来，即 5135.46 平方米 ×25520.72 元/平方米 = 131060636.73 元。

（3）计税收入及相关税费的确认。该项目的计税收入与相关税费详见表 10 - 10。

（4）各业态土地增值税测算。对本项目各业态土地增值税测算，主要是为了分析各业态产生的土地增值税，详见表 10 - 11。

根据表 10 - 10 测算可知，普通住宅不满足土地增值税免征的条件，普通住宅、非普通住宅、底商都有增值率，并且底商的增值率非常高，达到了 319.44%，适用土地增值税最高税率 60%。而地下车位的增值率为负数，若与底商合并为一个清算对象，就能降低底商增值率。

（5）“古韵山河”项目土地增值税测算。“古韵山河”项目土地增值税按三分法进行测算，详见表 10 - 12。

根据表 10 - 12 测算可知，当底商与地下车位作为一个清算对象时，商业自身产生的 95373547.31 元土地增值税，降低为 44732181.59 元，减少土地增值税 50641365.72 元，效果非常明显。

（6）“古韵山河”项目盈利预测。该项目盈利预测详见表 10 - 13。

从表 10 - 13 可知，“古韵山河”项目的预计利润总额为 844249201.26 元，企业所得税税率为 25%，故缴纳企业所得税 211062300.32 元，预计净利润为 633186900.94 元。综上所述，该项目预计所得税率为 9.57%，预计净利润率为 28.70%。

表 10－10　“古韵山河”项目计税收入与相关税费

项目	已售收入（含税）	营业额	营业税	销售额	增值税	城建税	教育费附加	地方教育费附加
普通住宅（2016 年 4 月 30 日前）	675825284.00	675825284.00	33791264.20	—	—	2365388.49	1013737.93	675825.28
拆迁安置（普住）（2016 年 4 月 30 日前）	0.00	131060636.73	6553031.84	—	—	458712.23	196590.96	131060.64
普通住宅（2016 年 5 月 1 日后）	514692760.00	—	—	490183580.95	24509179.05	1715642.53	735275.37	490183.58
非普通住宅（2016 年 4 月 30 日前）	279909613.00	279909613.00	13995480.65	—	—	979683.65	419864.42	279909.61
非普通住宅（2016 年 5 月 1 日后）	372583250.00	—	—	354841190.48	17742059.52	1241944.17	532261.79	354841.19
商业（2016 年 4 月 30 日前）	89319573.00	89319573.00	4465978.65	—	—	312618.51	133979.36	89319.57
商业（2016 年 5 月 1 日后）	174328857.00	—	—	166027482.86	8301374.14	581096.19	249041.22	166027.48
人防地下车位（2016 年 4 月 30 日前）	3500000.00	3500000.00	175000.00	—	—	12250.00	5250.00	3500.00
人防地下车位（2016 年 5 月 1 日后）	2000000.00	—	—	1904761.90	95238.10	6666.67	2857.14	1904.76
产权地下车位（2016 年 4 月 30 日前）	6120000.00	6120000.00	306000.00	—	—	21420.00	9180.00	6120.00
产权地下车位（2016 年 5 月 1 日后）	8160000.00	—	—	7771428.57	388571.43	27200.00	11657.14	7771.43
合计	2126439337.00	1185735106.73	59286755.34	1020728444.76	51036422.24	7722622.44	3309695.33	2206463.54

表 10-11　　　　"古韵山河"项目各业态土地增值税测算

项目		行次	合计	普通住宅	非普通住宅	底商	地下车位
一、转让房地产收入总额 1=2+3+4		1	2206463551.49	1297069501.68	634750803.48	255347055.86	19296190.47
其中	货币收入	2	2075402914.76	1166008864.95	634750803.48	255347055.86	19296190.47
	实物收入及其他收入	3	0.00	0.00	0.00	0.00	0.00
	视同销售收入	4	131060636.73	131060636.73	0.00	0.00	0.00
二、扣除项目金额合计 5=6+7+14+17+23		5	1091899110.52	642539404.46	304637223.96	60878617.06	83843865.04
1. 取得土地使用权所支付的金额		6	294336230.02	187300659.09	88656988.24	18378582.69	0.00
2. 房地产开发成本 7=8+9+10+11+12+13		7	488948648.51	269440999.88	131739829.51	23739019.27	64028799.85
其中	土地征用及拆迁补偿费	8	131060636.72	72222531.16	35312309.36	6363144.66	17162651.54
	前期工程费	9	9848573.76	5427174.35	2653549.47	478159.58	1289690.36
	建筑安装工程费	10	322636111.58	177792487.54	86929428.00	15664354.31	42249841.73
	基础设施费	11	15849482.14	8734046.67	4270403.61	769510.59	2075521.27
	公共配套设施费	12	8340078.82	4595900.17	2247108.29	404920.42	1092149.94
	开发间接费用	13	1213765.49	668859.99	327030.78	58929.71	158945.01
3. 房地产开发费用 14=15+16		14	78328487.86	45674165.90	22039681.78	4211760.20	6402879.98
其中	利息支出	15	39164243.93	22837082.95	11019840.89	2105880.10	3201439.99
	其他房地产开发费用	16	39164243.93	22837082.95	11019840.89	2105880.10	3201439.99
4. 与转让房地产有关的税金等 17=18+19+20+21+22		17	73628768.43	48775247.80	18121360.88	6125734.51	606425.24
其中	营业税	18	59286755.34	40344296.04	13995480.65	4465978.65	481000.00
	印花税	19	1103231.78	648534.75	317375.40	127673.53	9648.10
	城市维护建设税	20	7722622.44	4539743.25	2221627.82	893714.70	67536.67
	教育费附加	21	3309695.33	1945604.26	952126.21	383020.58	28944.28
	地方教育费附加	22	2206463.54	1297069.50	634750.80	255347.05	19296.19
5. 财政部规定的其他扣除项目		23	156656975.70	91348331.79	44079363.55	8423520.39	12805759.97
三、增值额 24=1-5		24	1114564440.97	654530097.22	330113579.52	194468438.80	-64547674.57
四、增值额与扣除项目金额之比（%）25=24÷5		25	0.00	101.87	108.36	319.44	-76.99

续表

项目	行次	合计	普通住宅	非普通住宅	底商	地下车位
五、适用税率（%）	26	0.00	50.00	50.00	60.00	0.00
六、速算扣除系数（%）	27	0.00	15.00	15.00	35.00	0.00
七、应缴土地增值税税额 28 = 24 × 26 − 5 × 27	28	445618891.42	230884137.94	119361206.17	95373547.31	0.00
八、土地增值税税负率（%）	29	20.20	17.80	18.80	37.35	0.00

表 10 − 12　“古韵山河”项目土地增值税测算（三分法）

项目		行次	合计	普通住宅	非普通住宅	其他商业用房（底商 + 车位）
一、转让房地产收入总额 1 = 2 + 3 + 4		1	2206463551.49	1297069501.68	634750803.48	274643246.33
其中	货币收入	2	2075402914.76	1166008864.95	634750803.48	274643246.33
	实物收入及其他收入	3	0.00	0.00	0.00	0.00
	视同销售收入	4	131060636.73	131060636.73	0.00	0.00
二、扣除项目金额合计 5 = 6 + 7 + 14 + 17 + 23		5	1091899110.52	642539404.46	304637223.96	144722482.10
1. 取得土地使用权所支付的金额		6	294336230.02	187300659.09	88656988.24	18378582.69
2. 房地产开发成本 7 = 8 + 9 + 10 + 11 + 12 + 13		7	488948648.51	269440999.88	131739 829.51	87767819.12
其中	土地征用及拆迁补偿费	8	131060636.72	72222531.16	35312309.36	23525796.20
	前期工程费	9	9848573.76	5427174.35	2653549.47	1767849.94
	建筑安装工程费	10	322636111.58	177792487.54	86929428.00	57914196.04
	基础设施费	11	15849482.14	8734046.67	4270403.61	2845031.86
	公共配套设施费	12	8340078.82	4595900.17	2247108.29	1497070.36
	开发间接费用	13	1213765.49	668859.99	327030.78	217874.72
3. 房地产开发费用 14 = 15 + 16		14	78328487.86	45674165.90	22039681.78	10614640.18
其中	利息支出	15	39164243.93	22837082.95	11019840.89	5307320.09
	其他房地产开发费用	16	39164243.93	22837082.95	11019840.89	5307320.09
4. 与转让房地产有关的税金等 17 = 18 + 19 + 20 + 21 + 22		17	73628768.43	48775247.80	18121360.88	6732159.75
其中	营业税	18	59286755.34	40344296.04	13995480.65	4946978.65
	印花税	19	1103231.78	648534.75	317375.40	137321.63
	城市维护建设税	20	7722622.44	4539743.25	2221627.82	961251.37
	教育费附加	21	3309695.33	1945604.26	952126.21	411964.86
	地方教育费附加	22	2206463.54	1297069.50	634750.80	274643.24
5. 财政部规定的其他扣除项目		23	156656975.70	91348331.79	44079363.55	21229280.36

续表

项目	行次	合计	普通住宅	非普通住宅	其他商业用房（底商 + 车位）
三、增值额 24 = 1 - 5	24	1114564440.97	654530097.22	330113579.52	129920764.23
四、增值额与扣除项目金额之比（%）25 = 24 ÷ 5	25	0.00	101.87	108.36	89.77
五、适用税率（%）	26	0.00	50.00	50.00	40.00
六、速算扣除系数（%）	27	0.00	15.00	15.00	5.00
七、应缴土地增值税税额 28 = 24 × 26 - 5 × 27	28	394977525.70	230884137.94	119361206.17	44732181.59
八、土地增值税税负率（%）	29	17.90	17.80	18.80	16.29

表 10 - 13　　“古韵山河”项目盈利预测

项目	行次	金额
一、转让房地产收入总额	1	2206463551.49
减：房地产成本总额	2	783284878.53
1. 取得土地使用权所支付的金额	3	294336230.02
2. 房地产开发成本	4	488948648.51
加：其他业务收入	5	
减：其他业务成本	6	
减：税金及附加	7	468606294.13
其中：营业税	8	59286755.34
印花税	9	1103231.78
城市维护建设税	10	7722622.44
教育费附加	11	3309695.33
地方教育费附加	12	2206463.54
土地增值税	13	394977525.70
减：期间费用	14	110323177.57
其中：财务费用	15	0.00
管理费用	16	66193906.54
销售费用	17	44129271.03
二、营业利润	18	844249201.26
加：营业外收入	19	
减：营业外支出	20	
三、利润总额	21	844249201.26
四、所得税	22	211062300.32
五、净利润	23	633186900.94
六、所得税率（%）	24	9.57
七、净利润率（%）	25	28.70

说明：所得税率 = 企业所得税 ÷ 转让房地产收入总额 × 100%

净利润率 = 净利润 ÷ 转让房地产收入总额 × 100%

附录一

相关税收政策索引

一、常用税收政策

（一）增值税

1.《中华人民共和国增值税暂行条例》（国务院令第691号修订）

2.《中华人民共和国增值税暂行条例实施细则》（财税〔2008〕50号）

3.《中华人民共和国发票管理办法》（国务院令第587号）

4.《财政部 国家税务总局关于部分货物适用增值税低税率和简易办法征收增值税政策的通知》（财税〔2009〕9号）

5.《财政部 国家税务总局关于简并增值税征收率政策的通知》（财税〔2014〕57号）

6.《财政部 国家税务总局关于印发〈资源综合利用产品和劳务增值税优惠目录〉的通知》（财税〔2015〕78号）

7.《财政部 国家税务总局关于全面推开营业税改征增值税试点的通知》（财税〔2016〕36号）

8.《财政部 国家税务总局关于营业税改征增值税试点若干政策的通知》（财税〔2016〕39号）

9.《财政部 税务总局关于调整增值税税率的通知》（财税〔2018〕32号）

10.《国家税务总局关于全面推开营业税改征增值税试点后增值税纳税申报有关事项的公告》（国家税务总局公告2016年第13号）

（二）企业所得税

1.《中华人民共和国企业所得税法》（主席令第63号）

2.《全国人民代表大会常务委员会关于修改〈中华人民共和国企业所得税法〉的决定》（主席令第64号）

3.《中华人民共和国企业所得税法实施条例》（国务院令第512号）

4.《科技部 财政部 国家税务总局关于修订印发〈高新技术企业认定管理工作指引〉的通知》（国科发火〔2016〕195号）

5.《财政部 国家税务总局关于广告费和业务宣传费支出税前扣除政策的通知》（财税〔2017〕41号）

6.《财政部 国家税务总局关于扩大小型微利企业所得税优惠政策范围的通知》（财税〔2017〕43号）

7.《财政部 税务总局关于设备、器具扣除有关企业所得税政策的通知》（财税〔2018〕54号）

8.《国家税务总局关于企业重组业务企业所得税征收管理若干问题的公告》（国家税务

总局公告2015年第48号）

9.《国家税务总局关于许可使用权技术转让所得企业所得税有关问题的公告》（国家税务总局公告2015年第82号）

（三）个人所得税

1.《中华人民共和国个人所得税法》（主席令第48号）

2.《中华人民共和国个人所得税法实施条例》（国务院令第600号）

3.《财政部 国家税务总局关于基本养老保险费基本医疗保险费失业保险费住房公积金有关个人所得税政策的通知》（财税〔2006〕10号）

4.《财政部 国家税务总局关于单位低价向职工售房有关个人所得税问题的通知》（财税〔2007〕13号）

5.《财政部 国家税务总局关于个人无偿受赠房屋有关个人所得税问题的通知》（财税〔2009〕78号）

6.《财政部、人力资源社会保障部、国家税务总局关于企业年金、职业年金个人所得税有关问题的通知》（财税〔2013〕103号）

7.《财政部 国家税务总局关于个人非货币性资产投资有关个人所得税政策的通知》（财税〔2015〕41号）

8.《财政部 税务总局 保监会关于将商业健康保险个人所得税试点政策推广到全国范围实施的通知》（财税〔2017〕39号）

9.《国家税务总局关于做好企业年金职业年金个人所得税征收管理工作的通知》（税总发〔2013〕143号）

10.《国家税务总局关于推广实施商业健康保险个人所得税政策有关征管问题的公告》（国家税务总局公告2017年第17号）

11.《国家税务总局关于股权激励有关个人所得税问题的通知》（国税函〔2009〕461号）

（四）城镇土地使用税

《中华人民共和国城镇土地使用税暂行条例》（国务院令第483号）

（五）城市维护建设税及附加

1.《国务院关于修改〈征收教育费附加的暂行规定〉的决定》（国务院令第448号）

2.《中华人民共和国城市维护建设税暂行条例》《国发〔1985〕19号》

（六）印花税

1.《中华人民共和国印花税暂行条例》（国务院令第11号）

2.《中华人民共和国印花税暂行条例施行细则》（财税字〔1988〕255号）

3.《国家税务总局关于印花税若干具体问题的规定》（国税地字〔1988〕25号）

4.《财政部 国家税务总局关于印花税若干政策的通知》（财税〔2006〕162号）

5.《国家税务总局关于企业集团内部使用的有关凭证征收印花税问题的通知》（国税函〔2009〕9号）

（七）土地增值税

1.《中华人民共和国土地增值税暂行条例》（国务院令第138号）

2.《中华人民共和国土地增值税暂行条例实施细则》（财法字〔1995〕6号）

（八）房产税

1.《中华人民共和国房产税暂行条例》（国发〔1986〕90 号）

2.《税务总局关于房产税若干具体问题的解释和暂行法规》（财税地字〔1986〕8 号）

3.《财政部 国家税务总局关于具备房屋功能的地下建筑征收房产税的通知》（财税〔2005〕181 号）

4.《财政部 国家税务总局关于房产税城镇土地使用税有关问题的通知》（财税〔2009〕128 号）

5.《关于安置残疾人就业单位城镇土地使用税等政策的通知》（财税〔2010〕121 号）

6.《国家税务总局关于房产税城镇土地使用税有关政策规定的通知》（国税发〔2003〕89 号）

7.《国家税务总局关于进一步明确房屋附属设备和配套设施计征房产税有关问题的通知》（国税发〔2005〕173 号）

（九）耕地占用税

《中华人民共和国耕地占用税暂行条例》（国务院令第 511 号）

（十）契税

1.《中华人民共和国契税暂行条例》（国务院令第 224 号）

2.《中华人民共和国契税暂行条例细则》（财法字〔1997〕52 号）

3.《财政部 国家税务总局关于国有土地使用权出让等有关契税问题的通知》（财税〔2004〕134 号）

（十一）综合税收政策

1.《财政部 国家税务总局关于房产税城镇土地使用税有关问题的通知》（财税〔2008〕152 号）

2.《财政部 国家税务总局关于营改增后契税、房产税、土地增值税、个人所得税计税依据问题的通知》（财税〔2016〕43 号）

3.《国家税务总局关于印发〈耕地占用税契税减免管理办法〉的通知》（国税发〔2004〕99 号）

二、专项税收政策

（一）增值税

1.《财政部 国家税务总局关于部分货物适用增值税低税率和简易办法征收增值税政策的通知》（财税〔2009〕9 号）

2.《财政部 国家税务总局关于全面推开营业税改征增值税试点的通知》（财税〔2016〕36 号）

3.《关于纳税人异地预缴增值税有关城建税和教育费附加政策问题的通知》（财税〔2016〕74 号）

4.《财政部 国家税务总局关于明确金融、房地产开发、教育辅助服务等增值税政策的通知》（财税〔2016〕140 号）

5.《财政部 国家税务总局关于简并增值税税率有关政策的通知》（财税〔2017〕37 号）

6.《关于建筑服务等营改增试点政策的通知》(财税〔2017〕58号)

7.《国家税务总局关于创新跨区域涉税事项报验管理制度的通知》(税总发〔2017〕103号)

8.《国家税务总局关于优化〈外出经营活动税收管理证明〉相关制度和办理程序的意见》(税总发〔2016〕106号)

9.《国家税务总局关于纳税人销售自产货物并同时提供建筑行业劳务有关税收问题的公告》(国家税务总局公告2011年第23号)

10.《国家税务总局关于发布〈纳税人跨县(市、区)提供建筑服务增值税征收管理暂行办法〉的公告》(国家税务总局公告2016年第17号)

11.《国家税务总局关于全面推开营业税改征增值税试点有关税收征收管理事项的公告》(国家税务总局公告2016年第23号)

12.《营业税改征增值税跨境应税行为增值税免税管理办法(试行)》(国家税务总局公告2016年第29号)

13.《关于营改增试点若干征管问题的公告》(国家税务总局公告2016年第53号)

14.《国家税务总局关于在境外提供建筑服务等有关问题的公告》(国家税务总局公告2016年第69号)

15.《国家税务总局关于进一步明确营改增有关征管问题的公告》(国家税务总局公告2017年第11号)

16.《国家税务总局关于企业境外承包工程税收抵免凭证有关问题的公告》(国家税务总局公告2017年第41号)

17.《国家税务总局关于简化建筑服务增值税简易计税方法备案事项的公告》(国家税务总局公告2017年第43号)

(二)企业所得税

1.《国家税务总局于建筑企业所得税征管有关问题的通知》(国税函〔2010〕39号)

2.《国家税务总局关于跨地区经营建筑企业所得税征收管理问题的通知》(国税函〔2010〕156号)

(三)个人所得税

1.《国家税务总局关于印发〈建筑安装业个人所得税征收管理暂行办法〉的通知》(国税发〔1996〕127号)

2.《国家税务总局关于建筑安装业跨省异地工程作业人员个人所得税征收管理问题的公告》(国家税务总局公告2015年第52号)

附录二

《住房和城乡建设部关于印发建筑工程施工发包与承包违法行为认定查处管理办法的通知》

各省、自治区住房和城乡建设厅，直辖市住房和城乡建设（管）委，新疆生产建设兵团住房和城乡建设局：

为规范建筑工程施工发包与承包活动，保证工程质量和施工安全，有效遏制违法发包、转包、违法分包及挂靠等违法行为，维护建筑市场秩序和建设工程主要参与方的合法权益，我部制定了《建筑工程施工发包与承包违法行为认定查处管理办法》，现印发给你们，请遵照执行。在执行中遇到的问题，请及时函告我部建筑市场监管司。

中华人民共和国住房和城乡建设部

2019 年 1 月 3 日

建筑工程施工发包与承包违法行为认定查处管理办法

第一条　为规范建筑工程施工发包与承包活动中违法行为的认定、查处和管理，保证工程质量和施工安全，有效遏制发包与承包活动中的违法行为，维护建筑市场秩序和建筑工程主要参与方的合法权益，根据《中华人民共和国建筑法》《中华人民共和国招标投标法》《中华人民共和国合同法》《建设工程质量管理条例》《建设工程安全生产管理条例》《中华人民共和国招标投标法实施条例》等法律法规，以及《全国人大法工委关于对建筑施工企业母公司承接工程后交由子公司实施是否属于转包以及行政处罚两年追溯期认定法律适用问题的意见》（法工办发〔2017〕223 号），结合建筑活动实践，制定本办法。

第二条　本办法所称建筑工程，是指房屋建筑和市政基础设施工程及其附属设施和与其配套的线路、管道、设备安装工程。

第三条　住房和城乡建设部对全国建筑工程施工发包与承包违法行为的认定查处工作实施统一监督管理。

县级以上地方人民政府住房和城乡建设主管部门在其职责范围内具体负责本行政区域内建筑工程施工发包与承包违法行为的认定查处工作。

本办法所称的发包与承包违法行为具体是指违法发包、转包、违法分包及挂靠等违法行为。

第四条　建设单位与承包单位应严格依法签订合同，明确双方权利、义务、责任，严禁违法发包、转包、违法分包和挂靠，确保工程质量和施工安全。

第五条　本办法所称违法发包，是指建设单位将工程发包给个人或不具有相应资质的单位、肢解发包、违反法定程序发包及其他违反法律法规规定发包的行为。

第六条　存在下列情形之一的，属于违法发包：

（一）建设单位将工程发包给个人的；

（二）建设单位将工程发包给不具有相应资质的单位的；

（三）依法应当招标未招标或未按照法定招标程序发包的；

（四）建设单位设置不合理的招标投标条件，限制、排斥潜在投标人或者投标人的；

（五）建设单位将一个单位工程的施工分解成若干部分发包给不同的施工总承包或专业承包单位的。

第七条　本办法所称转包，是指承包单位承包工程后，不履行合同约定的责任和义务，将其承包的全部工程或者将其承包的全部工程肢解后以分包的名义分别转给其他单位或个人施工的行为。

第八条　存在下列情形之一的，应当认定为转包，但有证据证明属于挂靠或者其他违法行为的除外：

（一）承包单位将其承包的全部工程转给其他单位（包括母公司承接建筑工程后将所承接工程交由具有独立法人资格的子公司施工的情形）或个人施工的；

（二）承包单位将其承包的全部工程肢解以后，以分包的名义分别转给其他单位或个人施工的；

（三）施工总承包单位或专业承包单位未派驻项目负责人、技术负责人、质量管理负责人、安全管理负责人等主要管理人员，或派驻的项目负责人、技术负责人、质量管理负责人、安全管理负责人中一人及以上与施工单位没有订立劳动合同且没有建立劳动工资和社会养老保险关系，或派驻的项目负责人未对该工程的施工活动进行组织管理，又不能进行合理解释并提供相应证明的；

（四）合同约定由承包单位负责采购的主要建筑材料、构配件及工程设备或租赁的施工机械设备，由其他单位或个人采购、租赁，或施工单位不能提供有关采购、租赁合同及发票等证明，又不能进行合理解释并提供相应证明的；

（五）专业作业承包人承包的范围是承包单位承包的全部工程，专业作业承包人计取的是除上缴给承包单位“管理费”之外的全部工程价款的；

（六）承包单位通过采取合作、联营、个人承包等形式或名义，直接或变相将其承包的全部工程转给其他单位或个人施工的；

（七）专业工程的发包单位不是该工程的施工总承包或专业承包单位的，但建设单位依约作为发包单位的除外；

（八）专业作业的发包单位不是该工程承包单位的；

（九）施工合同主体之间没有工程款收付关系，或者承包单位收到款项后又将款项转拨给其他单位和个人，又不能进行合理解释并提供材料证明的。

两个以上的单位组成联合体承包工程，在联合体分工协议中约定或者在项目实际实施过程中，联合体一方不进行施工也未对施工活动进行组织管理的，并且向联合体其他方收取管理费或者其他类似费用的，视为联合体一方将承包的工程转包给联合体其他方。

第九条　本办法所称挂靠，是指单位或个人以其他有资质的施工单位的名义承揽工程的行为。

前款所称承揽工程，包括参与投标、订立合同、办理有关施工手续、从事施工等活动。

第十条　存在下列情形之一的，属于挂靠：

（一）没有资质的单位或个人借用其他施工单位的资质承揽工程的；

（二）有资质的施工单位相互借用资质承揽工程的，包括资质等级低的借用资质等级高的，资质等级高的借用资质等级低的，相同资质等级相互借用的；

（三）本办法第八条第一款第（三）至（九）项规定的情形，有证据证明属于挂靠的。

第十一条　本办法所称违法分包，是指承包单位承包工程后违反法律法规规定，把单位工程或分部分项工程分包给其他单位或个人施工的行为。

第十二条　存在下列情形之一的，属于违法分包：

（一）承包单位将其承包的工程分包给个人的；

（二）施工总承包单位或专业承包单位将工程分包给不具备相应资质单位的；

（三）施工总承包单位将施工总承包合同范围内工程主体结构的施工分包给其他单位的，钢结构工程除外；

（四）专业分包单位将其承包的专业工程中非劳务作业部分再分包的；

（五）专业作业承包人将其承包的劳务再分包的；

（六）专业作业承包人除计取劳务作业费用外，还计取主要建筑材料款和大中型施工机械设备、主要周转材料费用的。

第十三条　任何单位和个人发现违法发包、转包、违法分包及挂靠等违法行为的，均可向工程所在地县级以上人民政府住房和城乡建设主管部门进行举报。

接到举报的住房和城乡建设主管部门应当依法受理、调查、认定和处理，除无法告知举报人的情况外，应当及时将查处结果告知举报人。

第十四条　县级以上地方人民政府住房和城乡建设主管部门如接到人民法院、检察机关、仲裁机构、审计机关、纪检监察等部门转交或移送的涉及本行政区域内建筑工程发包与承包违法行为的建议或相关案件的线索或证据，应当依法受理、调查、认定和处理，并把处理结果及时反馈给转交或移送机构。

第十五条　县级以上人民政府住房和城乡建设主管部门对本行政区域内发现的违法发包、转包、违法分包及挂靠等违法行为，应当依法进行调查，按照本办法进行认定，并依法予以行政处罚。

（一）对建设单位存在本办法第五条规定的违法发包情形的处罚：

1. 依据本办法第六条（一）、（二）项规定认定的，依据《中华人民共和国建筑法》第六十五条、《建设工程质量管理条例》第五十四条规定进行处罚；

2. 依据本办法第六条（三）项规定认定的，依据《中华人民共和国招标投标法》第四十九条、《中华人民共和国招标投标法实施条例》第六十四条规定进行处罚；

3. 依据本办法第六条（四）项规定认定的，依据《中华人民共和国招标投标法》第五十一条、《中华人民共和国招标投标法实施条例》第六十三条规定进行处罚。

4. 依据本办法第六条（五）项规定认定的，依据《中华人民共和国建筑法》第六十五条、《建设工程质量管理条例》第五十五条规定进行处罚。

5. 建设单位违法发包，拒不整改或者整改后仍达不到要求的，视为没有依法确定施工企业，将其违法行为记入诚信档案，实行联合惩戒。对全部或部分使用国有资金的项目，同时将建设单位违法发包的行为告知其上级主管部门及纪检监察部门，并建议对建设单位直接负责的主管人员和其他直接责任人员给予相应的行政处分。

（二）对认定有转包、违法分包违法行为的施工单位，依据《中华人民共和国建筑法》

第六十七条、《建设工程质量管理条例》第六十二条规定进行处罚。

（三）对认定有挂靠行为的施工单位或个人，依据《中华人民共和国招标投标法》第五十四条、《中华人民共和国建筑法》第六十五条和《建设工程质量管理条例》第六十条规定进行处罚。

（四）对认定有转让、出借资质证书或者以其他方式允许他人以本单位的名义承揽工程的施工单位，依据《中华人民共和国建筑法》第六十六条、《建设工程质量管理条例》第六十一条规定进行处罚。

（五）对建设单位、施工单位给予单位罚款处罚的，依据《建设工程质量管理条例》第七十三条、《中华人民共和国招标投标法》第四十九条、《中华人民共和国招标投标法实施条例》第六十四条规定，对单位直接负责的主管人员和其他直接责任人员进行处罚。

（六）对认定有转包、违法分包、挂靠、转让出借资质证书或者以其他方式允许他人以本单位的名义承揽工程等违法行为的施工单位，可依法限制其参加工程投标活动、承揽新的工程项目，并对其企业资质是否满足资质标准条件进行核查，对达不到资质标准要求的限期整改，整改后仍达不到要求的，资质审批机关撤回其资质证书。

对2年内发生2次及以上转包、违法分包、挂靠、转让出借资质证书或者以其他方式允许他人以本单位的名义承揽工程的施工单位，应当依法按照情节严重情形给予处罚。

（七）因违法发包、转包、违法分包、挂靠等违法行为导致发生质量安全事故的，应当依法按照情节严重情形给予处罚。

第十六条　对于违法发包、转包、违法分包、挂靠等违法行为的行政处罚追溯期限，应当按照法工办发〔2017〕223号文件的规定，从存在违法发包、转包、违法分包、挂靠的建筑工程竣工验收之日起计算；合同工程量未全部完成而解除或终止履行合同的，自合同解除或终止之日起计算。

第十七条　县级以上人民政府住房和城乡建设主管部门应将查处的违法发包、转包、违法分包、挂靠等违法行为和处罚结果记入相关单位或个人信用档案，同时向社会公示，并逐级上报至住房和城乡建设部，在全国建筑市场监管公共服务平台公示。

第十八条　房屋建筑和市政基础设施工程以外的专业工程可参照本办法执行。省级人民政府住房和城乡建设主管部门可结合本地实际，依据本办法制定相应实施细则。

第十九条　本办法中施工总承包单位、专业承包单位均指直接承接建设单位发包的工程的单位；专业分包单位是指承接施工总承包或专业承包企业分包专业工程的单位；承包单位包括施工总承包单位、专业承包单位和专业分包单位。

第二十条　本办法由住房和城乡建设部负责解释。

第二十一条　本办法自2019年1月1日起施行。2014年10月1日起施行的《建筑工程施工转包违法分包等违法行为认定查处管理办法（试行）》（建市〔2014〕118号）同时废止。

附录三

合同财务及税务审核明细表

序号	事项	审核内容	审核结果	审核人
1	合同相对人	1. 是否属于非正常户（企查查、天眼查等网站查询）		
		2. 是否存在失信事项（信用中国网站查询）		
		3. 是否涉及重大经济纠纷或重大经济犯罪案件、无因违约被裁决承担责任、存在类似合同内容法律诉讼（中国裁判文书网）		
		4. 纳税人类型（一般纳税人/小规模纳税人/个人等）		
		5. 企业性质（国企、民企、事业单位、个人等）		
		6. 合同相对人是否具有独立法人资格的公司；若必须与分公司签署合同的，是否该分公司的上级公司的确认函		
		7. 是否具备合同内容相应的生产和经营相关的许可、等级、资质、合格、认证、专营许可等证书		
		8. 是否与招投标要求资格一致		
		9. 是否合同要求行业资格（　）一致		
		10. 合同相对人信息栏是否填写合同相对人全称		
		11. 合同相对人信息栏是否填写社会统一信用代码		
		12. 如由代理人代签合同的，是否有真实、有效的法定代表人身份证明书、授权委托书、代理人身份证明		
		13. 合同相对人履约能力或资信有重大瑕疵，是否有连带责任担保，其担保人必须具有代偿能力的独立法人，并对担保人按前款合同相对人规定进行审查		
		14. 上述证明材料是否加注“与原件核对无误”		
2	价款条款	1. 是否满足会计规范要求：是否有大写、是否顶格、手写是否工整和涂改等		
		2. 是否明确合同币种（　）（填人民币或其他币种）		
		3. 合同币种为人民币以外的币种是否有汇率规定条款		
		4. 合同单位是否统一为（　）（填万元/元）（单价除外）		
		5. 合同关于价款数据计算及逻辑关系（比如税率与税款是否准确、分期付款之和是否等于总价）是否准确		
		6. 合同价款条款是否存在空格条款		
		7. 合同价款是否明确是（　）（填含/不含）增值税价款		
		8. 合同价款是否单独列示增值税税额（如需要缴印花税，按不含税价款计算缴纳）		
		9. 合同价款是否单独列示（　）（填税率/征收率）是（　）		

续表

序号	事项	审核内容	审核结果	审核人
2	价款条款	10. 合同价款标的物的数量、计量方法及单价是否明确及准确		
		11. 合同标的物适用不同税率是否分开列示价款		
		12. 是否有无偿赠送等内容，是否分析涉税安排		
		13. 是否商业折扣、销售折让、现金折让条款，并规定对应开票等涉税条款		
		14. 是否有合同执行过程中增值税税率变化应对条款		
		15. 合同价款条款是否与招标书、内部价格制度相符		
3	税款承担及代扣代缴条款	1. 合同中税款承担条款是否与税款纳税人规定一致：比如出租房屋，房产税由出租方缴纳，即使合同中规定由承租方承担也不能免出租方作为纳税人的义务		
		2. 合同中是否税款承担条款：按照相关税收法律法规的规定，合同各方按照纳税义务承担与本合同相关的税费		
		3. 合同涉及代扣代缴税款与合同价款关系（ ）（填包含/不包含）		
		4. 合同是否涉及预扣预缴/代扣代缴事项，是否明确预扣预缴/代扣代缴事项		
		5. 购买个人股权合同，是否明确股权转让涉及个人所得税代扣代缴条款，如没有明确是否代扣代缴条款，是否明确最后一笔转让款需对方（个人）提供个人所得税完税证明为前置条件		
		6. 与个人签署合同，涉及到个人所得税，是否有代扣代缴的条款（支付单位对工资、薪金所得；劳务报酬所得；稿酬所得；特许权使用费所得；利息、股息、红利所得；财产租赁所得；财产转让所得和偶然所得有全员全额扣缴义务。不包括个人所得税中的经营所得）		
		7. 涉及劳务派遣等代发工资合同，是否满足《国家税务总局关于个人所得税偷税案件查处中有关问题的补充通知》（国税函发〔1996〕602号）第三条个人所得税扣缴义务条款		
		8. 与境外单位或个人签署合同，是否明确代扣代缴增值税和企业所得税条款		
4	发票条款	1. 是否明确开具发票的条款（不允许出现违法的不开发票条款）		
		2. 明确提供发票类型（ ）（填专票/普票）		
		3. 是否明确开票信息（抬头、纳税人识别号、银行账户信息、地址及电话信息）		
		4. 发票类型是否与企业经营活动相一致（如：可抵扣进项税额须提供专票） 附：购买固定资产、不动产及无形资产发票类型是专用发票		
		5. 发票类型是否合同内容是否一致（如：是否属于不能开具专票情形，不属于都可以按规定开具专票）		
		6. 合同发票接受方/开具方与合同相对人是否一致		

续表

序号	事项	审核内容	审核结果	审核人
4	发票条款	7. 是否有不得第三方开票的条款（请参考合同涉税条款模板）		
		8. 是否有发票内容与合同内容一致条款，不得变更品名、数量和金额等内容（请参考合同涉税条款模板）		
		9. 是否明确是（　）（填代开/自开）发票，与自开代开发票规定一致，如一般纳税人一律自开发票不允许代开		
		10. 是否明确发票备注栏事项与法律法规规定一致		
		11. 是否明确开具发票方发票送达时限：开具发票后（　）工作日送达		
		12. 是否明确发票送达的方式：自取/（　）快递公司		
		13. 是否明确发票交付与付款的关系，是收到票后（　）工作日付款/还是付款后（　）工作日开具发票		
		14. 是否明确丢失发票相互按税收规定配合事项		
		15. 是否明确发票开具错误（含开具红字发票）配合条款及违约事项		
		16. 是否明确不开具/虚开发票违约条款，违约金是否包含增值税、企业所得税等其他税费		
		17. 是否明确税务机关检查发票事项（如非正常户）的配合义务事项		
		18. 是否明确违约金、工程款质押金等其他款项开具发票事项		
5	合同内容涉税处理	1. 合同标的内容与实际交易内容是否一致		
		2. 合同标的内容条款相关描述是否与税收法律法规是否相冲突		
		3. 标的内容是否清晰明确，能清晰判断属于增值税应税具体征税范围，属于增值税（　）征税范围		
		4. 属于（　）（填混合销售/兼营行为）		
		5. 合同内容是否属于适用特殊税收政策（如：统借统还、捐赠支出），是否分析涉税政策		
		6. 是否存在税收书面语的口语/通俗化		
6	支付款条款	1. 合同约定的收付款账户是否是合同相对人账户		
		2. 是否有不得第三方收付款的条款（请参考合同涉税条款模板）		
		3. 是否明确收付款方式，比如：现金、银行转账、汇款、支票、本票等方式		
		4. 合同相对人不在供应商名录内，是否有收到发票下个月付款/付尾款的约定		
		5. 是否明确收款方账户信息发生变化通知义务参考条款		
		6. 收付款的条款是否考虑合同涉税种类的纳税义务		
		7. 采用支票、银行承兑汇票等票据付款方式，是否约定授权委托书事项		
		8. 涉及建筑合同，劳务所在地预缴税款完税证明是否作为付款条件		

附录四

房地产企业开发成本科目及具体核算内容一览表

一级科目	二级科目	三级科目	四级科目	四级科目所核算的具体项目内容
开发成本	×××项目	一、土地征用及拆迁补偿费	1. 土地征用费	土地买价或出让金
				拍卖佣金（手续费）
				大市政配套费
				税金（契税、耕地占用税）
				土地交易费
				土地使用费
				土地闲置费
				土地开发费
				补交地价款（变更、超面积）
				合作款项（地价及相关税费）
				其他
			2. 拆迁补偿费	拆迁补偿费
				安置及动迁费
				回迁房建造费
				农作物补偿费
				危房补偿费
				劳动力安置费
				其他
		二、前期工程费	1. 报批报建费	规划管理费
				拆迁管理费
				施工许可证费
				工程造价管理费
				人防报建费
				土地登记费
				新材料基金
				图纸审查费
				定额测定费
				定额劳保费
				城市绿化费
				地质灾害评估

续表

一级科目	二级科目	三级科目	四级科目	四级科目所核算的具体项目内容
开发成本	×××项目	二、前期工程费	1. 报批报建费	雷电灾害风险评估
				项目环境影响评价
				项目环境验收
				节能评估报告编制费
				可行性研究编制费
				设计评审费
				勘察评审费
				方案评审费
				日照分析编制报告费
				墙体材料专项基金
				散装水泥专项基金
				白蚁防治
				防洪评估
				气象服务
				其他
			2. 规划设计费	总体规划设计费
				单体设计费
				管线设计费
				改造设计费
				施工图设计费
				基坑工程设计
				小市政施工图设计费
				景观设计费
				人防设计费
				精装设计费
				制图费
				晒图费
				避雷设施检测费
				防震设施检测费
				其他
			3. 勘察、勘测、丈量费	建筑面积丈量费
				产权面积实测费
				销售面积测绘
				楼房放线验线费
				工程竣工图测绘费
				地基测量钉桩费

续表

一级科目	二级科目	三级科目	四级科目	四级科目所核算的具体项目内容
开发成本	×××项目	二、前期工程费	3. 勘察、勘测、丈量费	勘察放线费
				销售许可证及面积测量费
				水文勘测费
				地质勘测费
				文物勘测费
				地基勘测费
				沉降观测费
				日照测试费
				其他
			4. 工程招标费	工程招投标管理费
				工程招投标交易服务费
				工程招投标代理服务费
			5. 三通一平费	临时道路
				临时用电
				临时供水
				建设场地平整、填土费
				渣土外运清理费
			6. 临时设施费	临时办公室
				临时场地占用费
				临时借用空地租金
				临时围墙
				临时围栏
				临时围板
				档土墙
				临时工程费
				临时设施
				其他
			7. 其他	挡光费
				危房补偿鉴定费
				施工噪声管理费
		三、建筑安装工程费	1. 基础工程费	土石方工程
				桩基工程
				桩基检测
				降水
			2. 主体工程费	柱梁板工程
				墙体工程

续表

一级科目	二级科目	三级科目	四级科目	四级科目所核算的具体项目内容
开发成本	×××项目	三、建筑安装工程费	2. 主体工程费	楼地面工程
				屋盖工程
			3. 安装工程费（主体内的）	电梯工程费
				暖通/空调工程费
				室内消防工程费
				室外门窗工程费
				入户门工程费
				防火门工程
				弱电系统工程费
				给排水安装工程费
				排污安装工程费
				燃气安装工程费
				通信安装工程费
				信报箱制作安装工程
				其他
			4. 装修工程费	内外墙装修费
				室内精装修费
				样板房装修费
				电梯间装修费
				公共部位装修费（首层大堂、遮雨棚、栏杆）
				开荒清洁费
				其他
		四、基础设施费	1. 社区管网工程费（主体外的）	给排水工程费
				排洪工程费
				排污工程费
				供电工程费
				燃气工程费
				供暖工程费
				通信工程费
				照明工程费
				电视工程费
				智能化系统费
				安防监控工程费
				室外消防工程费
				其他

续表

一级科目	二级科目	三级科目	四级科目	四级科目所核算的具体项目内容
开发成本	×××项目	四、基础设施费	2. 环卫工程费	垃圾站（箱）建设费
				公厕建设费
				其他
			3. 园林工程费	广场建设费
				道路工程费
				绿化工程费
				景观工程费
				其他
		五、公共配套设施费	1. 不可经营性公共配套设施	消防设施
				水泵房
				水塔
				锅炉房、热力站
				物业管理用房
				居委会
				派出所
				岗亭
				自行车棚
				变电所、变电站
				公共厕所
				公共休闲设施
				其他
			2. 可经营性公共配套设施	幼儿园/托儿所/学校
				医院
				邮局（邮电、通信）
				图书馆/阅览室
				健身房
				游泳池
				球场
				其他
			3. 其他配套设施	人防工程设施
				地下室
				地下车位/车库
				车库智能设施
				其他
		六、开发间接费用	1. 工资	
			2. 职工福利费	

续表

一级科目	二级科目	三级科目	四级科目	四级科目所核算的具体项目内容
开发成本	×××项目	六、开发间接费用	3. 折旧费	
			4. 修理费	
			5. 办公费	
			6. 水电费	
			7. 劳动保护费	
			8. 工程管理费	预决算编审费
				工程监理费
				工程保险费
				工程咨询费
				工程质监及安监费
				工程质量鉴定费
				工程验收费
				其他
			9. 周转房摊销	
			10. 营销设施建造费	
			11. 低值易耗品摊销	
			12. 物业管理完善费	公建维修基金
				前期物业管理费
				其他
			13. 借款费用	利息支出
				汇兑损益
			14. 其他	

附录五

大建安财税筹划平台的业务操作流程

签订合同

签订建设工程施工合同、工程承揽合同或项目内部承包出资经营协议（内部承包协议、建设项目合作及担保协议、委托付款书等）

↓

开具外经证与工程施工

总部经济（基地）（含总部集团设立的分公司）开具跨区域涉税事项报告表（外经证）实际开展工程施工或安排内部工程承包并组织施工工人

↓

工程结算与转账

设立银行一般账户，甲方安排工程款进账（总部集团相关账户、合作双方共管账户等）

↓

计算并收取工程款及管理费

总部经济（基地）按照双方合同约定收取工程款与管理费等

↓

项目所在地预缴税款

按规定在项目所在地预缴税(增值税2%，税金及附加、企业所得税0.2%、印花税0.03%)

↓

开具增值税发票

总部经济（基地）按照实际施工进度开具增值税9%或3%的建安发票

↓

支付工程相关成本费用及供应商款项

总部经济（基地）与供应商、内部承包人或工程施工方进行结算

↓

注销外经证

所有业务完成后（竣工验收工程款结清，相应发票开具完毕）内部承包人或工程施工方在项目所在地税务部门开经营地涉税事项反馈表交付总部集团，相关合同条款履行完毕。

附录六

房地产开发项目成本费用支出的见证性资料

项目	付款项目	须提供见证性资料	财务部审核内容及台账登记
土地费用及拆迁补偿费	土地出让费及应缴纳契税	1. 经集团批准的投资立项批准文件 2. 根据国土资源和房屋管理局批准的国土土地使用权出让合同 3. 付款审批单	审查投资发展部提报资料是否齐全，包括是否经集团立项审批、契税的计算是否准确等
	拆迁补偿费	1. 拆迁许可证 2. 拆迁合同 3. 付款审批单	1. 根据工程部提供文件资料上的收费标准进行复核 2. 在成本费用控制系统中确认是否超过月度预算、成本概算 3. 登记项目工程控制台账
	安置补助费	1. 城市房屋拆迁管理条例 2. 拆迁人员名单 3. 计算过程资料及最终确定金额 4. 付款审批单	同上
前期规费及代垫水电费	城市基础设施配套费：包括供热、供气、道路、给水、雨水、污水、综合布线、环卫、水处理、中小学、托幼园所的配套费用	1. 政府文件资料 2. 与计算规费相关的基础资料 3. 付款审批单	1. 根据工程部提供文件资料上的收费标准及建设工程规划许可证上的建筑面积进行复核 2. 在成本费用控制系统中确认是否超过月度预算、成本概算 3. 登记项目工程控制台账
	其他规费：白蚁防蛀工程费、水土保持补偿费、工程质量监督费、墙体建筑材料节能费、散装水泥专项资金、交易服务费、劳保统筹费、工程监理费、招标代理费、树木伐移补偿费	1. 政府文件资料中规定的收费标准 2. 计价基础资料 3. 付款审批单	1. 复核资料及计价基础是否真实合理 2. 复核计算结果 3. 在成本费用控制系统中确认是否超过月度预算、成本概算 4. 登记项目工程控制台账
	前期报建费：环境评估费、地震安全评估批文费、水土保持方案编制费、声像档案、环保费等	1. 评估报告 2. 政府文件资料中规定的收费标准 3. 计价基础资料，包括合同或规定的面积标准等 4. 付款审批单	1. 复核资料及计价基础是否真实合理确定 2. 复核计算结果 3. 复核付款是否按合同规定的进度完成，复核付款标准要求 4. 在成本费用控制系统中确认是否超过月度预算、成本概算
	代垫水电费	1. 水电费分割明细表 2. 水电费抄表记录 3. 付款审批单	1. 复核分配表明细汇总与总表记录是否相符 2. 复核计算结果

续表

项目	付款项目	须提供见证性资料	财务部审核内容及台账登记
勘察设计费	设计费：规划方案、建筑方案、施工图、环境设计、专项设计、人防设计	1. 设计合同 2. 一般性收费标准 3. 按合同付款进度要求设计完成情况的见证性资料 4. 付款审批单	1. 复核付款标准是否符合要求 2. 在成本费用控制系统中确认是否超过月度预算、成本概算
勘察设计费	勘察费：设计方案专家评审费；规划指标审核费；施工图审查费；选址费、定界、定位费；岩土地质勘探费	1. 政府文件资料及收费标准 2. 审核结果资料 3. 计费依据，例如，是按面积收，还是按设计费，各自的数据是多少，根据什么资料来确定	同政府规费
建安工程费	基础设施：室外给水、室外排水、排水接头费、室外电力、室外供暖、煤制气、电话、有线电视、宽带	1. 政府文件资料中规定的收费标准 2. 与政府指定部门签订的合同 3. 工程进度完成情况确认单 4. 付款审批单	1. 审查合同签订部门是否符合规定 2. 工程进度款相关部门是否确认，工程进度与付款进度是否相符 3. 发票是否符合规定 4. 支出是否在成本概算和预算控制范围之内 5. 登记项目工程控制台账
	环境配套：道路工程、室外照明工程、绿化工程、室外铺装、安防、智能化、室外景观、环卫设施、生活垃圾清运、三通一平	同上	同上
	单体工程类：土建、上下水、电气、采暖、消防水、通风工程、车库、人防工程、水电设备、防雷设施、土石方	1. 合同（第一次付款附合同原件；以后付款只须附复印件中的几页：显示合同双方名称的；合同总价/总酬；付款条件；甲乙双方的签署） 2. 价格确认单 3. 工程验收单（签字） 4. 工程进度付款会签表 5. 工程款拨付表 6. 发票 7. 付款审批单	1. 财务复核工程验收单及工程进度付款申请中是否有监理公司、项目预算采购部、项目工程等相关审核部门的签字确认，符合相关数据的计算是否准确 2. 根据工程进度确认单与合同付款进度核对是否符合合同付款条款 3. 根据价格确认单、合同与项目成本测算，进行相关方面的数据审核 4. 登记项目控制台账
材料采购费	材料设备类：甲供材料、钢材、电梯、门窗等	1. 合同（第一次付款附合同原件；以后付款只须附复印件中的几页：显示合同双方名称的；合同总价/总酬；付款条件；甲乙双方的签署） 2. 价格确认单 3. 工程验收单（签字）或购入材料确认单 4. 工程进度付款会签表或材料明细汇总表 5. 工程款或材料款拨付表 6. 发票 7. 付款审批单	1. 收料单是否经相关人员签字确认 2. 审核材料付款明细表中的数量与收料单的数量是否一致，价格与价格确认单中的价格是否相符 3. 发票是否符合相关规定 4. 本次付款是否符合合同条款的有关规定 5. 支出是否在成本概算和月度预算控制范围之内

附录七

工程付款审批权限

序号	关键决策事项		总部：股东会	总部：董事长/CEO	总部：总经理	总部：常务副总	总部：决策委员会	总部：财务总监	总部：分管领导	总部：投资发展部	总部：研发部	总部：设计部	总部：营销管理部	总部：运营管理部	总部：招标采购部	总部：成本管理部	总部：财务管理部	总部：人力资源部	总部：审计法务部	总部：行政事务部	总部：日清办	总部：产品策划部	总部：客服部	总部：企业文化中心	项目公司：总经理	项目公司：分管领导	项目公司：财务部	项目公司：成本部	项目公司：营销部	项目公司：其他部门
1	**工程类付款**		行政办公类费用、人力资源类费用、营销费用、业务招待费用及其他费用详见公司《费用报销管理流程》																											
1.1	土地款支付	全部		★	◆			◆	◆	▲															◆	▲				
1.2	工程类付款	计划内且：金额≤200万元																							★	◆	◆	◆		▲
		计划内且：200万元＜金额≤500万元			★			◆	◆		◆	◆				◆									◆	◆	◆	◆		▲
		计划内且：500万元＜金额		★	◆			◆	◆		◆					◆									◆	◆	◆	◆		▲
1.3	工程类付款计划调整	计划内调整：单项金额≤20万元，总额≤50万元																							★	◆	◆	◆		▲
		计划内调整：20万元＜金额≤100万元				★		◆	◆		◆					◆									◆	◆	◆	◆		▲
		计划内调整：100万元＜金额			★	◆		◆	◆		◆					◆									◆	◆	◆	◆		▲
		计划外且：金额≤20万元																							★	◆	◆	◆		▲
		计划外且：20万元＜金额≤50万元			★	◆		◆	◆		◆					◆									◆	◆	◆	◆		▲
		计划外且：金额＞50万元		★	◆	◆		◆	◆		◆					◆									◆	◆	◆	◆		▲
1.4	项目公司正式运营前的土地款支付由投资发展部经办，以后由项目公司分管领导经办；研发、设计部参与审核前期规费、勘察设计类付款；成本管理部负责参与审核以上所有付款。																													
2	**税金及贷款利息**																													
2.1	税金支付							★									◆										▲			
2.2	贷款利息支付							★									◆										▲			
3	**税务规划方案编制、实施**				★			◆					△		△	△	◆								◆	△	▲	△	△	△

注：★代表审批　△表示支持或配合　◆表示审核　▲表示经办

参考文献

［1］中华人民共和国财政部．关于全面推进管理会计体系建设的指导意见［A］．2014．

［2］中华人民共和国财政部．管理会计基本指引［A］．2016．

［3］张瑞君，邹立，封雪．从价值链管理的视角构建财务业务一体化核算模式［J］．会计研究，2004（12）：45－48．

［4］杨允栋．浅谈财务管理与业务管理的融合［J］．现代经济信息，2011（16）：197．

［5］郭永清．中国企业业财融合问题研究［J］．会计之友，2017（15）：47－55．

［6］赵建华．浅谈业财税智能一体化［J］．中外企业家，2020（12）：34．

［7］张一兰．基于业财税一体化的财务共享中心构建——以 HY 集团为例［J］．全国流通经济，2020（4）：32－34．

［8］杨淑洁．关于企业实现业财税融合的研究［J］．当代经济，2020（1）：105－107．

［9］杜艳娣．浅论如何推进企业财务管理的业财税融合［J］．现代经济信息，2019（23）：173－175．

［10］阮振旻．建筑企业业财税一体化面临的问题与对策［J］．会计师，2019（06）：22－23．

［11］王宏道，徐丽芳．基于业财税一体化下的会计专业实践教学体系重构［J］．纳税，2019，13（2）：22－23．

［12］傅蔚冈．消除税收洼地需强化地方话语权［N］．华夏时报，2014－01－16（018）．

［13］李淑瑞．民族地区地方税收优惠政策问题及对策研究［J］．贵州民族研究，2016，37（7）：6－9．

［14］张钰．法制视野下清理规范税收优惠政策研究［J］．现代经济信息，2016（20）：198．

［15］郝雨峰．对民族地区税收优惠政策的思考［J］．法制博览，2016（10）：242．

［16］马光荣，郭庆旺，刘畅．财政转移支付结构与地区经济增长［J］．中国社会科学，2016（9）：105－125＋207－208．

［17］付文林，赵永辉，财政转移支付与地方征税行为［J］．财政研究，2016（6）：16－27．

［18］靳文辉．论地方政府间的税收不当竞争及其治理［J］．法律科学，2015（1）：138－146．

［19］葛丰．整肃税收洼地［J］．中国经济周刊，2018（41）：3．

［20］罗鸣令，范子英，陈晨．区域性税收优惠政策的再分配效应——来自西部大开发的证据［J］．中国工业经济，2019（2）：61－79．

[21] 毕金平．美国州际税收竞争的司法规制及其启示——以美国宪法“潜伏贸易条款”为中心 [J]. 法商研究，2018，35 (6)：156－166.

[22] 陈秀井．对核定征收税收管理的思考与建议 [J]. 中国财政，2013 (13)：77.

[23] 蔡昌，赵新宇．“互联网＋”背景下税收生态系统的构建 [J]. 税务研究，2019 (3)：58－62.

[24] 蔡昌．卓越控税：新常态下的税务管理实战 [M]. 电子工业出版社，2016.

[25] 朱炎生．区块链技术运用于涉税交易信息管理：潜在变化与政策选择 [J]. 税务研究，2020 (7)：53－57.

[26] 刘天永．税务安排："证据链"是关键．华税学院公众号 [OL.] (2020－04－14)．https：//mp. weixin. qq. com/s/_ lpB26aX7cDxszaXy4TViQ.

[27] 徐晨阳，王满，沙秀娟，等．财务共享、供应链管理与业财融合——中国会计学会管理会计专业委员会2017年度专题研讨会 [J]. 会计研究，2017 (11)：93－95.

[28] 刘苗苗，姚小秋，李惠平．国际EPC工程项目合同签订阶段税收风险防范 [J]. 财务与会计，2019 (17)：54－56.

[29] 徐小惠．“一带一路”下国际税务筹划效益的深度透析——基于投资中亚五国EPC项目的案例分析 [J]. 国际商务财会，2019 (10)：15－21＋38.

[30] 段显兰．跨国工程总承包项目的税收筹划研究 [D]. 河北经贸大学，2019.

[31] 支红妍．中国企业海外工程项目涉税风险——印尼补征部分EPC项目“最终税”案例启示 [J]. 国际商务财会，2018 (1)：21－24.

[32] 邱丽娟．EPC项目在新收入准则会计核算及税收筹划 [J]. 财会学习，2020 (6)：170－171＋175.

[33] 周秀丽．EPC承包方式中财务风险管理探讨 [J]. 产业创新研究，2020 (9)：58－59.

[34] 马会娟．建筑施工企业境外EPC项目税收风险及纳税筹划 [J]. 中国中小企业，2020 (2)：148－149.

[35] 李锐，邵汉．海外EPC项目税务管理及筹划 [J]. 国际商务财会，2019 (9)：19－23.

[36] 曾令锐，胡夏平，王凌飞．国际工程EPC合同规划对税务风险的影响 [J]. 施工企业管理，2018 (7)：80－83.

[37] 许琦．Z建筑企业EPC项目增值税税务风险管控研究 [D]. 湖南大学，2018.

[38] 张磊．营改增后EPC总承包工程项目的纳税筹划分析 [J]. 企业改革与管理，2017 (11)：132－133.

[39] 杨晓宇．浅谈境外EPC项目的税务管理 [J]. 现代商业，2015 (6)：225－227.

[40] 廖洪伟，齐宏宇．EPC总承包项目的避险纳税筹划 [J]. 中国石油企业，2012 (10)：107－109.

[41] 支斌．EPC工程总承包项目运作模式及其适用性的思考 [J]. 山西建筑，2020，46 (10)：189－190.

[42] Coase R H. The Nature of the Firm [J]. Economica，1937，4 (16)：386－405.

[43] Michael E. Porter. Changing Patterns of International Competition [J]. SAGE Publications，1986，28 (2)：9－14.